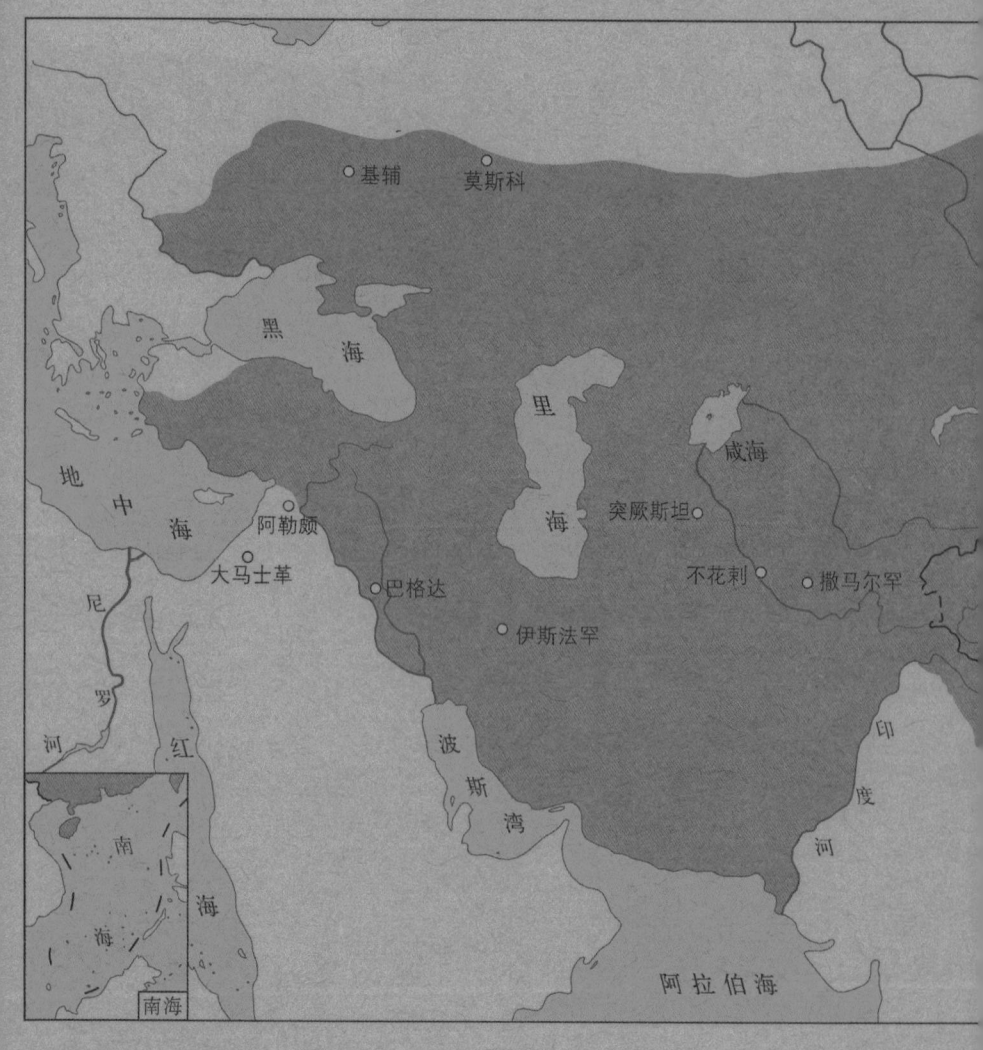

蒙古帝国控制范围(1280年)

元朝的大汗国

蒙古史历拼图

邹进 著

社会科学文献出版社
SOCIAL SCIENCES ACADEMIC PRESS(CHINA)

前言

在我出版了第五本诗集的时候，原打算写一首长诗。对于一个诗人，如果没有一首长诗垫底，似乎难以夯实作为一个诗人的基础。于是我就想写一部关于蒙古民族的史诗。中国有三大英雄史诗：《格萨尔》《江格尔》和《玛纳斯》。《江格尔》就是一部蒙古族的英雄史诗，这部史诗于15世纪至17世纪形成于当时西蒙古的卫拉特部。卫拉特是古代蒙古族的一支，意为"森林中的百姓"，15世纪初从贝加尔湖以北迁徙到阿尔泰山一带。但到15世纪，蒙古民族最辉煌的历史已成过去，大元大蒙古国不复存在，四大兀鲁思也已消亡。

当我开始了解蒙古民族历史的时候，才发现自己力有不逮。就我了解的这么一点历史片段，无论如何也支撑不了这样一个宏大叙事。于是我就买来一些有关蒙古民族的历史书籍，经常到三联韬奋书店的地下一层，而且一定是在它的夜场，在明亮的灯光下和阒无声息的空间里，我好像才能在八百年的时空中自由穿越。这样在一年的时间里，我通读了近二十本有关蒙古的书籍，每一本都做了详细的笔记。然后我就产生了一个不切实际的想法，能不能用一种自由体的方式写一本有关蒙古史的小书。我从来不敢冒犯历史学家，他们用翔实的考据和严谨的论证，梳理清楚历史的脉络，让人信服地放弃没有根据的臆断。我这样做等于是哗众取宠，用不到一年的浅薄阅读，替代他们的呕心沥血。但我也了解很多像我这样的人，并不是把历史当作学问，而是当作知识，知道一点总比不知道的好。

我曾经是一个下乡知青，落户在伊克昭盟的达拉特旗，现在叫鄂尔多斯。此地元时属东胜州，明时被北元蒙古人占据，达延汗统一蒙古后，为鄂尔多斯万户之一鄂托克地。在明代，由蒙元历代斡耳朵（行宫）所属人员形成的鄂尔多斯部落，守护奉祀成吉思汗八座白色的毡帐，称"八白室"。鄂尔多斯部于15世纪后半叶迁入河套驻牧。清初，鄂尔多斯部归顺清朝后，设伊克昭盟。"伊克昭"意为"大庙"，主持"八白室"的祭祀活动。"八白室"所在地被命名为伊金霍洛，即今伊金霍洛旗，"伊金霍洛"意为"帝王陵寝"。我下乡的地方早已汉化，一个村子里的人，讲的都是山西话，都是走西口过来的。我们村里没有一个纯正的蒙古人。我却实实在在感到我的身体里有蒙古族的基因，情感上也有蒙古情结。我骑马、唱蒙古歌，我想学马头琴、跳蒙古舞，想学长调和呼麦，我想去学蒙古语。以上种种，我也知道能学会一样就不错了，可能一样也学不会，但有了这些内容，我未来的生活一定会饱满充实。

当你读完这本小书，每天记住一个关键词，你就能了解这是一个什么样的民族。它在12世纪的时候，还是一个小小的氏族，会不经意地沉淀在历史的长河之中。然而，在一个人的带领下，从一个姓氏家族到部落联盟，到一个国家，再到一个帝国，它统治了当时已知世界四分之三的地区和人口。这样的人再也不会出现了，我们只能从历史中找到他。为什么要去寻找这位英雄，我也很难说清一个理由，是为了唤醒业已消沉的激情，还是要证明我们体内雄性荷尔蒙的衰退？

每个关键词我都希望用一千字写清楚，对有的词来说是有点困难。在这个碎片化的时代，如果不是做研究，人们很难连篇累牍，更不用说是去读一部与现代世界几乎无关的蒙古史。因此，我把它拆成了105个阅读碎片，随意捡拾一个碎片，还是一件有趣的事，如果他由此对蒙古历史产生了兴趣，可以像拼图一样，用这105个关键词拼出一部完整的蒙古史。

笔者

2017年9月

于北京

目 录

一 草原帝国

1 蒙古人之前的**草原帝国** / 001

2 **上亚细亚**风云 / 006

3 亚洲人都属**蒙古人种** / 009

4 **蒙古民族**一说源于鲜卑 / 012

5 **游牧民族**的袭扰 / 016

二 蒙古人的"约孙"

6 **大札撒**，成吉思汗法典 / 019

7 推举可汗的**忽里台大会** / 022

8 神秘的徽旗，**九斿白纛** / 024

9 **斡耳朵**，女人灵魂的居所 / 027

10 **围猎**，蒙古人的战争方式 / 029

11 **收继婚**，延续父系氏族种性 / 032

三 黄金家族

- 12 一般蒙古和主干蒙古 / 036
- 13 **婚姻联盟,女儿们的统治** / 039
- 14 旷世奇书《**蒙古秘史**》/ 043
- 15 蒙古人的第二十二代先祖,**苍狼白鹿** / 047
- 16 **感光生子**的美丽传说 / 049
- 17 **诃额仑**大声哀呼:我的丈夫赤列都啊 / 051
- 18 一代天骄的父亲,**也速该把阿秃儿** / 055
- 19 射杀了自己胞兄的**铁木真** / 057
- 20 **孛儿帖**被救回后,铁木真发现她已身怀六甲 / 060
- 21 可汗的妻子**哈敦** / 064

四 统一蒙古的战争

- 22 美女部落**弘吉剌** / 067
- 23 铁木真始称**成吉思汗** / 069
- 24 第一场大战:**十三翼之战** / 071
- 25 兼并**主儿乞部**,开启统一蒙古进程 / 074
- 26 **塔塔儿部**世仇 / 076
- 27 世界战争史著名战例:**阔亦田之战** / 078
- 28 第一场大屠杀:**马车轮楔** / 081
- 29 铁木真与札木合三结**安答** / 083
- 30 没有**王汗**就没有成吉思汗 / 085
- 31 蒙古族心理的形成:**班朱尼河盟誓** / 088

32　**畏兀儿**不是维吾尔 / 090

33　**汪古部**，"边墙上的人" / 092

34　赶尽杀绝**篾儿乞惕** / 094

35　统一蒙古的最后一战：**纳忽山、不黑都儿麻之战** / 096

36　英雄的结局：**札木合之死** / 100

37　**大蒙古国**：也客·忙豁勒·兀鲁思 / 103

38　大蒙古国的第一个首都：**曲雕阿兰** / 104

五　前四汗

39　**继位之争**，帝国分裂的伏笔 / 107

40　蒙古帝国的政治中心：**哈剌和林** / 109

41　**窝阔台汗**的功业 / 112

42　**耶律楚材** / 115

43　分封**东道诸王**和**西道诸王** / 118

44　十进制的军民组织**千户制** / 121

45　大汗之禁兵**怯薛军** / 123

46　从战场上捡回来的**大断事官** / 125

47　用心良苦，**乃马真摄政** / 128

48　四汗之母**唆鲁禾帖尼别吉哈敦** / 131

49　**蒙哥汗**殒命钓鱼城 / 135

50　忽必烈自请"**唯掌漠南军事**" / 139

51　**站赤**，古代最高效的通信系统 / 142

52　蒙古混合军团**探马赤军** / 144

六 蒙古世界的战争

53 陌生的帝国**花剌子模** / 146

54 攻占**西辽**，大战前的军演 / 148

55 **第一次西征**，蒙古军一路屠城 / 151

56 取中原，先取**西夏** / 155

57 长达二十三年的**蒙金战争** / 157

58 第二次西征，**长子出征** / 162

59 "把鞑靼人赶回地狱去！" / 165

60 第三次西征，目标小亚细亚 / 167

61 **尼沙布尔大屠杀** / 169

62 **萨斯迦班智达**劝诫藏地僧俗 / 171

63 忽必烈万里**远征大理国** / 174

64 三大汗**九伐高丽** / 178

65 **蒙古帝国的边界** / 181

七 南宋之殇

66 **端平入洛**，宋蒙战争全面爆发 / 186

67 **襄樊之战**，南宋长江防线中断 / 189

68 **临安末日**，谢太后夜书降表 / 191

69 **崖山之战**，强加美誉于幼主 / 194

70 南宋绝笔**文天祥** / 198

八 元朝的定制

71 遵用汉法，立**中书省**总领全国政务 / 201

72 **达鲁花赤**，意为"掌印者" / 203

73 **罢黜汉世侯**，以防"李璮之乱" / 206

74 **八娼九儒十丐** / 207

75 勾栏瓦舍**元杂剧** / 210

76 塔塔统阿创立**蒙古文字** / 212

77 **色目人**，元代对西域人的统称 / 215

九 诸神的信仰

78 **长生天**，蒙语读作"腾格里" / 219

79 **萨满**的神告 / 222

80 四大汗国的**伊斯兰化** / 224

81 信奉**景教**的女人们 / 227

82 忽必烈师从**八思巴** / 228

83 **全真道教**由盛而衰 / 231

十 蒙元与诸汗

84 **阿鲁忽**背叛阿里不哥 / 235

85 **海都**，最后一位伟大王子 / 238

86 **塔剌思忽里台大会**召开，蒙古帝国分裂 / 242

87 笃哇吞并**窝阔台汗国** / 245

88 **察合台**和他的子子孙孙 / 247

89 **笃哇约和**，蒙古重归统一 / 251

90 合赞汗后，**伊利汗国**只有苏丹 / 254

91 **钦察汗国**最终融入俄罗斯 / 257

92 **帖木儿帝国**，《蒙古史诗》的续篇 / 261

十一　重回金莲川

- 93　**金莲川幕府**，大元的官僚班底 / 265
- 94　**两汗并立**，阿里不哥穷途末日 / 268
- 95　**两都巡幸**，保守蒙古，经略汉地 / 272
- 96　**元大都**，世界之都 / 275
- 97　**大元**不是元朝 / 278
- 98　**《马可·波罗游记》**的真实性 / 280
- 99　**丝绸之路**，横跨欧亚的商贸之路 / 283
- 100　**京杭大运河**的变迁 / 284
- 101　**元朝十一帝** / 288
- 102　"挑动黄河天下反"，**红巾军起义** / 292
- 103　**朱元璋**"驱逐胡虏，恢复中华" / 295
- 104　**四世达赖**，降生蒙古王族 / 298
- 105　**北元**灭亡，蒙古依然存在 / 301

后　记 / 304

蒙古历史大事记 / 308

参考文献 / 318

致　谢 / 320

一 草原帝国

1 蒙古人之前的**草原帝国**

1696 年是康熙三十五年,这一年发生在昭莫多(今蒙古肯特山南)的一场战役,噶尔丹主力军被清军击溃,部众叛离。第二年,噶尔丹病死。噶尔丹属于准格尔蒙古,他的上祖可以追溯到成吉思汗的四勇将之首——者勒蔑。者勒蔑的弟弟速不台是两次西征的统帅,九十五个千户之一,他们所在的喀喇沁部为迭列列斤蒙古的分支。

由此向前推算到公元前 200 年,在漫长的一千九百年历史中,亚洲历史都是马背上的游牧人和城市定居者、乡村农耕者的血腥斗争。在定居者强大和统一的时候,游牧民族臣服于他们,甚至为了他们的施主相互厮杀,当中原帝国分裂和衰弱的时候,游牧民族就在漫长的边界线上抢掠城市和村庄。

如果要寻找一个时间节点的话,这一幕是从公元前 208 年开始的。匈奴武士冒顿暗杀了他的父亲,号称"单于",然后把北亚草原分散又互相敌对的部落统一起来,建立起第一个强大而统一的草原帝国。此时，中国正处于秦朝。为了防范匈奴人，秦始皇命大将蒙恬修建长城，把之前各诸侯国修建的长城连接起来，使之成为中原王朝抵御北方游牧民族的屏障。公元前215年，蒙恬率三十万大军北击匈奴，攻占了黄河干流以南的河南地和乌加河以北的阳山，设九原郡，把匈奴人赶出了河套地区。汉朝建立后，汉高祖刘邦有心无力，只好与匈奴和谈，采用和亲政策，将公主嫁给单于为妻。

月氏是匈奴崛起前游牧于河西走廊、祁连山南北的部落民族，2世纪被匈奴打败，月氏人被迫西迁。向南融入羌人和吐蕃人的少数月氏人，称小月氏；西迁至伊犁河流域和伊塞克湖定居的，称大月氏。月氏西迁后，匈奴人控制了戈壁东部的南北两面，他们在鄂尔浑河发源地的哈剌和林建立了一座单于庭帐。直到汉武帝登基，中国北部边境基本处在匈奴人的威胁之下。

汉武帝发动了对匈奴的战争，西汉名将卫青、霍去病"马踏匈奴"，把匈奴人赶出了甘肃地区。公元前119年，卫青和霍去病又横穿戈壁，追讨匈奴于漠北，霍去病甚至孤军千里，深达土拉河和鄂尔浑河上游，直捣匈奴王廷。汉武帝大败匈奴后，并未改变汉匈版图，在以后很长一段时间，匈奴人和汉人时战时和，在长城一线对峙。其间有汉将李陵全军覆灭的悲剧，也有单支单于归顺汉朝的盛景。

公元前44年，匈奴出现分裂，分成东匈奴和西匈奴。西匈奴迁至巴尔喀什湖和咸海草原，汉朝的敌人是东匈奴。在东汉时期，东匈奴内部又发生了分裂。公元48年，位于漠南地区的匈奴部落全部归顺东汉王朝，汉光武帝把他们作为盟邦，安置在漠南的甘肃、山西边境上。他们慢慢与汉人融合。公元49年，东汉又策动辽河上游的乌桓部落和鲜卑部落进攻居于鄂尔浑河流域的北匈奴，削弱其势力，使其不再对汉廷构成威胁。73年，汉将班超向西域进发，历经鄯善、于阗、疏勒、龟兹、焉耆，以夷制夷，让西域诸国孤立匈奴、归附汉朝。89年，汉将窦宪和耿秉攻至鄂尔浑河流域，北匈奴战败，由此衰落。

鲜卑族是继匈奴之后在蒙古高原崛起的游牧民族，兴起于大兴安岭，起源于东胡族。秦汉之际，东胡被冒顿单于打败，分为两部，均以山名作族名，退到乌桓山的一族称乌桓族，退到鲜卑山的一族称鲜卑族，均受制于匈奴，匈奴分裂后，鲜卑族才逐渐摆脱其控制。91年，受到东汉打击的北匈奴被迫迁往中亚，鲜卑族趁机占据蒙古草原。155年，鲜卑人征服北匈奴，继续进军西蒙古，远征至伊犁河畔，打败了乌孙人。到166年，鲜卑人已经统治着从大兴安岭到巴尔喀什湖的广大地区，是继匈奴之后的第二个草原帝国。

与匈奴人一样，鲜卑也把侵略的目标指向东汉朝廷。他们进攻辽东地区，被击退后又进攻辽西地区；同时他们转攻已归顺东汉的南匈奴，因为南匈奴所居区域正好是他们进攻东汉的屏障。东汉末年，南匈奴人在鲜卑人的压力下南迁，逃入河套、鄂尔多斯和阿拉善地区，还有一支进入长城内，在山西腹地定居下来。

鲜卑族是魏晋南北朝时期对中国影响最大的游牧民族。4世纪时，趁西晋王朝衰落之际，漠北五个游牧民族大举入侵并建立国家，与中原政权对峙，史称"五胡乱华"。"五胡"是指匈奴、鲜卑、羯、羌、氐五个部族。"五胡十六国"，就是指这五个北方民族及其所建立的国家，其中又以鲜卑族建立的政权居多。两晋时期，鲜卑拓跋氏、慕容氏、宇文氏、段氏前后建立了多个国家，有代国、前燕、后燕、西燕、南燕、南凉、西秦、北魏、吐谷浑、北周。581年，杨

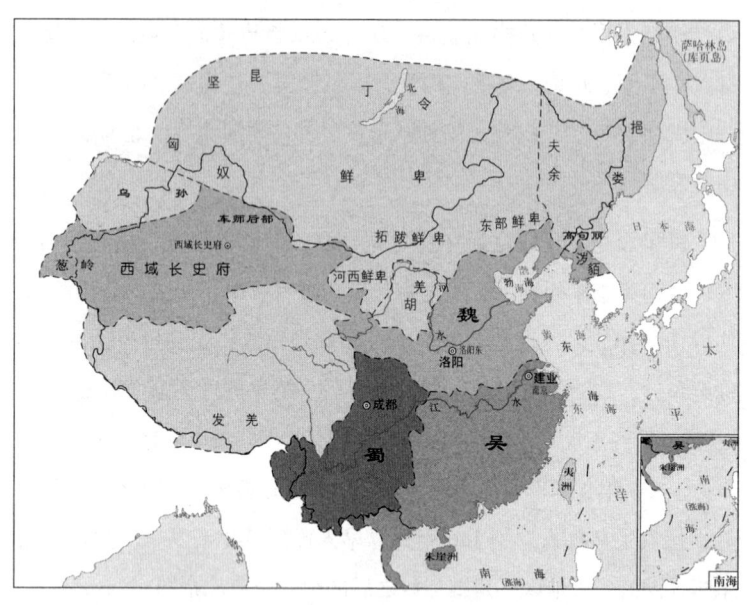

三国时期的鲜卑

坚受禅代周称帝,改国号为隋,北周亡。北周灭亡后,以鲜卑族为主体的鲜卑国家不复存在,隋唐以后,鲜卑作为一个民族也消失了。

4世纪末到6世纪中叶,柔然继匈奴、鲜卑之后,活动于大漠南北,与其并存的还有铁勒。柔然鼎盛时期很短,在410年至425年,其势北达贝加尔湖,南抵阴山北麓,东北到大兴安岭,西边远及准噶尔盆地和伊犁河流域,使天山南麓诸国服属。柔然贵族是从鲜卑拓跋氏分离出来的一支,而柔然作为民族,则是由鲜卑、铁勒、匈奴、突厥等诸多民族和部落组合而成。

540年,突厥这个词始见于中国史册。550年,突厥破铁勒。552年,突厥部落建立汗国。553年,灭柔然。554年,统一整个漠北地区,囊括从大兴安岭到咸海之间的土地。突厥是继匈奴、鲜卑

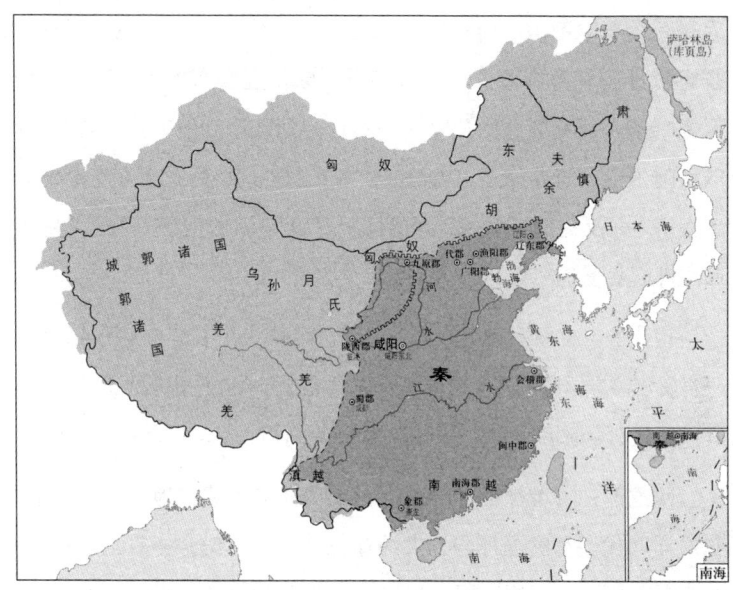

秦时期的匈奴

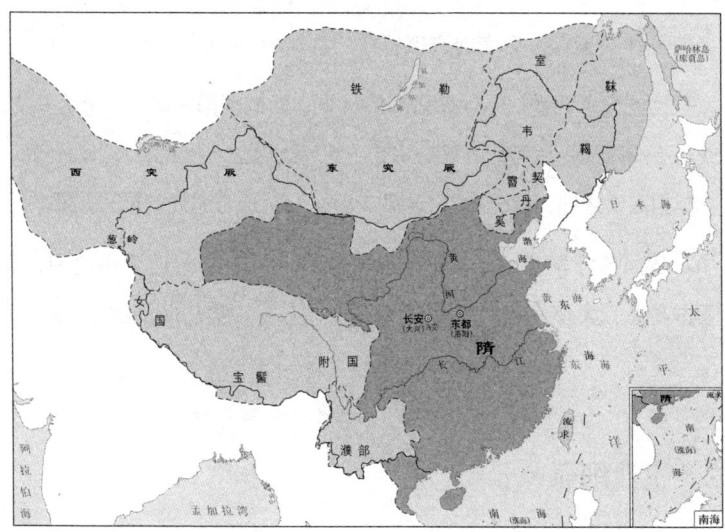

隋朝疆域

草原帝国 / 005

后又一个草原帝国。当隋朝重新统一中国时，中亚地区已经分裂成东突厥汗国和西突厥汗国。东突厥汗国东起大兴安岭，南到长城，西至哈密，西突厥汗国从哈密一直延伸到咸海和波斯。这两个汗国以大阿尔泰山为界分立。唐初，太宗在位期间，歼灭了东突厥汗国，唐太宗之子又完成了对西突厥的征服。唐高宗时东突厥复国。743年，回纥部起兵反抗突厥，于745年攻灭突厥。

现代的"突厥"指突厥语系。今"突厥"并不是一个民族，而是语言属于突厥语族的各个民族的统称，主要分布在中国的西北部和土耳其、乌兹别克斯坦、土库曼斯坦、哈萨克斯坦、吉尔吉斯斯坦等国。

回纥部在葛逻禄部的帮助下，成功夺取了蒙古地区。回纥帝国就这样取代了东突厥汗国，大约存在了一个世纪，一直到840年为黠戛斯部所灭。回纥帝国的都城在哈剌巴剌哈孙，当时称为斡耳朵八里，即宫廷之城。这座都城在鄂尔浑河上游，靠近原匈奴单于和突厥可汗的王廷，后来的成吉思汗的都城哈剌和林距此不远。

回纥又称回鹘，是铁勒诸部的一支。回鹘汗国瓦解后，分为几支，或南下或西迁。从河套南下的一支，其部众后融入华北汉人；西迁的一支，据高昌之地，称"高昌回鹘"，就是归附成吉思汗的畏兀儿部。

从回鹘汗国瓦解始，到蒙古民族兴起，有将近四百年时间，在蒙古高原，大漠南北，再没有出现一个统一、强大的帝国。

2　上亚细亚风云

亚细亚一语是由腓尼基语"日出地"演化而来。腓尼基人的生计主要在海上，要求腓尼基人确定方位，他们把爱琴海以东的地区泛称为日出地，把爱琴海以西的地区指为日没地。

然而亚洲太大了，虽然在地理上各个板块黏着在一起，除了日本和印度尼西亚，各个部分的差异性远远大于它们的共同性。与现代和后现代电信时代和网络时代不同，古代乃至近代，人类长期受着地理政治的支配，高山、海洋、戈壁、草原，足以让各个种族、各个民族相互隔绝，甚至相互对立。与欧洲不同，欧洲虽然也有众多民族，形成众多的民族国家，但欧洲在地理上，从一地到另一地没有绝对的障碍，所以欧洲很早就具备了许多泛欧罗巴的因素，第二次世界大战之后，便开启了统一欧洲的进程。

研究亚洲史的人大概很痛苦，怎么才能把亚洲写在一部史里面呢？完全不同的种族，不同民族的聚集地，不同的生活习惯和信仰，中国的帝制，日本的幕府，中东的哈里发，印度的王朝，各是各的历史。亚洲的统一是毫无希望的，亚洲本来就不是一个洲。然而，在13世纪，成吉思汗和他的子孙们用马蹄踏平了亚洲的山川。20世纪，日本人也要进行一次这样的征服，但人类的理性已不容许再用战争的车轮达到统一的目的。

我们一起看看这张地形图吧。

在亚洲的各个地区，天然存在许多屏障。在亚洲中部，盘踞着一片广大的山脉，把亚洲切割成几个大的板块。如果把亚细亚比作一只史前的巨兽，青藏高原是它的脊部，帕米尔高原是它巨大的头，延伸到各地的山脉就是它的四足和尾。

青藏高原南端的一条弧线，穿过中南半岛（印度支那半岛），支脉延伸至巽他群岛，将印度与中国完全隔绝，水源好像也依照天意如此分配，印度河、恒河、布拉马普特拉河（上中游即中国的雅鲁藏布江）灌溉着印度的广大农田，黄河和长江则流经中国。

青藏高原的北部，以昆仑山及其延长线为界线，延伸至贺兰山，终点是大小兴安岭，与之平行的是中国万里长城遗迹。这条向上弯曲的弧线，将中国的华北、东北与蒙古高原分割开来。这条线上的部分，西藏、新疆、蒙古高原（包括内蒙古），历史学家把它概括地称作上亚细亚，这是在人们常识中很少使用的一个地理名称。

上亚细亚南端是昆仑山脉，东端是兴安岭，它的西面是天山和阿尔泰山，这个地区与海洋完全隔绝，雨量稀少，绝大部分被戈壁和沙漠占据。正是这片戈壁，把草原分为两大部分，分别是漠南草原（今内蒙古）和漠北草原（今蒙古国）。

横穿亚细亚五大山脉的北部，伸展至西伯利亚平原，则展现了与亚洲其他地区完全不同的地貌特征。遍布的森林和广阔的草原，发源于东部山脉的各条大河都汇聚在这里。

巨兽之脊再向西伸展，一脉山峦覆盖了阿富汗（呼罗珊）、伊朗高原（波斯），一直到土耳其，即小亚细亚，发源于帕米尔高原的阿姆河和锡尔河灌溉这一地区。

亚细亚看似一个整体，其实是一块四分五裂的大陆，还不要说在这块人类聚集地上存在不同文化、习俗、宗教信仰。这本小书讲述的故事或说简史，是发生在欧亚大陆最偏远的地方，即现代蒙古和西伯利亚的接壤处。13世纪初，在这里兴起了一个部落，它的活动范围只是今蒙古国东北部很小一部分。本来，草原的历史，就是

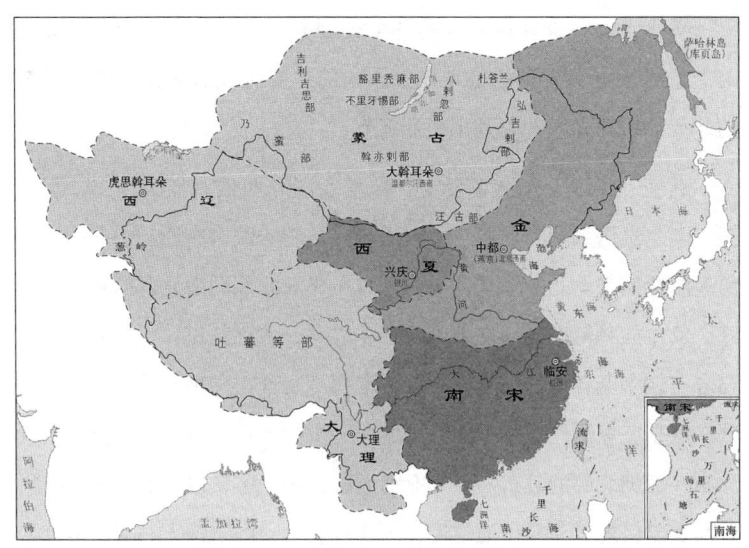

南宋时的蒙古诸部

游牧民族、氏族、部落为了争夺草场，互相吞并的历史，而这个后来叫大蒙古兀鲁思的氏族部落，却在上亚细亚这块地方，发动了一场统一蒙古、征服世界的战争。

3 亚洲人都属**蒙古人种**

世界上有四大人种：亚洲的黄种人，欧洲的白种人，非洲的黑种人，大洋洲的棕种人。

亚洲人种一般可以分为五个亚支和三大类型，东南亚亚支属旧亚洲马来类型，北亚亚支、中亚亚支和东北亚亚支属新亚洲和西伯利亚类型，美洲亚支属美洲印第安类型。

草原帝国 / 009

美洲亚支，即印第安人的各个类型群，广泛分布在南北美洲大陆上，属于亚洲人种的范畴。中国人的主要种族成分是亚洲人种中的北亚、中亚、东北亚和东南亚亚支。

北亚、中亚、东北亚亚支，即新亚洲和西伯利亚类型群，都来源于阿尔泰语系的阿尔泰-突厥语族，从位于蒙古高原和中亚的突厥白人演化而来。北亚亚支，主要分布在亚洲北部的南北西伯利亚等地区，蒙古族是鲜卑语族在中国的分支之一，古称鲜卑；中亚亚支，主要分布在中亚各国、朝鲜半岛、日本列岛及现在中国的关中平原，维吾尔族是突厥语族在中国的分支之一，古称突厥；东北亚亚支，主要分布在亚洲北部的远东西伯利亚的通古斯等地区，以及美洲北部的阿拉斯加、格陵兰岛等极地附近，以通古斯人、因纽特人、阿留申人为主要代表，满族是通古斯人在中国的分支之一，古称契丹。

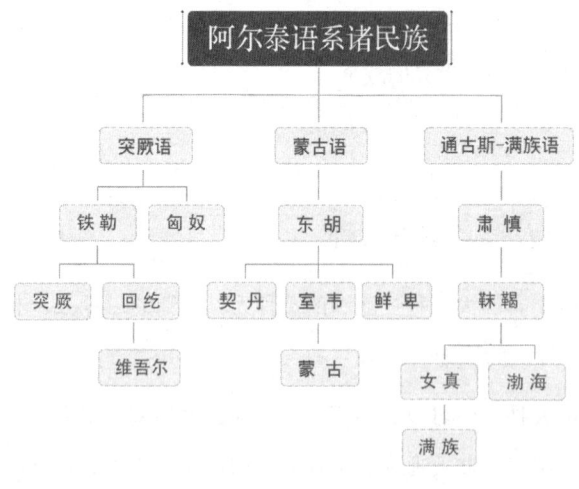

阿尔泰语系诸民族

东南亚亚支，即马来人的各个类型群，分布于东南亚一带的印支半岛、马来半岛、印度尼西亚、菲律宾、泰国、缅甸等地。

还有一种分类，分为刚果人种即黑色人种，高加索人种即白色人种，澳大利亚人种即棕色人种，蒙古人种即黄色人种。因为这四个民族是这四个人种体征上比较典型的代表。蒙古族是蒙古人种五大分支中的北亚亚支。蒙古人种，跟蒙古人、蒙古族是不同的概念，前者是人种学名，后者为民族概念。

在12世纪，许多有游牧民特征的氏族和部落生活在草原上。在所有草原部落中，与蒙古人亲缘关系最近的是东部的塔塔儿人及再东面的契丹人，更东面的女真人，以及中亚的突厥部落。这四个民族，与属于东北亚亚支的某些部落，有着近似的语言系统，他们的语言和朝鲜语、日本语相比，具有较远的相似性，而与汉语和亚洲的其他语言则毫不相关。

突厥部落和塔塔儿人已经联合成了几个部落联盟，而到那时为止，蒙古人还是很多个小的、各由一位首领领导的群体，松散地建立在血缘纽带的基础上。蒙古人不认同他们的祖先是突厥人或是鞑靼人，他们声称其直系祖先是匈奴人，3世纪时，他们在蒙古高原建立了第一个草原帝国。虽说如此，在那些发生的历史事件里，这几个民族总是全部或部分地交织在一起，甚至呈现为一个民族，他们的语言有着很近的共通之处。从人种上说，鞑靼、突厥人即便不是蒙古人，也是蒙古种。

还有一个特征可以佐证。蒙古民族也称蓝痣民族。蒙古妈妈清洗新生婴儿时，会仔细检查孩子身上是不是有一块蒙古痣，那是一片蓝痣，长在脊柱下腹股沟之上，非常明显，几年后便会慢慢消失。

这是蒙古人和突厥人儿童身上的独特体征，是区别于其他民族的重要标志。对于蒙古人来说，这块痣有着近乎神圣的意义，是长生天投下的一道金光。

之所以把亚洲人种称作蒙古人种，把生活在上亚细亚高原的几乎所有民族都称作蒙古族或蒙古人，是因为成吉思汗这个缔造蒙古功业的人，他把一个小小的氏族部落，发展为一个部落联盟、一个国家及至一个贯通欧亚大陆的帝国，他的部落的名称也就成了民族和人种的统称。

4　蒙古民族—说源于鲜卑

当成吉思汗开始建立功业的时候，他所在的那个将要取得世界的民族还没有真正形成。

关于蒙古民族的真正族源，现当代多数学者认为蒙古出自东胡。东胡是中国东北部的古老游牧民族，属阿尔泰语系，自商代初年到西汉，东胡存在了一千三百年。东胡是一个部落联盟，包括了族属相同而名号不一的大小部落。秦末，东胡强盛，西汉时被匈奴冒顿单于击败。退居乌桓山的一支称为乌桓，退居鲜卑山的一支称为鲜卑。

《辞海》这样描述东胡："古族名。因居匈奴（胡）以东而得名。"但这可能是一种误读，"东胡"应该是一个古阿尔泰语词，正确的读法应该是"通古（斯）"，意思是居住在长满柳树的河岸上的族群。历史学家也会把汉语和其他民族语言相混淆，东胡并非因为在匈奴东而被称为东胡。"东胡"至少包含两个语族的族群，一个是蒙古语族,另一个是通古斯语族。

4世纪中叶,鲜卑人的一支,自号"契丹",生活在潢水和老哈河流域。居于兴安岭以西(今呼伦贝尔)的鲜卑人的一支,称为"室韦"。室韦与契丹同出一源,以兴安岭为界,在南者为契丹,居北者为室韦。

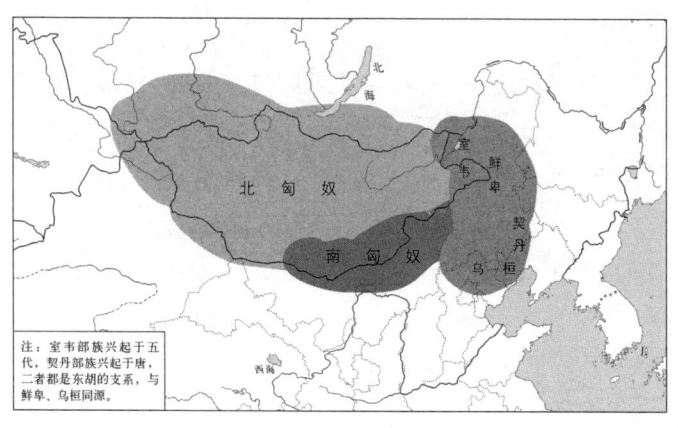

室韦与契丹同出一源

鞑靼原是蒙古诸部的总称,由于蒙古部的强大,鞑靼一名被蒙古取代,成为蒙古诸部的总称。文字记载蒙古之称谓,始见于《旧唐书》,称作"蒙兀室韦",说明蒙古民族的出现已是很晚近的事。

12世纪时,室韦诸部完成西迁,子孙繁衍,氏族支出,分布于今怯绿连河、斡难河、土拉河三河上源和不儿罕山以东一带,组成部落集团。其中较著名的,在这本书中经常提到的有乞颜、札答阑、泰亦赤兀惕、弘吉剌、兀良合等氏族和部落。与他们同在蒙古高原上游牧的,是贝加尔湖周围的塔塔儿部,贝加尔湖东岸、色楞河流域的篾儿乞惕部，贝加尔湖西面、叶尼塞河上源的斡亦剌部；另外还有三个蒙古化的突厥部落，回鹘汗庭故地周围的克烈部，其西的乃蛮部和靠近阴山的汪古部。

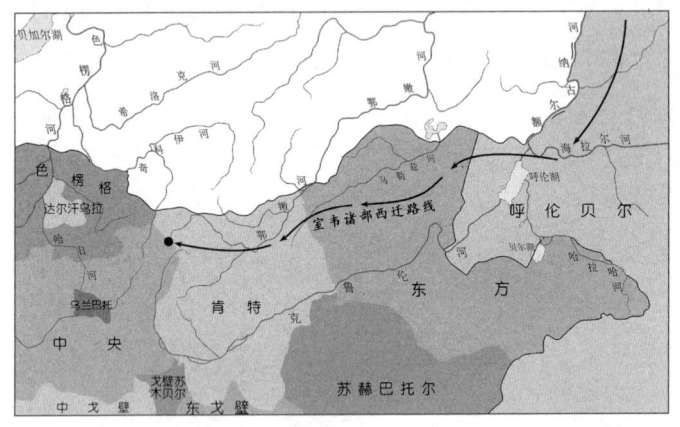

十二世纪，室韦诸部完成西迁

有亲缘关系的草原游牧民联合起来形成一个氏族，几个氏族联合起来成为部落，几个部落联合再形成部落联盟，如塔塔儿部、克烈部和乃蛮部那样的部落联盟。这种联盟随着势力的强弱，有时扩大，有时缩小，可以持续好几代，甚至存在几百年。蒙古人多次试图统一成一个部落联盟，服从一个汗的领导，但这种努力都以失败告终。蒙古人分成许多兀鲁思、分散的部落和小民族，成吉思汗属于乞颜部孛儿只斤氏。这些部落之间相互争斗，并与塔塔儿人交战。

12世纪以前，蒙古人就企图建立一个有组织的部落联盟。在成吉思汗之前，蒙古部落曾经出现过三位大可汗。合不勒可汗，蒙古历史中记录的第一位大可汗，约生活在11世纪下半叶至12世纪上半叶。合不勒汗时代是蒙古迅速兴起的时代，其势力超过了塔塔儿

蒙古女人石像

部、克烈部和乃蛮部。但合不勒汗时代蒙古人与塔塔儿人结仇，又与女真人当朝的金生怨，使自己陷入两大力量的打击之下，很快失去了继续发展的机遇。俺巴孩是合不勒汗的继任者，古代蒙古的第二位大可汗。俺巴孩汗很可能是想化解与塔塔儿的仇怨而把女儿嫁给塔塔儿部的首领，在陪送女儿出嫁时被塔塔儿人擒获。根据俺巴孩汗被擒时的提名，蒙古各部和泰亦赤兀惕部在斡难河谷聚会，推立忽图剌为蒙古部可汗。他是古代蒙古的第三位大可汗。

忽图剌是蒙古传说中的英雄。他的堂兄俺巴孩被塔塔儿人引渡给金朝之主阿勒坦汗，金人把他钉死在木驴上。忽图剌为了报仇，攻掠了金朝的属地。1161年，金帝派兵远征蒙古，同时联合塔塔儿人，使忽图剌遭到致命打击。蒙古王权被金朝和塔塔儿人摧毁之后，蒙古统一之路断绝，蒙古人又回到部落、氏族的旧秩序中。

5　游牧民族的袭扰

在上亚细亚，高原南部和北部丰美的水草之间，有一条上百公里的不毛之地，蒙古人称作戈壁，是一片植被几无的砾石荒原。这片戈壁把蒙古高原分成了漠南和漠北。在蒙古兴起之前，这片草原已经生存过几支闻名的游牧群体，匈奴、鲜卑、柔然、突厥、回鹘、黠戛斯等。9世纪中叶，回鹘汗国瓦解，回鹘人向西南迁出漠北草原，原先居住在大兴安岭山地中的蒙古部落室韦氏开始向西迁徙，到12世纪，漠北草原基本完成了蒙古化过程。

蒙古部落，也是一个游牧群体。游牧民族的生活规律，就是保证让畜群吃到足够的草料，有足够的水源，并免受严寒的伤害。所以，游牧民要根据草场的季节性变化，按照一条相对固定的线路有规则地循环移牧。蒙古人所牧养的五畜是绵羊、马、山羊、牛、骆驼。每年春季草青时，他们就从冬季的营盘出发，向夏季牧场转移，同时也让冬季的草场得以生息。等到秋初，游牧民就要赶着膘肥肉厚的畜群，转移到相对温暖的地方。冬季的严寒，对畜群是一个严厉的考验，体质较弱的牲畜都会在入冬前被宰杀。即便如此，春季的乍暖还寒，也会让已熬过冬天但过于虚弱的牲口成群倒毙。

游牧，是古代人类经济活动的一种基本方式。中国北方游牧民为了适应高寒干旱的气候，终年实施严格的集体游动放牧的畜牧业方式，这种方式是基于保护稀缺的水资源和可持续轮换使用不同的草场形成的人类智慧和文明。游牧对环境依赖性大，迁徙是其典型的文化特征。他们的居所多是便于流动生活的帐房和蒙古包，帐房和蒙古包都具有拆装容易、搬迁简便的特点。

人类文化，从源头上看，大概不出三种：游牧文化，农耕文化，商业文化。游牧文化、商业文化都源于内供不足，所以向外寻求，因此是流动的，也是进取的。而农耕可以自给，无须外求，所以是固定的，也是保守的。农耕和游牧这两种生产方式的产生是由地理环境决定的。从北回归线到北纬35度这条狭长的地带上，由于雨水充沛、气候适宜，因此成为农耕文明的温床，而在其北面，多为荒芜的戈壁沙漠和广阔的草原。在中国，以汉族为主的农耕民族自上古时期以来就一直生活在黄河流域，到魏晋南北朝，北方边患丛生，游牧民族的袭扰已成常态，为了逃避战乱，中原地区的人民南下寻找安身之地。他们带着耕作技术和文化观念，加上南方的自然气候和生态环境，长江流域显示出农耕经济的发展潜力。而北部和西北部，便成为游牧民族的移牧之地。

这就是我们所见到的大中华的历史，自始至终是一部汉民族抵御外族侵略的历史的原因所在。我们无须用今人的理性评判古人的是非，人类的生存发展本来就遵循着一部丛林法则。只有当经济发展的成果足以补偿落后的生产方式的缺失的时候，人们才会觉得它曾经是如此不合乎理性，需要加以替代。这一点，在蒙古帝国形成的年代，它自己就做出了几乎完美的诠释。到了忽必烈时代，蒙古民族就不再以游牧经济为其治国根本，它只是以游牧民族的军事力量作为统治基础，以农耕经济为实力，又以穆斯林的商业能力作为运转，形成了一个前现代的贸易经济格局。

二 蒙古人的"约孙"

6 大札撒，成吉思汗法典

札撒意为军令、法令，在每一次战斗之前，蒙古人的首领、将领都会下达一些命令，有一些军令和法令是必须遵守的，且适合于所有人和一般战争情况，就上升为军法和法度，需要共同遵守执行。大蒙古国建立以后，成吉思汗将历来的训令、札撒和习惯都加以汇总，设专人执掌，以畏兀儿字记蒙古语，订立青册，藏于金匮，逐渐演变为成文法，称"札撒大典"。每逢新汗即位、诸王集会、军队调动等国家大事，均聚众诵读，按律遵行。元朝建立以后，虽然它的效力被其他法律替代，但是在大规模集会时大家一起诵读大札撒，还是作为一种王朝的仪式保留下来。

大蒙古国建立以前，蒙古人靠"约孙"评判是非，调整社会关系，规定人的行为规范。"约孙"，汉译为习惯。那些被部落或国家认可，具有共同约束力，并赋予法律效力的习惯，就成为习惯法，是不成文法的一种。习惯是一种既古老而且也最普通的法律渊源。

蒙古人的这些古已有之的"约孙",也作为习惯法成为蒙古法大札撒的法律渊源。许多"约孙"来源于自然禁忌,它已经作为习惯法为蒙古人所遵守。比如大札撒规定不得在河流中洗手,不得在河水中洗澡,违者处死,看起来这样的刑罚过于严厉,须知蒙古人居于高原地带,庞大的畜群和人口决定了他们对水源的绝对依赖关系。再如大札撒规定,草绿后挖坑致使草原被损坏的,失火致使草原被烧的,对全家处死刑。这就更好理解蒙古人最初是森林百姓,后移居草原,游牧是其最基本的生产生活方式,如果没有赖以畜牧的草场,他们就失去了生存的根基。又如大札撒规定,打马头和眼部的,处以死刑。蒙古人依靠他们的骑兵横跨亚欧大陆,铁蹄所至王冠掉落,马是蒙古人的武器,也是他们夺取食物的工具,所以他们对马如此珍爱。

成吉思汗第一次正式颁布"札撒"是在1202年,进攻四支塔塔儿部的战役之前。他命令部众对败退之敌乘胜追击,不许因抢劫财物而放跑敌人,战斗中不可贪财,财物在战后论功行赏。纪律严明,加之赏罚分明,战斗力就提高了。同时,这还限制了各部贵族的权力,加强了大汗的集权。铁木真亲族乞颜部阿勒坛、忽察儿、答力台三贵族违反军令,抢劫财物据为己有,铁木真命者勒蔑、忽必来二将剥夺了他们所得的财物和牲畜。第二次是在1204年,同乃蛮作战前,成吉思汗颁布了有关编组千户、百户、十户,委派参谋官,组织怯薛军的札撒。这两个札撒后都载入成吉思汗大札撒。从这时起,成吉思汗已经看到他的统一蒙古之路,开始考虑未来国家的制度和法律。

与中原王朝法律制定过程一样,"大札撒"也是"法自君出"。成吉思汗给每个情况制定一条律文,给每种罪行制定一条刑罚。蒙古人没有自己的文字，需要口诵心记。蒙古统一前夕，成吉思汗俘虏了乃蛮部掌印官畏兀儿人塔塔统阿，命他将建国前后陆续发布的一系列"札撒"以及经他确认的"约孙"，有选择地编纂成法律文件。经过二十多年的完善和修正，最终形成了这部蒙古法典——大札撒，也称成吉思汗法典。

成吉思汗认为，大札撒不仅是一部法律，更是一个只要严格执行，必能征服世界的计划。在这里面，包含了他所代表的蒙古最高民族主义的纲领和一个独裁者的钢铁意志。但人有天命，他并不放心他的儿子们能坚守他所制定的札撒，不无忧虑地对他们说："若你们的愿望和你们的话是一致的，若你们的口比着你们的心，你们必须立下文书"，"我死后，你们不可更改我的命令"。

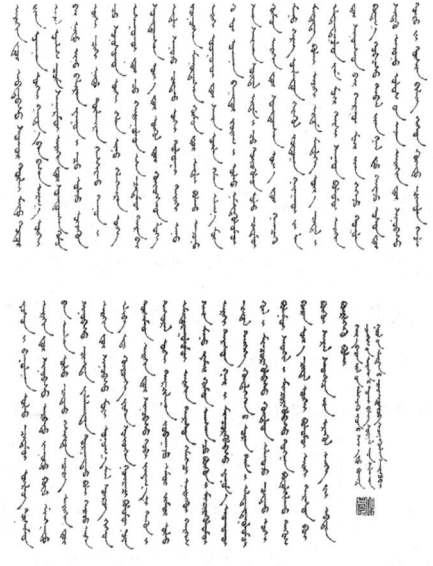

大札撒

7　推举可汗的**忽里台大会**

忽里台，它是古代蒙古的议事会，由此推举部落首领及可汗，批准军事行动。到蒙元时期，它是蒙古和元朝的诸王大会、大朝会，除了推举可汗、决定征战等大事，还在大会上加衔和封赏。

蒙古没有固定的嫡长继承制，汗位继承权或由先朝大汗生前指定，或通过明争暗斗强取，但形式上都要通过忽里台，由诸王、贵戚推举获得汗位，才具有合法性。这可以看作是人类社会早期的民主形式。

忽里台大会并不进行正式的投票，游牧民族都是"用脚投票"，要么来，要么不来，来了就表明拥护新的可汗，如果他们不来，不等于弃权，说明他们会与之为敌。假使他们不拥护新的首领，又来参加忽里台会议，那将是一个冒险的选择。1251年，宗王大臣拥立蒙哥登基，窝阔台系和察合台系宗王本不支持蒙哥，却又姗姗来迟，赶赴和林参加忽里台大会，结果遭到蒙哥汗的严厉镇压，先后处死两系宗亲王一百多人。蒙哥汗的母亲——唆鲁禾帖尼亲自下令处死贵由汗的正宫皇后斡兀立海迷失。所以召开忽里台大会之前，争取、动员、拉拢、利诱，所有工作都要做完，到忽里台上走个形式。

铁木真第一次称汗是在1189年，他移营怯绿连河上游独立建帐，广结盟友，吸引众多蒙古部众和乞颜贵族来投。在他自己召集的忽里台大会上，被推举为蒙古各部落的可汗，首次被授予"成吉思汗"名号。1201年，札木合召集忽里台大会，合塔斤部、朵儿边部、塔塔儿部、亦乞列思部、弘吉剌部、乃蛮部、篾儿乞惕部、泰亦赤兀惕部，几乎草原所有部落都派了代表，合议推举札木合为汗，取号"古儿汗"。从他所代表的普遍性来看，札木合称汗的合法性要远远大于铁木真。

说明随着铁木真统一蒙古步伐的加快,蒙古高原各个利益集团都感到了威胁,他们必须推举一个领袖,用一个部落联盟与之抗衡。

到1206年,情况不同了,铁木真已经打败了草原上的所有部落,曾经三河之源的一个小氏族,现在成了四方的盟主。他要赋予这个巨大的部落联盟以国家的名义,并使之合法化。鉴于此,这年秋季,他召集了一个大规模的忽里台大会,塔塔儿部、克烈部、乃蛮部、篾儿乞惕部、主儿乞部、泰亦赤兀惕部、弘吉剌部、汪古部等几十个部落首领都来了,他们在蒙古人的发源地斡难河之源,推举铁木真为他们的领袖。大萨满阔阔出宣达了长生天的一个重要敕令:授予万汗之汗的铁木真"成吉思汗"。这是他第二次被授予成吉思汗,这一次名副其实。

忽里台会议有大有小,有部落联盟的大会,也有部落和家族内部的议事会,较低级的领袖和将领亦可召集较小型的忽里台会议。但无论忽里台是大还是小,都必须要有部落里的长老参加,使忽里台会议的决议具有合法性。蒙哥汗去世后,忽必烈召集支持他的东道诸王和中原汉儒,在开平召开忽里台大会,抢先称汗。同年稍晚时间,阿里不哥不得已在帝国首都哈剌和林召开忽里台大会,由中央兀鲁思宗亲和西道诸王推举为汗,从而形成两汗对立的局面。从法理上说,阿里不哥更具合法性,不仅因为蒙古人有"幼子守产"的习俗,同时也因他得到了更多宗亲王和大臣的支持。

入元以后,忽里台大朝会的形式保留下来,历朝皇帝登基都要召开忽里台大会,举行仪式,颁发赏赐,但忽里台已经不再是决定帝位继承的具有实权的议事会了。忽必烈即位以后,效仿中原的皇帝世袭渐成正统,由忽里台大会推举最高统治者的制度,也就留在了蒙古草原部落的传统中。

忽里台大会

8 神秘的徽旗，九斿白纛

《元史·太祖本纪》记载，1206年，成吉思汗大会诸王群臣，建九斿白纛，即皇帝位于斡难河之源。这是蒙古人首次对九斿白纛的记载。另一种说法称，1189年，成吉思汗在他的诞生地不儿罕山南麓怯绿连河源头一个叫呼和淖尔的地方，被众贵族推举为汗，在那个场合，他竖起其尊父也速该把阿秃儿的九足白旗。成吉思汗建立大蒙古国后，这个九足白旗就演变成了大蒙古国的国旗。"足"和"斿"都是指旗上的飘带、穗子。"九"是蒙古人的吉祥数，所以用九条飘带。

九斿白纛又称查干苏勒德。"查干"意为白色;"苏勒德"意为长矛、旗帜,原义为大竿。苏勒德是一只大纛,是一个有形的圣物。它是一柄类似于古代兵器的矛状物,特殊之处是矛身底座的銎部为一圆盘,盘沿一周有八十一个穿孔,绑扎着马鬃作为垂缨,固定在松木大竿上,矗立于蛤蟆抱脚石座,显示神圣威武之势。

九斿白纛,蒙古勇士的精神之旗

苏勒德是长生天赐予成吉思汗的神矛。相传,在一次交战中,他祈求苍天给他力量,突然半空一道闪电,一把矛状物落在众人头顶,却悬而不下。他命大将木华黎去接受,却几次都未接下。成吉思汗悟到这是苍天赐予自己的神器,于是卸下雕花的马鞍,双膝跪地,并许诺用一万只羊活祭,苏勒德这才落定。从此,苏勒德便成为蒙古军队的战旗,蒙古民族的守护神,也是蒙古民族精神力量之源。世代蒙古人都以哈达、神灯、全羊、奶酒祭祀苏勒德,并从那里得到福祉。蒙古军队打仗前都要祭旗出征,胜利后杀生摆供。

查干苏勒德为三叉神矛的主苏勒德和八柄陪苏勒德组成。主苏勒德的顶端为一尺长镀金三叉铁矛，三叉象征火焰。离主苏勒德五米的地方，四面、四角上竖起八柄陪苏勒德，并用马鬃搓成的绳子与主苏勒德相连接。苏勒德又分为四旇黑纛和九旇白纛。四旇黑纛摆放位置是中间一纛，四角各有一纛；九旇白纛的摆放位置是中间一纛，四方和四角各有一纛。这种摆放都反映以汗为中心的最高统治。

可汗到哪里，九旇白纛就随行辇到哪里。今乌审旗还有一个名叫"哈敦太后"的古城遗址，蒙古语意为皇后城。据说，哈敦太后这个地名是蒙古军队攻打西夏时，成吉思汗为随行的也遂夫人建造的行宫。1227年，成吉思汗病逝后，秘不发丧，遗体被秘密送往漠北大营，留下部分蒙古军队守卫也遂夫人行宫，守护大蒙古国的国旗九旇白纛。

1634年，林丹汗在青海去世后，守护查干苏勒德的察哈尔部几千人带着苏勒德返回途中，留在八白室所在的鄂尔多斯。次年，林丹汗夫人和儿子在鄂尔多斯向清皇太极投降，缴出了金印，并没有缴出大蒙古国的国旗九旇白纛。蒙古人把它秘密地供奉在今乌审旗陶利镇呼和芒哈嘎查，一个名叫哈热图的地方，九旇白纛最后停留地是乌审旗东部的古日贲浩莱。数百年间，不管政治形势如何变化，还是朝代几番更替，乌审旗全体蒙古族同胞都在那里守护和祭祀九旇白纛。最后一个见到九旇白纛的人，是古日贲浩莱地方一个名叫巴特尔的牧民，他回忆说："我在这里生活七十年了，我的父亲是祭祀九旇白纛的主持。1944年，我十三岁的时候，曾经参加过九旇白纛的祭祀活动。"之后，它就神秘地消失了。

9 斡耳朵，女人灵魂的居所

斡耳朵，为突厥－蒙古语的音译，意为宫帐或宫殿。斡耳朵也是辽宫帐名，辽太祖起，各帝及太后皆置斡耳朵。契丹是游牧民族，习于帐居野处，车马为家，转徙随时，无城郭沟池之牢及宫室围墙之固，故其宫帐之组成，有管理、警卫与供给之职能。

蒙古的斡耳朵与辽没有实质上的差别。成吉思汗时，设四大斡耳朵，分别属于孛儿帖、忽兰、也遂、也速干四个皇后。帝、后死后，大斡耳朵由幼子拖雷的家族继承。忽必烈也设四大斡耳朵，以后的皇帝设有数目不等的斡耳朵。斡耳朵也指后妃占有的财产、私属人口的组织形式。

元朝建立以后，大都的皇宫为土木建筑而不是帐篷，但斡耳朵的名字和制度仍旧保留。各斡耳朵都有自己的封邑，各有属民、纳税和皇室岁赐等收入。忽必烈设置了一个官职，叫作济农，负责防卫北部边界，并管理太祖的四大斡耳朵。蒙古人认为，正如一个男人的尘世灵魂寄生在马的鬃毛中一样，一个女人的灵魂寄生在她制作的蒙古包墙壁的羊毛毡上，所以蒙古人也称自己是"毡墙之民"。每个皇后死后，她的遗体都被送往不儿罕山安葬，她的斡耳朵被送往曲雕阿兰的小溪旁边。这里以四大斡耳朵之名著称于世，成了成吉思汗帝国的象征性遗迹。济农的神圣职责，就是管理蒙古最神圣的几样物件，黑纛，即用成吉思汗的马鬃做成的旗帜，以及他死后，留给他四个妻子的四个斡耳朵。

汉语中的蒙古包一词始于清代。"包"，满语是家、屋的意思，也称为穹庐、毡帐或毡包。蒙古包和斡耳朵同属一类，区别在于：蒙古包为蒙古牧民所用，斡耳朵为蒙古贵族所用。故斡耳朵有不同于蒙古包的特点，斡耳朵容积更大，富丽堂皇，有宫帐的造型，经过装饰以后的宫帐也叫"金殿"。

已婚女人的第一顶蒙古包是丈夫送的，若干年后，她会掀开称为母毡的隔离毡，用新羊毛打一套被称为女儿毡的覆盖物。这样，她的手、汗水、心灵都成为毡毯的一部分，这个蒙古包从此真正属于自己，她成为一个新主人。她的女儿毡以后会用来为她的儿媳制作新的蒙古包，代代相传。在蒙古包里，妻子掌管一切，即便她的丈夫是可汗，也不例外。

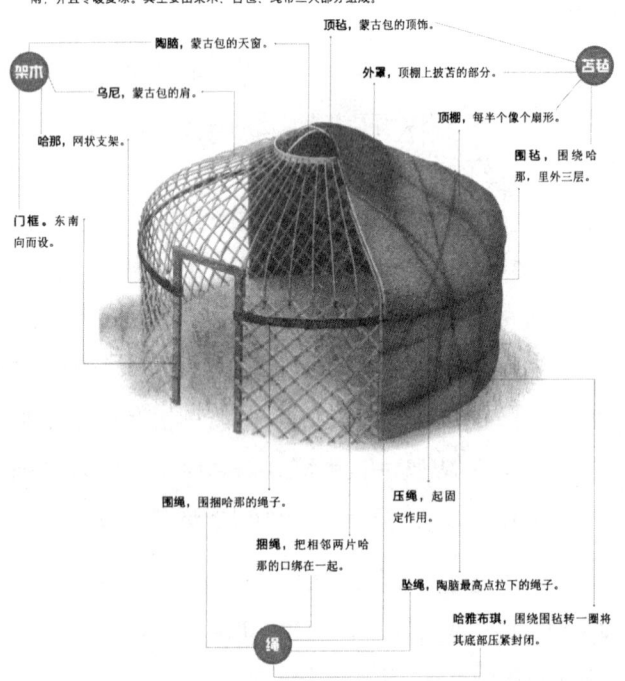

蒙古包的构造

对蒙古女王的记忆,还留存在古代印度的建筑上。1631年,莫卧儿皇帝为她的爱妻修建宏伟的陵墓,这个陵墓表现了蒙古人的天地观,是简洁的蒙古包穹庐圆顶形状。如果知道沙贾汗是成吉思汗与孛儿帖的后裔,就不足为怪了。他的祖先是蒙古帝国的古列坚(驸马或女婿),娶孛儿只斤氏的女人为妻,而他本人则是察合台系的孛儿只斤氏女人的后裔。他把泰姬陵的入口设计朝南,和所有蒙古包一样。他无疑是受了古老蒙古部落记忆的引导,体现了蒙古女王的精神。

10 围猎,蒙古人的战争方式

早期蒙古人生活的区域是蒙古草原与西伯利亚的交界处,他们在森林中以狩猎为生,每年蒙古人都要组织狩猎聚会。那时,部落全体成员参加狩猎,围上尽可能大的一块区域,将猎物赶向一个中心屠杀点。这些动物不仅提供了肉食与皮毛,还提供了制作各种工具的牙、齿、角、骨,他们用森林产品换取那些森林中稀缺的物品。

狩猎是人类最早掌握的生存技能之一。《周礼》中记载君王四季田猎,分别称作春搜、夏苗、秋狝、冬狩,田猎既可以作为国家礼仪,又可以作为军事大典、练兵备战的综合演习。围猎以秋围居多,因为避开农时,且动物此时最丰肥饱满。

《蒙古秘史》记载成吉思汗的童年生活,经常提及狩猎而不是放牧。这些信息可以让我们理解成吉思汗的生活方式和战争方式。如果森林中猎物匮乏，那么森林百姓入冬之后就将面临饥馑，这时他们就会把猎物锁定到人的身上，他们不是深入森林猎取动物，而是越出草原去抄掠异族。蒙古人用围猎的方式，来对付"猎物"，他们先发出信号，"猎物"就会四下逃窜，丢下营地里的牲畜、家中财物及妇孺。他们的目的是获取物品，所以攻击者通常只抢劫帐篷，围捕畜群，劫取妇女，并不去追击逃亡之人。而逃脱的男人很快就会聚集起来，找到同盟者，沿着劫掠者返回的路线追击，夺回被抢走的物品和女人。草原的生活就是一场抢劫的周而复始，而部落世仇并非真正的作战动机，只是在历史中穿针引线。

这样就可以了解到，狩猎文化对蒙古人思想和行为方式的影响，蒙古人围猎方式与其惯用的军事策略之间有着高度的相似性。他们将敌方平民视作牲畜，将敌方士兵视作追捕的猎物。蒙古人的战术即狩猎战术。在战争中，他们采用草原掳掠的方式，先散开埋伏，留下空间待敌人进入，在接触战中佯装后退，把敌人引入设定好的区域，让敌人离开自己的阵地，然后将敌人包围，高度灵活的骑兵在他们中间分隔，打乱其阵型，再把每个敌人像野牛一样砍死。

史书中两次记载成吉思汗大型围猎活动，一次是在1204年冬春季。据记载，乃蛮将对蒙古人发起攻击，成吉思汗举行大型围猎活动，以此作为战前的军事演习，在此与其宗王和大臣商议应对乃蛮一事。大多数人都认为春季马瘦不易征战，待到秋天马壮时有把握取胜。成吉思汗两个弟弟帖木格斡赤斤、别勒古台却竭力坚持与乃蛮开战，与成吉思汗心想一处，于是开启了统一蒙古的最后一战。

第二次围猎是在1224年，成吉思汗征服花剌子模之后。为了庆祝胜利，成吉思汗举行了盛大典礼，典礼的形式是一场大型围猎活动，这可能是史上最大的围猎。全部军队都参加了这场大围猎，前后历经两个月，参加人数在十万以上。他们事先封锁了一片巨大的区域，在周边竖起标杆，再用马鬃绳将它们连接，在马鬃绳上挂满各种各样的织物。这些毛毡一类的东西随风飘扬，动物受到惊吓，便离开边缘地区跑向中心地带。两个月后，圆周缩小，所有野兽被赶入一个极小的围圈里，等到四周门洞关闭后，射杀活动开始。首先可汗与诸子进入围圈，尽情射杀猎物。等到君王心满意足之后，

射猎图

蒙古人的"约孙" / 031

再按照蒙古人的等级，从王公、千夫长到下级军官，依次进入围圈，这时可汗和他的儿子们坐在山冈上观看猎兽表演。最后，一定要剩下一些弱小的动物，这时老人带着童年的王子，走到可汗面前，请求恩准赦免它们。大札撒第二十一条规定："狩猎结束后，要对伤残的、幼小的和雌性的猎物进行放生。"于是，可汗让这些存活的野兽恢复自由使之重新繁衍。

11 收继婚，延续父系氏族种性

也速该死后，按照他的遗言，铁木真回到母亲诃额仑身边。这时铁木真还在德薛禅家里做家内役。也速该或许是想让铁木真和他同父异母的哥哥别克帖儿一起，帮助母亲照顾几个年幼的弟弟和妹妹。别克帖儿稍长于铁木真，父亲被毒死后，他渐渐地开始行使最长男性成员的特权。在兄弟们发生矛盾的时候，诃额仑也总是站在别克帖儿一边，这让铁木真难以忍受。作为寡妇，诃额仑没有被已故丈夫的兄弟所收纳，她的最可能的伴侣是别克帖儿。这个家庭关系紧张，暗藏分裂的危险。

诃额仑向自己的儿子们讲起阿阑豁阿折箭教子的美丽传说。她告诫他们，应该谨记在心的，是曾经抛弃他们的泰亦赤兀惕人，而不是兄弟失和。然而这个故事却让铁木真听出了其他含义。阿阑豁阿是蒙古人的女祖先，她在丈夫去世后又生下了三个儿子，非常可能是她跟自己的一个养子所生。阿阑豁阿编了一则感光受孕的美丽故事，消释了儿子们的疑惑，而且把这三个没有名分的儿子当作纯正蒙古人的祖先。铁木真当然不相信这些，他非常明确一点，别克帖儿长大后，诃额仑将接受他作为丈夫，因此，别克帖儿将是一家之主。铁木真决不接受这样的安排。

古代蒙古人中流行"收继婚"习俗，即在一家之长死去之后，由其成年的长房长子继承家长地位，后者可以行权将自己生母之外的父亲其他庶妻收娶为自己的妻子。收继婚又称转房制，指如果丈夫早逝，妻子不能外嫁，而必须转嫁给死者的兄弟、堂兄弟甚至死者的子侄辈。《史记·匈奴传》有曰："兄弟死，皆娶其妻妻之。"这种习俗在匈奴人中早已存在。北方民族大都是父权制，一个男子势力强大后，作为父权家长，在他周围除了妻室儿女，还会聚集一群

呼韩邪大单于死后，王昭君又嫁给了呼韩邪的长子，新即位的复株累大单于

附属民。如果这个男性家长死去后,他的妻子改嫁,其子女和附属民就会离散,整个父权家族就会消亡。所以司马迁说是"恶种姓之失也"。

收继婚习俗,是保存和延续父系氏族"种姓"和"宗种"的手段。北方汉民中也有收继婚现象,个别汉人采用收继婚多是为生活所迫,与草原民族保其"种姓"的要求大不一样。第一次西征时,成吉思汗把他女儿阿剌海别吉的继子孛要合带在身边,他表现出色,成长为一个优秀的士兵。蒙古人征服中亚穆斯林,大军返回蒙古时,阿剌海的丈夫镇国已经死了。1225年,成吉思汗把孛要合交给自己的亲生女儿,成为她的丈夫。在和自己的继母结婚时,他才十七岁,阿剌海已经快四十岁了。和她结婚后,孛要合得到了正式的头衔,被授予北平王。

蒙古人还有另一种习俗,即在家长去世,而诸子尚未成年时,死者的长妻自然就成为一家之长。在汗位继承的交替期,由女王摄政就是这一习俗的延续。窝阔台汗长妻乃马真脱列哥那,贵由汗长妻斡兀立海迷失都有过摄政的经历。也速该留下两个妻子,别克帖儿的母亲叫索济格勒,但没有资料表明她和诃额仑谁是长妻,究竟谁该获得这个家族的最高支配权呢?如果按自然叙述那样,索济格勒是长妻的话,引发他们兄弟间矛盾冲突的理由就比较充分了。铁木真面临两个无比紧迫的问题,他的母亲要被他的哥哥收纳为妻,而且别克帖儿将永远凌驾在他的头顶。

铁木真对待他的另一个异母弟别勒古台,也可以证明这一点。除掉别克帖儿之后,铁木真和别勒古台相处亲如兄弟,因为他不再对铁木真构成威胁。别勒古台自幼随铁木真出征,为其兄掌领马匹,作战骁勇，且足智多谋，任断事官之长。大蒙古国建立之后，作为西道诸王，分封于斡难河与克鲁伦河流域。

别克帖儿之死有些悲凉。他静静地坐在一座山丘上，铁木真和他的亲弟弟合撒儿悄悄向他靠近，像潜近一只正在吃草的瞪羚。当接近到易于攻击的距离，合撒儿弯弓搭箭，突然从草丛中冒出。别克帖儿没有试图逃跑，他不愿在他弟弟面前露出怯意。他用诃额仑的话教导他们，他们的敌人是泰亦赤兀惕人。他盘腿而坐，任由他们向自己靠近，看着合撒儿将箭射进自己的胸膛。他已知道他们毫无悔意，就向他们提出最后的要求，请求他们放过他的亲弟弟别勒古台。他们把他抛弃在荒野上，让他一个人孤独地死去。

三 黄金家族

12　一般蒙古和主干蒙古

早期蒙古乞颜部的头领孛儿帖赤那（意为"苍狼"）和他的妻子豁埃马阑勒（意为"白鹿"），他们大约生活在8世纪中叶，成吉思汗的第二十二代先祖。《蒙古秘史》记载他们渡过大湖来到蒙古高原。大湖即今呼伦湖，与贝尔湖为姊妹湖，在今呼伦贝尔草原西面，发源于不儿罕·合勒敦山的怯绿连河，东流注入呼伦湖，流出为额尔古纳河。早期室韦人大概就生活在额尔古纳河畔的深山老林里，靠狩猎为生，衣食不足时，偶尔也会到草原上劫掠游牧民的马、羊和人口。但蒙古人记载自己民族的历史，是从西迁到蒙古高原开始的。

古代蒙古的社会组织是氏族和氏族部落，血缘关系把许多个父姓家长的家庭联合在一起，这种血缘关系有时也是虚拟的，只是一种认同。氏族成员都承认，他们都出自多少世纪前的某一位始祖，甚至就是苍狼和白鹿。古代蒙古人没有文字，一般民众，小的氏族香火未必能世代延续，所以没有可以追溯的谱系，只有该氏族的贵族家族,才有可能清楚地梳理出与哪位始祖之间逐代传嗣的世系。贵族的世谱可以被看作全体氏族成员身份认同的象征,尽管他们的血缘已经湮远。那些中途加入的家族或许与该氏族本就不是一个血统,但他们世代属于一个氏族的事实本身,就是他们血缘关系的证明。不同氏族的家族之间的同族世谱,又将这些氏族结合成更大的氏族和氏族部落。

孛儿帖赤那传嗣到第十一代的时候,他的一个孙子,娶了一个名叫阿阑豁阿的女子为妻。阿阑豁阿有五个儿子,而后面的三个并不是与她丈夫所生,蒙古部众都相信她是感光生子。阿阑豁阿是蒙古历史上赫赫有名的伟大女性。原来蒙古民族并没有主次之分,阿阑豁阿之后就有了一般蒙古和主干蒙古的区别,主干蒙古就是阿阑豁阿的后代。一说只有阿阑豁阿感天光生下的三个儿子的后代,才构成主干蒙古。

乞颜部落是蒙古族最古老的部落之一,源出古代东胡柔然族,属于蒙古族始祖。随着部落人口的不断增加,乞颜部落逐渐分衍出多个分支氏族,新增加的氏族名称又成为其氏族成员的血缘标记。

孛端察儿是阿阑豁阿感光生子之一,是成吉思汗的十世先祖,乞颜氏,也是孛儿只斤氏的创氏祖先。成吉思汗第十世祖孛端察儿始称孛儿只斤氏,这个姓氏是由"孛端察儿"这个尊号演化而来的。后来,孛儿只斤诸部落中的乞颜部和泰亦赤兀惕部发展成为两个强大的部落。在成吉思汗四世祖合不勒汗时期,"乞颜"放在"孛儿只斤"前面,表述为"乞颜·孛儿只斤"。到了成吉思汗时期以后,泰亦赤兀惕部被消灭,才单独使用孛儿只斤姓氏,以显尊贵。

孛端察儿是蒙古历史上第一个有籍可考的英雄,他曾以"成吉思汗"的名称统治过主干蒙古之众。"身必有首,衣必有领",就是出自孛端察儿之口。这反映了蒙古自然秩序的生存理念。如果有一群人,他们没有首领,蒙古人就要去统领,他们没有贵贱,就要给他们分出贵贱。成吉思汗和他的子孙们统一蒙古、征服世界的战争,无不遵循这一古老理念。

海都是孛端察儿的曾孙,因为击败了札剌儿部而出名,开始把不同部落的一些家族看作自己的部属。海都的两个曾孙,一个是合不勒汗,一个是俺巴孩,合不勒汗是孛儿只斤氏,俺巴孩属于泰亦赤兀惕氏。合不勒汗没有传位给自己的儿子,而是传位给了他的堂兄弟俺巴孩。而当俺巴孩将被金人钉死的时候,他口授旨意,把汗位又传回了合不勒世系,传给了合不勒汗的儿子忽图剌。合不勒汗时期,就开始反抗强大的金国。在金人与蒙古人的战争中,金将胡沙虎深入草原,结果被合不勒汗打败,金王朝被迫求和,作为赔偿,答应送给蒙古人大量的牛、羊、谷物,这是1147年的事情。

蒙古乞颜-孛儿只斤氏这一支贵族的胜利,把"蒙古"的名称变作了整个漠北游牧民部落共同的名称。成吉思汗建立的国家,叫"也客·忙豁勒·兀鲁思","也客"是大的意思,"忙豁勒"是蒙古的音变,即大蒙古国,同时作为贵族身份的乞颜-孛儿只斤氏几乎完全丧失了社会身份的认同功能,草原上原先分别属于这一支或那一支的游牧部众,包括贵族在内,全部成了成吉思汗一家的领属民,这个家族被称为"黄金家族",凌驾于所有蒙古人之上。只有蒙兀室韦乞颜部,元太祖孛儿只斤氏铁木真的后裔,才有资格成为这个家族的成员。草原上的游牧人口、草场牧地,被称作"忽必"即"分子",像划分财产一样在本家族成员中分配。成吉思汗建国后不久,

蒙古内部分支

就在诸弟、诸子中间实施分封,在他的晚年,东西二道诸王的牧地和领属民都已分配完毕。

13 婚姻联盟,女儿们的统治

成吉思汗的母亲和妻子都来自弘吉剌部,母亲诃额仑属于这个大部落中的斡勒忽讷兀惕部,妻子孛儿帖则属于这个部落中的博尔忽思部。后来,孛儿帖的幼女阿达鲁黑嫁给了这个部落的泰出,她的另一个女儿秃满伦嫁给了部落贵族阿勒的长子赤古。

诃额仑是成吉思汗的父亲也速该从篾儿乞惕部抢来的,而十八年后孛儿帖又被篾儿乞惕部人抢去,这种犯罪行为不可能成为双方建立姻亲关系的感情纽带。与诃额仑不同,孛儿帖是明媒正娶的,她十岁那年,便由父亲德薛禅许给铁木真。在也速该看来,作为草原上一个势力不强的部族，不能四面受敌，像他的祖父合不勒汗那样受到金人和塔塔儿人的夹攻。到铁木真时代，他的敌人除了塔塔儿人，又增加了篾儿乞惕人和同族的泰亦赤兀惕人。所以，蒙古部族要发展，必须与外族联合。联合的方式有两种：一是结盟，与其他部落结成部落联盟；二是结亲，不仅与外族，还可与同属蒙古系统但无血缘关系的氏族部落联姻，与弘吉剌部联姻就属于这一类。联姻在中国古代政治上占有突出地位，从联姻的效果看，蒙元的联姻对象都在协助蒙元南征西讨时立下了汗马之功。

大约在1184年，铁木真二十二岁时，安排了他唯一的妹妹帖木仑同弘吉剌部落中的亦乞列思部首领孛秃结婚。这样的婚姻将加强两个部落的联合，对铁木真来说，没有了卧榻之忧，可以一意西进。铁木真希望他母亲的家族成为他的盟友，甚至成为他的附庸，显示出他要在草原政治中崛起的决心。可惜帖木仑很早就死了，没有留下孩子。若干年后，成吉思汗又将他的大女儿火真别吉嫁给孛秃。

克烈部王汗与也速该结为安答，视铁木真为义子。成年后，铁木真又与王汗之子桑昆结为安答。在草原部落战争中，他们是坚定的同盟。阔亦田之战后，铁木真势力日趋强盛，引起王汗不安。为了消除王汗的疑虑，巩固同盟关系，铁木真向他的义父提出两桩婚事，以便亲上加亲。他建议，他的长子术赤娶王汗的女儿为妻，同时他的大女儿火真嫁给王汗的孙子。这样的安排有两个目的，一是意味着蒙古部和克烈部从此平等了，不再是义父子的关系。还有一个隐藏的目的，大概被桑昆看出来了，王汗死后，王汗的孙子便是克烈部的合法储君，然而储君却掌握在蒙古女人手里，很容易取其而代之。桑昆坚决反对这两桩婚事，王汗听之有理，因此拒绝了铁木真的求婚。这一拒绝导致了两个长期盟友的分裂和父子关系的断绝，战争很快在克烈部和蒙古部之间爆发。

王汗是通过刺杀他两个弟弟夺得克烈部汗位的。王汗的幼弟札合敢不，希望在蒙古的帮助下，推翻他的哥哥自己称汗。铁木真通过谈判与札合敢不结成婚姻联盟。铁木真接受札合敢不的女儿亦巴合为妻。札合敢不还顺便把另一个只有十一岁的女儿唆鲁禾帖尼许配给了铁木真最小的儿子，只有十岁的拖雷。这一看似随意的许诺，最终使她成为"四汗之母"。

但亦巴合最终还是被成吉思汗离弃，是因为她的父亲札合敢不在联合铁木真打败王汗后，不久又叛逃而去，铁木真的大将主儿扯歹施以计谋，将他擒获处死。这桩婚姻因政治原因而形成，也因政治原因而中断，成吉思汗把亦巴合当作赏品赐给了主儿扯歹，但他允许唆鲁禾帖尼与拖雷的婚姻不受影响。

成吉思汗其他几个女儿，他把第三个女儿阿剌海别吉嫁给了汪古部首领阿剌兀思的儿子镇国，因为阿剌兀思拒绝了乃蛮部太阳汗合击铁木真的要求。镇国死后，成吉思汗又要求阿剌海跟她的继子孛要合结婚，尽管她那时已近四十岁，而孛要合才十七岁。但这种联姻有利于成吉思汗继续控制汪古部。成吉思汗接受了卫拉特部的效忠，将自己的第二个女儿扯扯亦坚和他的孙女、术赤的女儿，分别嫁给该部首领的两个儿子。畏兀儿人见蒙古人已势不可当，便主动请降。因为"未有造成成吉思汗的士兵受苦，也没有使他的战马出汗"，成吉思汗受纳了他们的首领亦都护，还把女儿也立可敦嫁给他，因畏兀儿人又称"高昌回鹘"，故也称她为"高昌公主"。紧随畏兀儿人的归顺，同属于突厥后裔的哈剌鲁部族也抛弃西辽，向蒙古人输诚。成吉思汗把一个可能名叫拖莱的女儿，嫁给了哈剌鲁汗阿儿斯兰。但在阿儿斯兰迎娶蒙古公主的时候，成吉思汗褫夺了他的头衔，给他一个新的头衔古列坚，即驸马。正如成吉思汗把阿剌海安置在蒙古进入汉地的门户一样，把托莱嫁到哈剌鲁部，以此为门户，蒙古人向南可以通往穆斯林领土，向西可以通往突厥草原部

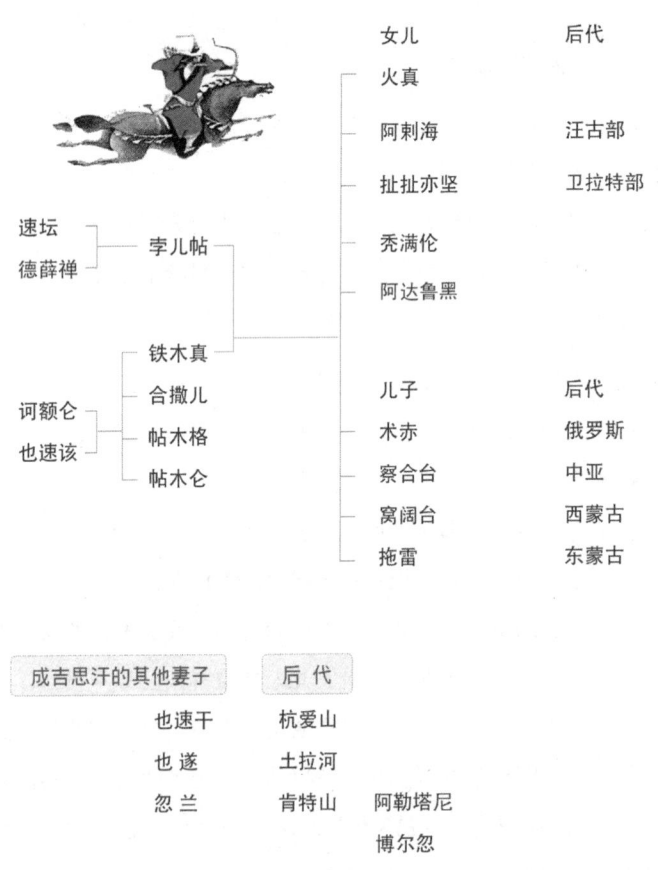

女儿	后代
火真	
阿剌海	汪古部
扯扯亦坚	卫拉特部
秃满伦	
阿达鲁黑	

儿子	后代
术赤	俄罗斯
察合台	中亚
窝阔台	西蒙古
拖雷	东蒙古

成吉思汗的其他妻子	后代
也速干	杭爱山
也遂	土拉河
忽兰	肯特山 阿勒塔尼 博尔忽

成吉思汗的黄金家族

落,直至俄罗斯和欧洲。

这就像一个盾形方阵,成吉思汗的女儿们统治着汪古部、畏兀儿部、哈剌鲁部和卫拉特部,在蒙古家园周围构成一道无形的屏障。

成吉思汗已经通过战争征服了草原上、森林中的所有部落和民族,他要通过建立牢固的婚姻联盟确保安全。在每个女儿结婚前,他都要向她们发布命令,明确她们的责任和授受给她们的权力,谁都知道,真正的倾听者并不是他的女儿们,而是她婆家的人们。他的语气非常明确:"因为你是你汗父的女儿,你要被派去管辖他们。"

14　旷世奇书《蒙古秘史》

1989年,联合国教科文组织将《蒙古秘史》列为世界名著,并将其英译本收入世界名著丛书。对一本书而言,没有比这更高的荣誉和褒奖了。

《蒙古秘史》被誉为蒙古史三大要籍之首,还是一部世界文学史上足以夸赞的民族史诗。《蒙古秘史》是第一部北方游牧民族以自己的文字与观点撰写的历史著作。蒙古人在成吉思汗建国前不久始有文字,却留下了这样一本皇皇巨著,不可思议。它既是一部记述蒙古民族形成、发展、统一的历史典籍,又是一部描写马背民族铁血战斗的文学作品。文史不分原是人类社会发展早期的共同现象。

全书系以散文和韵文连缀而成,共有一百六十五篇韵文,全书三分之一为首音押韵的诗篇,所以说它是一部编年体的英雄史诗,或亦可说是一部史诗编年史。书中有成吉思汗分封行赏功臣时对宿卫们的赞颂:

> 在黑暗阴冷的夜里
>
> 环绕我穹帐躺卧
>
> 使我安宁平静睡眠的
>
> 叫我坐在这大位里的
>
> 是我的老宿卫们
>
> 在星光闪耀的夜里
>
> 环绕我穹帐躺卧
>
> 使我安枕不受惊吓的
>
> 叫我坐在这高位上的
>
> 是我吉庆的宿卫们
>
> 在风吹雪飞的寒冷中
>
> 在倾盆而降的暴雨中
>
> 站在我毡帐周围从不歇息的
>
> 叫我坐在这快乐席位里的
>
> 是我忠诚的宿卫们

《蒙史秘史》成书的年代说法不一,这是因于当时的蒙古人采用十二生肖纪年,以十二年为一轮回。至于该书中提到的"鼠儿年"究竟是哪一年,众说不一,学术界多认为是1240年窝阔台汗时期。《蒙古秘史》从成吉思汗二十二代先祖孛儿帖赤那、豁埃马阑勒写起,直到窝阔台汗十二年为止,也就是1240年。故联合国教科文组织号召其成员国,在1990年举行《蒙古秘史》成书750周年的纪念活动。

《蒙古秘史》是成吉思汗黄金家族的世袭谱册,被称作"金册",秘藏于皇宫之中,由皇帝代代相传,只有皇室中最重要的亲属,才有权看到这本书的原稿,所以才叫秘史。元末徐达率军北伐,围攻元大都,末代皇帝妥懽帖睦尔来不及携带《蒙古秘史》,便仓皇出逃。徐达军队攻占大都后,得到了这部元朝皇室的祖传秘籍。朱元璋建立明朝后,命人依据《蒙古秘史》编纂了《元史》,仅用三百三十一天,说明《蒙古秘史》记述的蒙古历史本来已经相当完整。

《蒙古秘史》原稿是用畏兀儿蒙古文写的,作者不详。有人说,作者很可能就是失吉忽秃忽。他是成吉思汗从塔塔儿人营地上捡到的孩子,成吉思汗把他交给母亲诃额仑收养。失吉忽秃忽是大蒙古国第一任大断事官,他创立了蒙古族写青册制度。如果《蒙古秘史》成书在1240年前后,能担当此任的,恐怕也没有别人。这也只是推测而已,企图找到《蒙古秘史》的作者是徒劳无功的,因为没有任何史料线索。

畏兀儿体蒙古文《蒙古秘史》早已失传,至今没有下落。现今保存下来的《蒙古秘史》,既不是畏兀儿体蒙古文原书,也不是古代文言文史书,而是一部有别于所有史籍的奇书。

19世纪,用汉字书写的蒙古文原稿副本在北京被发现。学者们很容易辨识那些汉字,但那些字没有任何意义,因为它们是用来记录 13 世纪蒙古语的发音。明朝洪武年间，朱元璋命人根据《蒙古秘史》原本，用汉字拼写成蒙古语，即所谓"纽切其字，谐其声音"，并在每个蒙文单词右旁附加了汉译文，又在每节之后附以汉文总译。元朝后期的皇室贵族已经看不懂畏兀儿字写的《蒙古秘史》，更不要说明朝的汉人了，所以需要汉文音译，同时也说明在明朝还是有人能读懂畏兀儿蒙古文的。后来，畏兀儿蒙古文的《蒙古秘史》神秘失踪，汉文音译的明朝版本流传下来。

20 世纪 70 年代，在一位澳大利亚蒙古语学者的指导下，用蒙古语和英语写作的《蒙古秘史》被逐章逐节地发表出来。21 世纪以来，一些蒙古族学者对《蒙古秘史》进行校注合勘，又根据汉文音译本还原成蒙文。

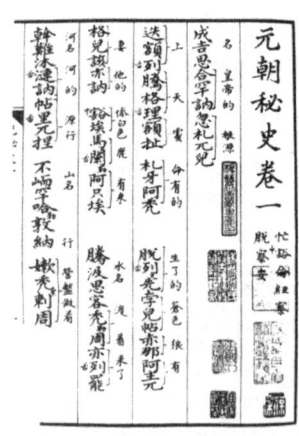

《蒙古秘史》是用汉字拼写成的蒙古语

《蒙古秘史》成书 770 周年首日封

15　蒙古人的第二十二代先祖，**苍狼白鹿**

远古时，蒙古人与突厥人发生部落战争，蒙古部落被打败，幸存一男一女，逃进名为额尔古涅昆的山中。后来子孙繁衍，支系旁出，山谷狭小不能容纳，因而移居草原。一个部落的首领和他的妻子带领本部落走出山谷，迁到斡难河源头的不儿罕·合勒敦山下居住，这里依山傍水，有山林可以狩猎，有草场可以放牧。蒙古人从额尔古纳河西迁，大约在唐代中叶。

后来蒙古人相信，这位首领其实是一只狼，而他的妻子是一只鹿，它们是奉长生天之命指引蒙古人走出山谷。苍狼白鹿，就成了蒙古人的图腾和兽祖。这其实是一大误读，而导致这一误读的源头是《蒙古秘史》开篇的一句话。《蒙古秘史》说成吉思汗的根祖是"奉天命而生的孛儿帖赤那，和他的妻子豁埃马阑勒"，他们"渡过大湖而来，来到斡难河源头的不儿罕·合勒敦山扎营住下，生下他们的儿子巴塔赤罕"。不知道什么缘故，明朝人汉译该书时，把孛儿帖赤那译成苍色的狼，而把豁埃马阑勒译作惨白色的鹿，苍狼白鹿交配，生下一个儿子。蒙古人愿意这样的解读，以此证明自己民族的神性。在巨大的穹庐下面，何处寻找自己的先祖？"从黑暗中的一点微光处走来，是一只巨大的苍色的狼。"

突厥是以狼为图腾的部落，突厥人的酋长在牙帐前竖立绘有狼头的旗帜，因为传说狼救过他们的先祖，以示不忘本。后世突厥汗国可汗在王旗上绘制金狼头，突厥人行军打仗时，军旗上绘有金色狼头，号称狼旗。

不知《蒙古秘史》的汉译者如何读出原语意是苍狼和白鹿，或许

苍狼白鹿，蒙古人以此解读自己民族的神性

反映了成吉思汗始祖对过去森林狩猎时代鹿祖图腾的崇拜，以及后来进入草原游牧时代对狼图腾的承袭。鹿祖传说为鲜卑、室韦森林部落图腾观念的反映，而狼祖传说在北方游牧民族中更是流传广泛，《史记·大宛传》记有乌孙王昆莫由狼乳养大的故事，《周书·突厥传》记载突厥始祖母为狼的传说，而突厥系的高车族又传说狼是自己的兽祖。

狼鹿相配而生人，形成蒙古民族起源的传说，可能是受了突厥民族的影响。孛儿帖赤那和豁埃马阑勒是两个人名，而把他们描绘成苍狼白鹿，所反映的是，一个狼图腾与一个鹿图腾的两个氏族的联姻。

成吉思汗远祖原是生活在兴安岭山麓的森林狩猎人，从9世纪开始到12世纪完成了西迁，转变为蒙古高原上的草原游牧人。因此，他们身上既有狩猎人祖先母系氏族时代鹿祖图腾的崇拜，又有父系氏族时代草原游牧人对狼祖的敬畏。

16　感光生子的美丽传说

阿阑豁阿是蒙古族第十二世祖朵奔篾儿干的妻子，生于10世纪，她的家族是弘吉剌部落的豁罗剌思分支，生活在额尔古纳河和呼伦湖一带。阿阑豁阿是蒙古"三贤圣母"之首，另两位，一位是成吉思汗的母亲诃额仑，一位是成吉思汗的正房妻子孛儿帖。阿阑豁阿的第八代孙合不勒是蒙古第一位大可汗，第十二代孙即是建立了大蒙古兀鲁思的元太祖成吉思汗。

从阿阑豁阿时代起，蒙古族部落开始分为两大族群，即迭列列斤蒙古和尼鲁温蒙古，迭列列斤是一般蒙古，尼鲁温是主干蒙古。阿阑豁阿与朵奔篾儿干的后代发展成尼鲁温蒙古，其幼子孛端察儿的后裔为孛儿只斤氏。迭列列斤蒙古人，他们不属于阿阑豁阿的后裔。

尼鲁温蒙古和迭列列斤蒙古合在一起称为合木黑蒙古，即全体蒙古人。金代，蒙古各部共同推举一个汗，建立起松散的部落联盟。成吉思汗的曾祖父合不勒汗曾统治合木黑蒙古，之后是俺巴孩和忽图剌，他们都是合木黑蒙古的大可汗。尼鲁温蒙古和迭列列斤蒙古出自不同的祖先，因此可以通婚。

阿阑豁阿最著名的两个故事，一个是"感光生子"，一个是"折箭教子"。

在丈夫朵奔篾儿干去世以后，阿阑豁阿在寡居的日子发生了一系列神奇的事件，因感天光，而后身怀有孕。阿阑豁阿语谓左右曰："夜有白光，自天窗而入，化为黄人，摩挲我腹，勘探殆神灵诞降。不信，请汝等伺之。"对曰："诺。"次夜，果见白光出入，群疑乃释，众人深信不疑。如是，阿阑豁阿依次再诞三子。上天之子，必为万众之主。感天光所生三子及其支脉被蒙古人认为是神的后代，是纯正的蒙古人。

还有一种描述是，朵奔篾儿干的两个儿子别勒古讷台、不古讷台背地里议论母亲，父亲死后，在既无丈夫又无房亲的情况下生下三个儿子，家里只有一个男性佣人，这三个孩子都是他的儿子吧。阿阑豁阿当然不想让三个孩子的身份受到玷污，而脱离家族的谱系。在春季的一天，阿阑豁阿煮熟风干的羊肉，先让五个孩子吃饱，然后让他们并排坐下，给每个人发了一支箭，令他们折断。孩子们很容易地折断了各自的一支。然后，阿阑豁阿把五支箭捆到一起再叫他们折，即使最有力气的大儿子也无法把它折断。于是，阿阑豁阿对五子曰："汝兄弟五人，犹五支箭，分则易折，若合为一束，谁能折之？汝五人一心，则坚强无敌矣！"这就是"折箭教子"或"五箭教子"的故事。

阿阑豁阿折箭教子

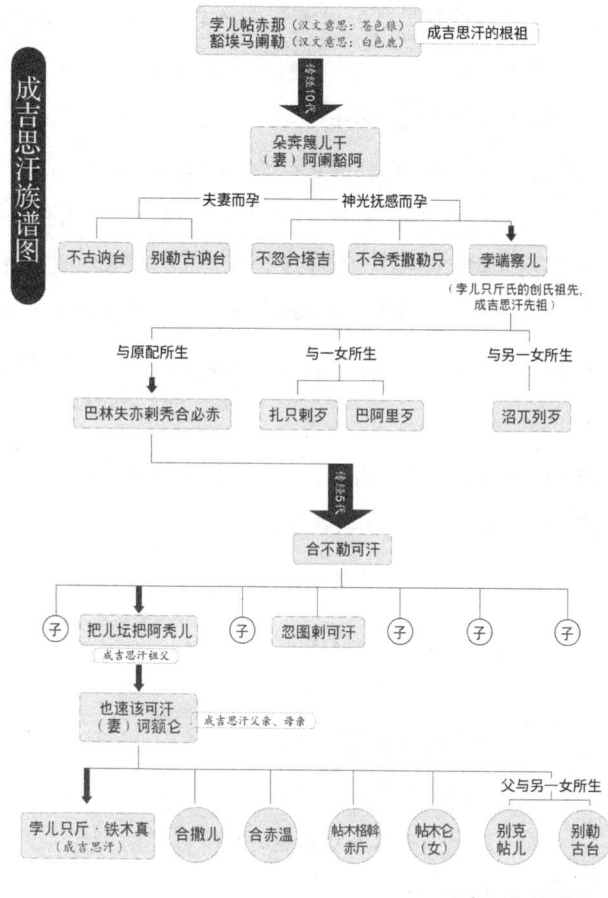

孛儿只斤族谱简图

17 诃额仑大声哀呼：我的丈夫赤列都啊

一天，也速该在打猎途中看到篾儿乞惕部的也客赤列都骑马而来，他刚刚从斡勒忽纳兀惕部娶妻归来。斡勒忽纳兀惕是弘吉剌部

黄金家族　/ 051

的一个氏族。也速该窥见其妻诃额仑美艳无比，马上返身跑回家，伙同其两个族人策马赶来。也客赤列都见势不妙，抽打黄马向山坡快速逃去，以为可以把抢劫者引开。见三人追来，他加速绕过山头又回到马车旁。坐在车上的诃额仑对他说："你可看出他们三人的来意？他们要害你的性命！快逃吧，只要保住性命，何愁找不到女人。你若挂念我，再娶妻室用我的名字呼她便是了。快来吻我身香，赶快逃命去吧！"说罢，脱下外衣扔给新郎。这时，也速该三人也绕山急追而来，眼看就要来到车前，也客赤列都急忙打马朝斡难河上流逃去。

赶跑了赤列都，三人带着诃额仑回家，也速该牵着缰绳，两个族人一前一后。见此情景，诃额仑大声哀呼：

我的丈夫赤列都啊
在吹乱乌发的野风中
在漫漫无际的荒野里
你将如何熬过
那身单影只饥肠辘辘的日子啊
如今的我
头发散乱逆风飞
此苦此难怎得度？

走在一旁的族人劝说道：

搂抱你的汉子

已越过重重山岭远去

挂念你的男人

已涉过道道河水远去

任你如何哭号

再也不能回来

荒山野岭重重

归来之路难寻

就这样，也速该将诃额仑带回家，做了自己的妻子。

也速该抢走诃额仑

这是一则暴力抢婚的故事，本来不值得喝彩。一般认为，抢婚是古代蒙古民族的一种习俗。有血缘关系的氏族内部是不能通婚的，孛儿只斤氏属于尼鲁温蒙古，弘吉剌属于迭列列斤蒙古。这两大支系没有血缘关系，可以异族通婚。但如果没有适当的途径，通婚往往演变成掳掠妇女的行为。习俗是指在同一文化背景下，人们习以贯之的生活行为，不会引起纠纷和仇恨。抢婚并非习俗，只是在混乱无序、抢掠盛行的社会背景下发生的暴力事件。篾儿乞惕人和蒙古人驻牧地相邻，就经常掳掠对方的妇女。十八年后，铁木真的新娘孛儿帖又被篾儿乞惕人抢去，送给了也客赤列都的弟弟为妻，久而久之，发展成了这两个部族的传世血仇。

传说诃额仑的哀号，掀动了斡难河河水，森林也随之呜咽，但她还是明智地顺应了这一变化，认可无法挽回的事变，重新构建生活。进入也速该家庭，她同样专一于自己的丈夫，也速该被塔塔儿人毒死时，诸子尚未成年，她虽然可能不是长妻，却担起一家之长的责任，顽强地养活着七个孩子。当泰亦赤兀惕族弃营而走时，诃额仑骑马持鬃，挥舞着已故丈夫的精神之旗，去追赶那群抛弃他们的人。她改嫁给蒙力克，对这个家族后来的发展至关重要。蒙力克是一个萨满大教主，被蒙古人视为天神的心腹，他的威权可以替天行道。继父的名望使成吉思汗的部落联盟乃至后来的大蒙古国，都有了宗教的根基。

诃额仑为也速该生下了五个孩子，铁木真、合撒儿、合赤温、帖木格斡赤斤四个儿子，还有一个叫帖木仑的女儿。

18　一代天骄的父亲，**也速该把阿秃儿**

也速该把阿秃儿是合不勒汗的嫡孙，俺巴孩的侄孙，忽图剌汗的侄子。然而他生不逢时，在世时，正值从他祖父开始创立的第一个蒙古王国被塔塔儿部和金国摧毁，蒙古重又散落为众多的小部落和氏族。

尽管大元帝国建立后也速该被追封为列祖，但实际上他生前既不是合罕也不是汗王，他至死都只是乞颜-孛儿只斤部的一个普通首领，得到过一个把阿秃儿（勇士）的称号。这一群体后来以蒙古而闻名，而那时还只是一个弱小而且不重要的氏族群体，此时的乞颜-孛儿只斤部依附于势力强大的泰亦赤兀惕部落。

也速该画像

如果不是因为做了下面三件事情，也速该把阿秃儿就不会在死后获得显赫声名。

也速该所属的小部落，生活在游牧世界的北部边缘地带。在那里，草原迫近森林，没有足够的草场喂养畜群，所以蒙古人认为，森林百姓没有古老光辉的历史。他们与食腐动物一样，与狼一起竞争，抓捕小动物，偶然捕捉到鹿和羚羊，那已是他们的大餐了。而一有机会，他们就会从草原牧民那里偷盗牛羊和抢夺妇女。也许是因为太贫穷，或许是不愿意到女方父母家履行三年家内役，也速该选择草原上传统的抢婚方式获取了新娘。他抢来的这名年轻女子叫诃额仑，后来成了蒙古族的"三贤圣母"之一，她曾是另一位年轻勇士、篾儿乞惕部落赤列都的妻子。按照草原传统，赤列都已经在诃额仑家干了三年活，可以把她迎娶回家了。一个独自带着猎鹰外出打猎的骑马者，在一处高地上看到了诃额仑和她的幌车。他策马飞奔，返回营地，叫上他的两位兄弟，向他的猎物发起了攻击。结果，赤列都独自逃走了，如果他一定要带着他的妻子一起骑马逃跑，他们将会被俘，而且赤列都将会被杀死。

在掠得诃额仑后不久，也速该跟随忽图剌汗发动了对塔塔儿人的战争，在战斗中杀死了两名敌酋，其中的一个名叫铁木真兀格。此时他的儿子出生不久，返回营地后，就给这个儿子取名铁木真。取名"铁木真"，也许强调了蒙古人和塔塔儿人持续不断的仇恨。语言学家解释，这个词的词根就有向前冲、被鼓舞的意思，在纵情奔跑的马的眼里，根本没有驾驭者。

也速该是继承他叔叔忽图剌可汗成为部落首领的，不同于他的叔叔，最重要的，也速该生前同强大的克烈部结成了联盟，他与克烈部的首领脱斡邻勒（王汗）歃血为盟，结为安答。蒙古语安答意为义兄弟、义姐妹，结安答即结拜为兄弟姐妹。这为后来成吉思汗家族的兴旺发达奠定了基础，没有这一联盟，成吉思汗的成功是没有可能的。忽图刺汗就是处于金人和塔塔儿人双重力量的打击之下，而断送了蒙古统一的进程。克烈部也有统治蒙古的野心，但塔塔儿是横亘在蒙古高原的一块巨石，阻断了统一蒙古之路。在成吉思汗之前的两代人时间，克烈部曾进攻过居住在戈壁滩东部的塔塔儿人。金王朝为了分化蒙古高原的各个部落，他们选择支持塔塔儿人。所以，克烈人也需要找到自己的盟友。

在克烈部内部汗位争夺中，也速该支持了脱斡邻勒，他派兵攻入菊儿汗大营，帮助脱斡邻勒夺回了汗位。于是，两人在土拉河的黑林发誓，彼此永远结好，脱斡邻勒和也速该结成了义兄弟，也就成了铁木真的保护人。在成吉思汗成就霸业的整个第一阶段，"黑林誓言"就是一块调兵遣将的虎符。

也速该四十五岁时，死在了塔塔儿人手里。铁木真九岁时，也速该带他到母舅亲弘吉剌部说亲，本来说定的对象是诃额仑的侄女，途中弘吉剌部的一个小首领德薛禅看中了铁木真，执意要把女儿孛儿帖嫁给他，便把他留下做家内役。返回的途中，也速该遇到正在宴饮的塔塔儿人，因口渴难耐便下马走去，他以为塔塔儿人不会认出他。塔塔儿人念起旧仇，把慢性毒药放进了也速该的碗里。也速该挣扎了三天回到营地，很快就死了。

19 射杀了自己胞兄的**铁木真**

史载铁木真初出母胎，头角峥嵘，双目有光，手握一块凝血如赤石，出生的时间在 1162 年 4 月至 5 月间。此时，蒙古部正在忽图剌可汗统率下与塔塔儿人激战。因其恰在也速该擒来铁木真兀格时出生，为了纪念这一胜利，故名铁木真。

在他尚未长大成人时，其父也速该被塔塔儿人投毒仇杀。也速该留下了两个妻子和七个不满十岁的孩子。那时候，泰亦赤兀惕氏族已经支配了也速该最近三代的孛儿只斤氏家族，失去了能狩猎和帮助他们打仗的也速该，这两个寡妇和七个孩子就成了负担。当泰亦赤兀惕氏族沿着斡难河向夏季牧场迁移的时候，他们抛弃了诃额仑和她的孩子们，甚至还带走了他们的牲畜。没有了畜群，诃额仑不得不放弃游牧生活，靠渔猎和植物草根、果类生活。

《蒙古秘史》中对铁木真进入成人期的叙述，有关于这个强悍角色极为重要的线索。在塑造其性格及走向权力顶峰的过程中，早年的创伤必定起了重要作用。他们清楚地知道，所谓草原上的等级结构，都是靠权力维系的，所以挑战命运是一切成功的开始。但是在弱小的时候，决不能单打独斗，需要用利益与其他家族和部落结成联盟。

铁木真第一次获取权力的尝试，是射杀了自己的胞兄别克帖儿。别克帖儿是也速该的长子，是他的第一个妻子索济格勒所生。铁木真这样做的目的，有两个猜测：一是除掉竞争对手，谋求家族内的霸权；还有一点也许更重要，这是铁木真和别克帖儿争夺父位继承权的结果。蒙古人有收继婚的传统，即女性在丈夫死后，可以改嫁给夫家的其他男性，甚至可以嫁给非亲生的儿子、侄、甥等。这是铁木真不能接受更不能容忍的。

射杀了自己的胞兄，在黄金氏族看来，就触犯了族规。也可能是发现这个少年身上的霸王之气，为了以绝后患，泰亦赤兀惕部落对铁木真进行了追杀。他在密林里藏匿了三天三夜，长生天也没有保佑他不被捉住。他被套上枷锁交给部众轮流看管，后来在泰亦赤兀惕人锁儿罕失剌和他的两个儿子沉白、赤老温的帮助下得以逃脱。赤老温后来跟随成吉思汗征战，威震蒙古高原，是成吉思汗四杰之一，被封千户。

也速该被毒杀之后，诃额仑一家被驱逐，孛儿只斤氏家族分崩离析。但德薛禅没有背约，仍然把孛儿帖嫁给了铁木真。但好运不长，在一次篾儿乞惕人的打劫中，他的新娘孛儿帖被掳获，正如十八年前他的母亲被也速该抢掠一样。篾儿乞惕人把孛儿帖交给了赤列都的弟弟赤勒格尔，报了旧仇。

这样的攻杀、劫掠、复仇，周而复始，何时是了？铁木真在长大成人的过程中，他的野心也在生长着，或许他还看不到未来的帝国，但他至少看到了他的祖父曾经统治过的蒙古部落。他必须跟比他更强大的部落建立联盟。他认脱斡邻勒为义父，又自己做出决定，与札答阑氏的头领札木合结为安答。铁木真与札木合之间的关系极为奇特，他们三次结为义兄弟，后来又分道扬镳，在相互为敌打击对方的过程中，伴随着奇异的心灵活动，如果以这种关系做一条主线，写一部蒙古高原的争霸史，将是一部既感人又壮烈的历史正剧。

有了义父和义兄弟的帮助，铁木真选择了战争。他要通过战争抢回自己的妻子。脱斡邻勒出兵两万做右翼，札木合出兵两万做左翼，尽管这时铁木真没有多少部众，但这次战斗是他策划和实施的，这是铁木真征战生涯中的第一场战斗。由于是一场突袭，篾儿乞惕人没有组织起有效的抵抗便溃逃了，联军扫荡了篾儿乞惕人的营地，抢夺那些没有来得及逃走的人口。孛儿帖在混乱中听到铁木真在高呼她的名字，她跳下大车，在黑暗中循声前往。铁木真在马鞍上一遍遍地呼喊，孛儿帖挤过混乱的人群向他奔来，穿过几百年的时空，人们仍能感受到这样一个凄厉又感人的场景。

解救行动结束后，铁木真与札木合的友谊更加牢固，他们第三次结为安答，互换衣服，分享彼此的气味，互换腰带，则象征着他们已经成年。这时铁木真居无定所，札木合把他安顿在自己的队伍里，有一年半的时间，他们形影不离。

但是这对好兄弟终将不会长久，也许札木合对这种生活已经厌倦，而一个将自己兄长杀死的人，他不会接受另一个人的控制。1183年夏季将要来临的时候，札木合拆除冬季营地，准备向更远的夏季牧场迁徙。札木合向铁木真发出了逐客令。在1183年的一个夜晚，铁木真带着他的追随者不辞而别，而且还带走了他们的畜群。两个年轻人的分裂，发展成后来二十年的战争。他们长期的敌对状态，把所有蒙古人卷入其中。与札木合分裂后，年仅二十一岁的铁木真决心要成为蒙古部落的领导者，要成为一位大可汗。

20 孛儿帖被救回后，铁木真发现她已身怀六甲

1181年，铁木真十九岁那年，为救二十岁的妻子孛儿帖发动人生第一场战争。

铁木真九岁时就与孛儿帖定了亲，孛儿帖比铁木真大一岁。本来，父亲也速该带铁木真去妻弟家求亲，途中遇到弘吉剌氏人德薛禅。草原上人烟稀少，百十里见不到一户人家，也速该就到他家打

个小尖。德薛禅看铁木真有相,想把十岁的女儿许给铁木真,就说:"昨晚,我梦见一只白色的兀鹰抓着日月落在我手上,不知此梦是什么吉兆?如今,你领着孩子来到这里,我的梦便有了答案啊!"又夸张地说:"我们弘吉剌人,不与他人纷争,赶着白骆驼驾的车子,载着月亮般纯洁的姑娘,送给那身居高位的可汗!"也速该看孛儿帖也较合意,再叫德薛禅这一煽情,就答应了这门亲事,便把一匹马当作聘礼,留下儿子回家去了。

之后铁木真家出现重大变故,也速该被塔塔儿人毒死,他们的家族被泰亦赤兀惕人抛弃,为了争夺家族内部的权力,铁木真谋杀了异母兄长别克帖儿,然后遭到泰亦赤兀惕人追杀。他们的婚姻是在也速该家族全盛时定下的,现在也速该早已离世,死无对证,这些变故给他们的婚约带来很大的变数。德薛禅得知铁木真一家的遭遇,毫无悔婚之意,作为邻近一个大部落的酋长,孛儿帖的父亲坚守了约定。孛儿帖十八岁正式成为铁木真的新娘。

婚后铁木真首先想到的是寻求庇护,在劫掠盛行的草原上,铁木真没有能力保护自己的家庭。他想到克烈部落的首领——脱斡邻勒,父亲在世时与他结为安答,现在,他必须认他作义父。孛儿帖送给诃额仑的见面礼,是一件黑貂皮斗篷,铁木真把它献给了脱斡邻勒,以示孝敬。脱斡邻勒向他承诺:"为回报你貂皮斗篷的情意,我为你收复那,四处离去的散民;为回报你貂皮斗篷的孝心,我为你重振那,支离破碎的家园!"这既是认亲,又是结盟,至关重要。

不久,孛儿帖就被篾儿乞惕人抢走了,"父债子还",作为十八年前也速该抢走诃额仑的报复,孛儿帖被送给赤列都的弟弟为妻。铁木真逃过一劫,躲进不儿罕山中。

本来冤冤相报，现在两清了。但铁木真不想两清。忍痛等待几个月后，铁木真策划了人生的第一仗。首先他找脱斡邻勒借兵，他知道脱斡邻勒与篾儿乞惕人有仇。当年脱斡邻勒初登大基，他的叔叔菊儿汗就用兵把他从汗位上赶了下来。为了从篾儿乞惕部借兵，脱斡邻勒把自己的女儿嫁给篾儿乞惕部首领脱黑脱阿。但脱黑脱阿收下他的女儿，却不兑现承诺。脱斡邻勒这才求助也速该，帮他夺回了汗位。对铁木真的请求，脱斡邻勒一口答应，建议再约上铁木真的安答，已是札答阑部的首领札木合，两支人马一共四万人，可以一举荡平篾儿乞惕部落。

　　平灭篾儿乞惕一仗，是为营救孛儿帖而打的。孛儿帖被救回之后，铁木真发现她已身怀六甲，在归来的途中，孛儿帖生下了一个男孩。铁木真为他取名"术赤"，蒙古语意为"意外来的""客人"。《蒙古秘史》在对这一事件的叙述上也不愿多费笔墨。但在接下来的那个世纪中，它却是这个大蒙古帝国分裂的线索。

孛儿帖被篾儿乞惕人抢走，送给赤列都的弟弟为妻

孛儿帖画像

孛儿帖帮助铁木真做过两个重大决定。战胜篾儿乞惕人之后，一年有一半时间，铁木真和他的部众被收编在札木合的队伍里，久而久之，札木合对铁木真产生了厌倦之情。孛儿帖劝告铁木真，札木合已情意不存，不必苟安。于是铁木真带领他的部众和畜群星夜出走，由此开始了他统一草原部落的征战。

蒙古人信奉萨满教，萨满巫师在蒙古人心中有不可动摇的地位。蒙力克的第四个儿子阔阔出是萨满教的大巫师，铁木真对他既听且信，但他骄横狂妄，假巫术之名挑拨铁木真与合撒儿的感情，并使合撒儿下狱，又当众羞辱铁木真幼弟帖木格斡赤斤，挑战铁木真家族的皇权。于是孛儿帖进言，请铁木真杀阔阔出，从此安定了族人。

孛儿帖有四个儿子，是术赤、察合台、窝阔台、拖雷，有五个女儿，是火真、扯扯亦坚、阿剌海、秃满伦、阿达鲁黑。

21　可汗的妻子哈敦

哈敦，蒙古语娘子、王妃。《蒙古册降表序》："曰哈屯者视福晋，曰格格者视郡主也。"福晋，满人指亲王、郡王、世子的正妻。但蒙古人也把有权势、受到宠爱的侧室叫作哈敦，比如相当于成吉思汗侧福晋的忽兰，就被尊称为忽兰哈敦。蒙古人叫公主、郡主为别吉，经常把别吉作为女孩名字的后缀，如果她嫁给部族首领，她的儿子中又出了可汗，她也会被称为哈敦。蒙哥、忽必烈的母亲唆鲁禾帖尼别吉是王汗的侄女，嫁给拖雷为妻，也称她别吉哈敦。

哈敦在蒙古语中是具有权威性的最重要的词语之一，它含有君

忽必烈正妻察必哈敦

权、威严和权力的意思。蒙古人描述无论多大压力都不会破碎的事物，用"哈敦"这个词就最贴切。如果这个词出现在女孩名字的后缀上，不仅象征着力量、坚定，还体现了与美丽、端庄、优雅、雍容的结合。这就像男孩名字的后缀常用把阿秃儿一样，成吉思汗父亲名叫也速该把阿秃儿，是勇士的意思。

成吉思汗在征服了相互混战的草原部落之后，要征服的是他所能见到的整个世界。他的帝国在不断膨胀，需要有人统治新征服地区的人民。他的儿子们要随他征战，或者说他们没有这种能力。交给男人管理又怕他们反叛，所以他的那些"古列坚"也都是要随军出征的。因此，当他1206年建立国家后，便把管理国家的特殊责任交给母亲和妻子，当母亲和妻子老了以后，又交给了他的女儿们。《蒙古秘史》在记述成吉思汗论功行赏，把官衔、名号、土地分赐给他的儿子、兄弟和功臣后，接着说："让我们奖赏我们的女儿们……"那场景应是他转向众人正要宣布他女儿的功勋和封赏，但下面的话被删除了。我们不知道成吉思汗对他的女人和女儿如何褒奖,源于《蒙古秘史》的审查者和定稿人认为历史还是应该属于男人。

但他的每个妻子都有自己的领土,管理其独立的斡耳朵,统治属于自己的领属民。孛儿帖哈敦得到怯绿连河流域原属塔塔儿人的大部分领土,她的斡耳朵建在曲雕阿兰小溪的阔答阿岛上。忽兰哈敦得到了不儿罕山周围的土地。也遂哈敦得到了土拉河流域,包括克烈部首领王汗的夏宫。她的妹妹也速干哈敦得到杭爱山原属乃蛮部的领土。

在蒙古,可汗的妻子哈敦拥有巨大的权势和影响力,经常会有哈敦短暂摄政。窝阔台汗去世后,其妻乃马真脱列哥那摄政五年之久,最终把自己的儿子贵由扶上了汗位。贵由汗死后,其妻斡兀立海迷失摄政,欲立窝阔台孙失烈门为汗,但由于诸亲王反对,朝内争讼不已,以致三年无君,最后由"别吉哈敦"唆鲁禾帖尼与术赤之子拔都合谋,力推蒙哥为汗,把汗位从窝阔台系转移到了拖雷系。

成吉思汗和他的四大妃——孛儿帖、也遂、也速干、忽兰

四 统一蒙古的战争

22　美女部落弘吉剌

弘吉剌部是10世纪生活在蒙古草原腹地的一支游牧民族，其族源为鲜卑的一支，部落原住地在额尔古纳河、根河流域，亲缘属于迭列列斤蒙古。弘吉剌部在11世纪时开始强大，到12世纪，已是蒙古高原上较大的一支游牧部落。

弘吉剌人温和友善，不与人争斗，他们的首领德薛禅对家人和部众讲，弘吉剌向来不同乞颜部争土地和人口，女儿长大了都嫁给孛儿只斤氏贵族做妻子。德薛禅的女儿孛儿帖，后来的光献皇后，是元太祖成吉思汗的正妻。元世祖忽必烈的皇后察必哈敦，是德薛禅之子按陈的女儿。蒙哥汗、成宗、武宗、泰定帝、文宗、宁宗、顺帝的皇后，都是弘吉剌氏。成吉思汗曾有旨："弘吉剌氏生女世以为后，生男世尚公主。每岁四时孟月，听读所赐旨，世世不绝。"弘吉剌部因此得名"美女部落"。从此，黄金家族与弘吉剌部结成世代姻缘。在蒙元时期，弘吉剌部共产生十八位皇后，十六位驸马。

在草原部落联盟时期，部落间聚散离合司空见惯，弱小部落通过投靠强大部落寻求保护，当这一部落联盟瓦解后，联盟中的部落就会脱离它去寻找新的盟友。

12世纪末，弘吉剌部中的博司忽儿部与尼鲁温乞颜部建立了联姻关系。当时，乞颜部在其首领也速该把阿秃儿的带领下，已经建立起十分强大的部落联盟。虽然没有强大到像塔塔儿、克烈和乃蛮那样，但弘吉剌部希望两强联合，增强彼此的力量。弘吉剌部与乞颜部的这种部落间的联姻关系，正是部落联盟时代主要联合方式的一种。这一联合，提高了博司忽儿部的地位，德薛禅因此成为弘吉剌部的首领。

也速该被毒死后，乞颜部联盟瓦解，弘吉剌部加入合塔斤、散只兀、朵儿边、塔塔儿诸部组成的部落联盟。孛儿只斤部众离散，铁木真一家颠沛流离。尽管如此，德薛禅没有废约，在铁木真成人后，仍然把女儿孛儿帖嫁给了他。孛儿帖和其父德薛禅在孛儿只斤家族的复兴、乞颜部的发展和成吉思汗统一蒙古诸部过程中，扮演了重要的角色。

在几次部落联盟的战争中，弘吉剌虽不是铁木真联盟成员，相反还在敌对的一方，但其与铁木真非同一般的关系，几次先机都是德薛禅暗中遣使告变，向铁木真透露了敌方进攻的计划。一次是杯亦烈川之战，这可能是一次规模较小的战役，史中记录不多；一次是阔亦田之战，铁木真和王汗联军彻底覆灭了札木合联盟。本来杯亦烈川之战后，弘吉剌部就想归附铁木真部，恰此时，铁木真的弟弟合撒儿劫掠了弘吉剌部，促使弘吉剌部依附了札木合，直到阔亦田之战后，铁木真化解了和弘吉剌部的误会，弘吉剌部才重新投靠

弘吉剌部的女人

了铁木真的联盟。

1206 年,铁木真建立大蒙古国。在封赏中,因德薛禅之子按陈攻城拔寨,浴血奋战之功,赐地弘吉剌部于海拉尔河流域。1214 年,成吉思汗又改封弘吉剌部于今锡林郭勒盟南部和赤峰市西北部一带,并先后封按陈为河西王和济宁王。

23 铁木真始称**成吉思汗**

成吉思汗在王汗和札木合的帮助下,击败了篾儿乞惕人之后,与札木合在斡难河畔共同宿营,三结安达,同枕共眠,极为友爱。但在一年半后,两个年轻人分道扬镳。

札木合的担心是有道理的,在跟随札木合生活的一年半时间里,铁木真一定是在收买人心以备后用。他的理想和抱负,吸引了札木合部落的一些贵族和头领。札木合用很温和的方式劝退了铁木真和他的为数不多的部众。札木合是这样说的："铁木真，我的好安答，靠座山坡扎营吧，好让牧马人有行帐！不知可否？找个河岸扎营吧，好让牧羊人充其腹！行来无束！"完全是商量的口吻。所以，1181年两位年轻人与其说是分裂，不如说是分手，铁木真带走了札木合的许多部众，还带走了他们的畜群，札木合也没有去追赶讨还。

两个有理想和野心的年轻领袖，他们都希望在对自己有利的条件下恢复蒙古王室，并要求称汗。他们的前辈都没有能将所有蒙古世系一到一个像塔塔儿部、克烈部和乃蛮部那样强大的部落中。但他们都在积蓄力量，在山盟海誓的忠诚与背叛中，朝秦暮楚的结盟与分裂中，他们各自在蒙古人中争取到一些家族和部落。从1181年到1189年这段时间，在《蒙古秘史》里留下了空白，这也正好说明在这八年时间里，两个年轻的部落首领都在做未来称汗的准备。

1189年，蒙古人纪年鸡儿年的夏天，二十七岁的铁木真决心争夺可汗，受领蒙古人首领的称号。一旦拥有这个称号，他就将奉天承运，吸引更多的追随者，他也拥有了无可争辩的合法性。他将追随者召集到一个名叫"心形"山麓的湖畔，在那里举行称为忽里台的传统议事会。与会的部落、氏族、家族，都是为选举而来，他们的出席表明他们将正式承认铁木真为蒙古各部落的可汗。不承认他的人也不需要到现场来投票，那里充满了危险。蒙古人"用脚投票"，参会与否即是他们的态度。铁木真必须吸引到足够的人数，以及参会人的等级足够高，才能确立他的合法性。

忽图剌汗的小儿子阿勒坛斡惕赤斤支持他，主儿乞首领之子撒察别乞、泰出支持他，甚至与札木合有一腹同胞之缘的豁儿赤也投

成吉思汗画像

奔他而来。豁儿赤是札木合部落里的一位萨满,他的投靠被认为是长生天的暗示。他们在一起商议,立誓把铁木真立为可汗,号称成吉思汗。这是"成吉思汗"名号的二度使用,孛端察儿曾以这个名号统领过主干蒙古。从此,铁木真重振家业的计划从家族个体转向了蒙古整体。自回鹘人从蒙古高原迁出之后,四百年来没有一个统一的首领,如今,成吉思汗用先祖曾经的汗号,号召四处游牧的百姓,重振蒙古人衰败已久的神威。

24 第一场大战:十三翼之战

铁木真称汗之后,他心里非常清楚,属于蒙古部落的大部分草原氏族仍然支持札木合。铁木真的部落只是由他自己的家族,一些投靠他的小氏族，以及部分离散的草原家族所组成。成吉思汗派使臣对脱斡邻勒说，新的头衔并不是挑战他的权威，铁木真要做的，都是为了在他的领导下，把分散的蒙古人联合起来，对付外来的侵略。铁木真必须重申效忠脱斡邻勒，请求他的批准。从现有的各种资料看，脱斡邻勒不是个有心计的人，他轻易地相信了铁木真的谎话。但是，出于一个统治者的本能，他对蒙古的统一还是不无担忧，他希望蒙古人保持分裂状态，他对两位年轻人的雄心都给予鼓励，又在他们之间挑拨离间，希望他们不会一家独大。

铁木真同样也派了使者，向札木合通报了铁木真被立为可汗一事。乞颜部的复兴引起了札木合的强烈敌意，他命令自己的部下，坚决拒绝承认铁木真为全体蒙古氏族的可汗。在这之先，忽图剌汗的幼子阿勒坛斡惕赤斤已经投靠了铁木真，与札木合同一女祖先的豁儿赤也投靠了铁木真，并预言他必能成为一国之主。札木合指责他们，用"戳腰刺肋"之计，离间了他和铁木真安答。

自也速该死后，乞颜部被泰亦赤兀惕部拆散，经过二十年的波折，终于在铁木真的手里重新聚集，形成漠北一支独立政治势力。而且，对篾儿乞惕部的复仇之战，已经展示了铁木真的统率能力，这也不得不让泰亦赤兀惕人警惕。

不可避免的冲突发生了，史称"十三翼之战"。1190年，也就在铁木真被推举为蒙古可汗一年之后，札木合纠集泰亦赤兀惕等部，联合起兵攻打铁木真。史说，这场战役的得名，是因为双方兵马都组成十三个圈子。古时候，某部落屯住在某地时，就围成一个圈子，部落首领居于中央，当敌军来袭时，他们也按这种形式布阵。另一种说法是，札木合集合了札答阑和泰亦赤兀惕等十三部，合为三万骑偷袭铁木真。这当然是一个被夸大的数字。成吉思汗获此急报，立即组织十三营地三万兵马迎战。战斗发生在贝尔湖南纳墨儿根河（今努木儿根河）附近的答阑巴勒主惕草原。成吉思汗不敌札木合，向西奔逃三百里，带着他的残部躲进了斡难河上游的峡谷。被俘的士兵遭到札木合严厉的报复，因为他们大多是从泰亦赤兀惕部的一支赤那思部投奔成吉思汗的。札木合在荒野上支起七十口大锅，锅煮了年轻的战俘。这一残忍的做法，确实让蒙古人对札木合畏惧大增，但效果相反，也严重损害了他的形象。虽然年轻的可汗战败了，却获得了同情和支持，他们迅速地集结到成吉思汗周围。

十三翼之战的胜者明明是札木合，却出现了胜者受损，败者受益的奇特现象。札木合的残暴只是一种解释，另一种解释是，此时铁木真已经获得了成吉思汗的名号，他的十世祖孛端察儿曾用这个名号统领过蒙古大众，在铁木真身上，又演化成了充满感染力的领袖符号。可以反证这一点的是，札木合在此战后，也集中了十一个部族，自称古儿汗，意为众汗之汗。

札木合称汗地

统一蒙古的战争 / 073

十三翼之战在成吉思汗一生中有着极其重要的意义，这是他组织指挥的第一场大战，也是他的第一场败仗。自此之后，成吉思汗所向披靡，常胜无敌。

25　兼并**主儿乞部**，开启统一蒙古进程

孛端察儿是孛儿只斤氏的创氏祖先，到他的曾孙海都时，乞颜部的势力已开始强盛。海都的两个曾孙，一个是合不勒汗，一个是俺巴孩。俺巴孩是泰亦赤兀惕氏的创氏祖先。合不勒汗的长子斡勤巴儿合黑，以长子地位挑选百姓中最勇敢善战者单建主儿乞氏族，其后人形成主儿乞氏。合不勒汗虽有七个儿子，但他把汗位传给了堂兄弟俺巴孩，俺巴孩汗又把汗位传回合不勒汗的儿子忽图剌。

斡勤巴儿合黑和把儿坛把阿秃儿、忽秃黑秃蒙古儿、忽图剌汗是亲兄弟。斡勤巴儿合黑的儿子忽秃黑秃主儿乞，他的两个儿子为撒察别乞、泰出。把儿坛把阿秃儿的儿子也速该把阿秃儿，他的儿子就是铁木真。忽秃黑秃蒙古儿的儿子不里孛阔是一个大力士。撒察别乞、泰出与铁木真为堂兄弟，就是他们推举铁木真为蒙古部的可汗。主儿乞部与孛儿只斤部同属合不勒汗后裔，是地道的黄金氏族，与泰亦赤兀惕部一起，共同构成了主干蒙古族群。蒙古部的汗位只在这三个氏族间传递。

十三翼之战后，札木合的族群开始分化，大批部众投奔成吉思汗。成吉思汗便与母亲诃额仑和合撒儿、别勒古台、撒察别乞、泰出兄弟在斡难河边的树林里举宴庆贺，结果一场宴会演变成了一场

打斗，不欢而散。蒙古人喝酒欢宴时，要先敬天、敬地、敬祖先，然后再依照辈分、年龄、尊卑，依次敬下去。主儿乞部豁里真夫人、忽兀儿臣夫人因不满铁木真从撒察别乞的小妾开头敬酒，便大发雷霆，借故鞭打厨子，让铁木真难堪。两方的主持人别勒古台和不里孛阔又因处理一个盗马贼而发生分歧，大打出手，不里孛阔用马刀砍伤了别勒古台的右肩。成吉思汗看兄弟被砍伤，也加入群殴中来。主儿乞人被打败，提出请求重新修好，但两个族群的裂痕已经无法修复。在接下来的征伐塔塔儿人的战斗中，主儿乞人非但没有履行参战的承诺，反而趁机偷袭了铁木真的后方家眷，杀了十几个留守的士卒，抢劫了他们的衣服和财物。战胜塔塔儿人之后，铁木真于1197年发动了对主儿乞人的战争，以背盟之罪处死了两位堂兄撒察别乞和泰出，又在一次摔跤事件中，别勒古台折断了不里孛阔的脊梁骨。

在漫长的草原战争中，失败的部落被劫掠，部分成员被俘成为战胜一方的奴隶，其余部众则放任自流。失败的集团往往会重新组织起来，伺机报复，草原民族永远在进攻、反击、结盟、又分裂的循环中。击败主儿乞人之后，铁木真采取全新的政策，他占据了主儿乞人的领地，并在自己家族内，重新分配主儿乞集团的成员，他没有按草原传统，将他们当奴隶看待，而是将他们视如自己部落的成员。铁木真彻底兼并了主儿乞部，曾经作为主干蒙古一支的主儿乞氏不复存在了。兼并主儿乞的意义还在于，包括泰亦赤兀惕在内，铁木真消灭了这些蒙古正统派的代表人物，来自黄金家族内部最有力的竞争者。

铁木真对主儿乞人的征服和惩罚，是他对利益版图进行整合的开始。他开始提升自己家族部落控制其他蒙古氏族部落的权力，并且将其努力延伸到其他部落的领地上。他不再满足一次战斗、一场战争的胜利，而是需要把每一个胜利变成看得见的成果，变成草场、羊群和人口，今后还要变成属国、疆域和臣民。从此，铁木真统一蒙古、缔造蒙古民族的征程开始了。

26 塔塔儿部世仇

塔塔儿，有很多音译的名称，如达怛、达靼、鞑靼、达达，最早是突厥统治下的一个部落，见于唐代的记载。塔塔儿人在怯绿连河南岸和捕鱼儿海（今贝尔湖）附近，直到兴安岭的广大草原上游牧。篾儿乞惕部居于贝加尔湖。那时还是一个小部落的"蒙兀室韦"，就在篾儿乞惕部和塔塔儿部之间。唐末，突厥衰亡，鞑靼部落逐渐强大，该部落分支很多，其中拥有军队和"君长"的部落就有六支，共有七万户。塔塔儿人有时联合成"九姓鞑靼"，有时联合成"三十姓鞑靼"。11世纪，北方诸部结成了以塔塔儿为首的强大联盟，"塔塔儿"或"鞑靼"曾一度成为蒙古高原各部的通称，西方通常就将蒙古泛称为鞑靼。而蒙古部强盛以后，蒙古又成为蒙古高原各部的通称。辽、金时代，漠北的各部被称为黑鞑鞑或生鞑靼，漠南的各部被称为白鞑鞑或熟鞑靼。白和黑是表明身份的高低，生和熟表明开化的程度，漠北的部落民族都要落后于漠南。

塔塔儿是一个勇武好战的民族，相继臣属于辽和金，但又一直与它们处于敌对状态。到了12世纪，塔塔儿人对金国构成了严重威胁。为了从西北部侧击塔塔儿人，金王朝转而支持克烈部的脱斡邻勒和正在崛起的铁木真。

蒙古高原各部落之间经常发生争斗，塔塔儿部与蒙古部之间也是如此。在成吉思汗三世祖合不勒汗时期，蒙古部和塔塔儿部就结下怨仇。合不勒汗的妻弟患病，请塔塔儿部的萨满施行巫术，不料非但没有治好，还把人治死了。蒙古人因此杀死了塔塔儿人的巫师，从此结怨。在俺巴孩时期，塔塔儿人设联姻之计，捉住了俺巴孩并将他引渡给金朝，金人将俺巴孩钉在木驴上处死。到成吉思汗刚懂事的时候，塔塔儿人又下毒暗害了他的父亲也速该。因此，蒙古部虽然弱小，总在伺机向塔塔儿人复仇，铁木真的名字就取自被俘获的塔塔儿部的敌酋。

金国利用塔塔儿人长期控制草原，但当塔塔儿人势力强大后，金主感到已是养虎为患。1196年，由金国丞相完颜襄亲自出马，发动了对塔塔儿人的攻击。完颜襄是金之名将，战略布局清晰明了。一方面，他率领主力部队，从正面攻击塔塔儿人，逼迫他们离开自己的老营，逃向怯绿连河上游；另一方面，他又派出使者，游说铁木真从侧面合围塔塔儿人，给予一举歼灭。铁木真兵力不足，向脱斡邻勒求援。这时期草原上另一支强大的力量是克烈部，而完颜襄偏偏选择了铁木真，因铁木真刚刚形成自己的力量，比脱斡邻勒易于控制，加之，蒙古人与塔塔儿人是死仇，必欲除之而后快。

果然，遭受金军重创的塔塔儿部在向怯绿连河上流溃逃时，与铁木真和脱斡邻勒的联军相遇。经过激战，塔塔儿部大败，首领被杀，残余人马尽归铁木真所有。

此战帮助金国消除了北方的威胁，金国丞相完颜襄加封铁木真札兀惕忽里的官职，脱斡邻勒得到"王"的称号，从此称为王汗。此时，克烈部和蒙古部还都臣属于金国。札兀惕忽里有"招讨使""军统领""部落官"等意，就等于提升了铁木真在蒙古各部中的政治地位，从此可以以金朝命官的身份去统辖各部。

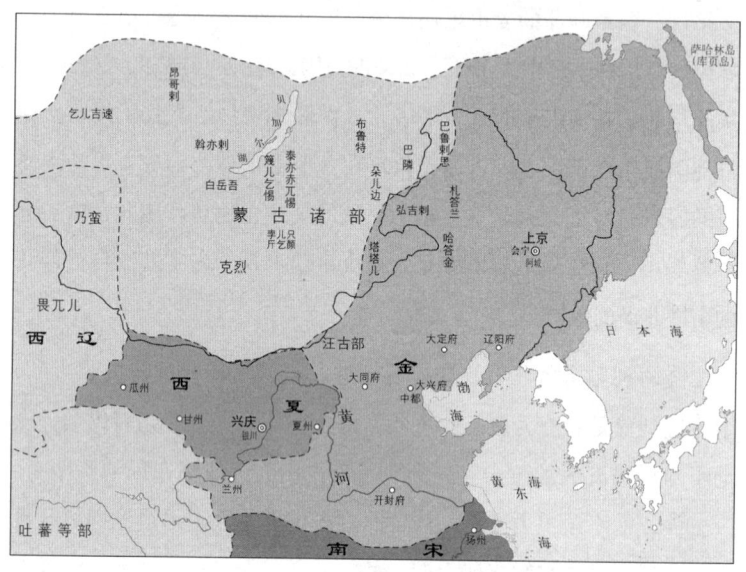

塔塔儿部落，蒙兀室韦就在篾儿乞惕部和塔塔儿部落之间

27 世界战争史著名战例：阔亦田之战

札木合称汗之后，着手讨伐铁木真。1201年，札木合以古儿汗的名义，号召篾儿乞惕部、乃蛮部、斡亦剌惕部、泰亦赤兀惕部、朵儿边部、合塔斤部、撒勒只兀惕部、弘吉剌部、塔塔儿部等十一部结成联军。闻讯后，铁木真火速通知王汗。王汗得知，立即率兵前来与铁木真会合。

两军会合后，铁木真与王汗商定，两军分别组成先锋，向怯绿连河下游进发，迎击札木合。铁木真的前锋先与敌方相遇，勒马大声相问，便知他们是札木合派出的先锋。双方先锋相见，见天色已晚，约定第二天开战，各自拍马回营。

次日，双方在阔亦田一地对阵，于是发生了著名的"阔亦田之战"。这场战争被列入世界战争史上的百部著名战例。战争发生的时间是1202年秋冬季节，蒙古高原叫阔亦田的地方据说有数百处，多数专家认定，古战场遗址应是今呼伦贝尔新巴尔虎右旗的辉腾草原。

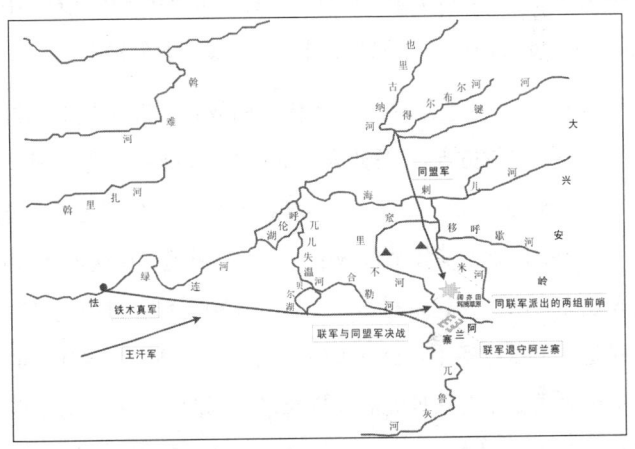

阔亦田之战，古战场遗址是今呼伦贝尔新巴尔虎右旗的辉腾草原

原图出自〔法〕勒内·格鲁塞《图解草原帝国》，陈大为译，武汉出版社，2012。
翟月根据原图绘制。

战事中，双方各自布阵，或上或下移动，寻找对方的破绽，伺时发起进攻。札木合军中有二人精通札答之术，即巫术，能向对方阵地刮狂风，下骤雨，欲顺风借雨奇袭铁木真军。当二人摆开架势施行妖术时，不料风雨逆回，天地晦暗，狂风暴雨肆虐了己方的阵地。这一结果完全破坏了札木合联军的信念，他们大呼"天怒我也"，随即溃散而去。

札木合率兵自后策应，见大军已败，遂不战而走，向额尔古纳河下游退却。沿途军行所过，竟洗劫了立其为汗的百姓。铁木真与王汗分头追击，王汗率兵追至额尔古纳河下游，将札木合击败，札木合降王汗。

　　铁木真率兵尾随泰亦赤兀惕人向斡难河方向追击。铁木真与泰亦赤兀惕人有不得不了断的恩仇，先是他们抛弃了诃额仑母子，后又追杀少年铁木真，这一次又参加札木合联军，助纣为虐。两军相遇，激战骤起，双方肉搏至傍晚，难分胜负，便就地扎营。铁木真在当天的激战中颈脉中箭，流血不止。贴身大将者勒蔑通夜守在身旁，用嘴裹住他的伤口，将毒血一口口吸出，半夜后，铁木真慢慢恢复了知觉。

　　下面就发生了在蒙古人中广为流传的故事。铁木真开口说："我血已干，现在渴得厉害。"听此言，者勒蔑脱掉鞋帽衣服，只穿一条内裤，潜入泰亦赤兀惕人营地。他来往两趟，没有找到酸马奶，就抱了一坛奶酪回来，又找来一些水，兑到奶酪里，给铁木真喝下去。对者勒蔑赤身入敌营这一行为，一直有几种解释。者勒蔑对铁木真的解释是，若赤身裸体被敌方捉住，他可以说是来投奔他们的，说自己被扒去衣服正要被处死时，挣脱了捆缚跑了过来。另一种解释更符合蒙古人的习俗。蒙古人生活在高寒地区，常年被棉服包裹，如看到同性的裸体会感到羞怯。者勒蔑便利用这一心理，如果被敌方发现，看到他赤身裸体，会以为是自己同伴起夜而背过脸去。这一故事后来也变成传说：阔亦田之战乞颜部大败，成吉思汗在战斗中颈部中箭，跌落下马，者勒蔑将他带到不儿罕山下、长生天身边，长生天可怜这位天之骄子，一只苍狼将箭取出，者勒蔑将他体内毒血吸出，第二天铁木真就奇迹般地复原了。为了感谢者勒蔑救命之恩，建国后，成吉思汗赐予他九罪不罚之特权。

适逢此时，天已大明，铁木真发现扎营过夜的敌方人马借着夜色皆已逃尽。于是他们打扫战场，收拾百姓。曾是泰亦赤兀惕部的锁儿罕失剌和哲别投奔了铁木真。在战斗中，哲别射伤了铁木真的坐骑，他敢作敢当，实话实说，受到铁木真的赏识，被赐名哲别，蒙古语的意思就是箭。铁木真要让哲别领会，以前你用这支箭射击我，今后你要用它射杀我的敌人。

阔亦田之战，是铁木真与札木合集团的最后一次决战，也是争夺蒙古部领导权的最后一战。随着铁木真与泰亦赤兀惕部之间这场战斗的结束，铁木真成为蒙古部的唯一首领。至此，西起斡难河上源，东至大兴安岭以西的蒙古高原，都被铁木真掌握。

28 第一场大屠杀：马车轮楔

1202年，击败泰亦赤兀惕人的这年，铁木真率军同时向四支塔塔儿部落发动了进攻。战斗在纳墨儿根河的答阑捏木尔格一地发生。蒙古军队损耗巨大，但最终取得了胜利。在这次战役中，成吉思汗颁布了他的第一个"札撒"，即军令或法令，规定在战争中获得的财物要及时上交，战后重新分配，或平分或按战功。自此，劫掠以一种更有组织的方式展开。以往的战争，都是对失败者帐篷的抢劫，任凭战败的勇士四处逃窜，不久他们又会重新集结起来，对战胜者进行报复。现在，士兵战斗的目的，不是抢劫财物，而是寻求战功，以期获得奖赏，从而保证战斗的完全胜利。战后再分配的方式，大大提高了蒙古军队的战斗力。

这一次战役是对塔塔儿人的彻底征服，蒙古人意想不到的是，他们不仅击败了塔塔儿人，而且获得了他们完整的军队和全部的平民。如何处置他们？蒙古人处置主儿乞部落和泰亦赤兀惕部落采取的方法是，处决其领导者，同时吸收其所有的遗族，所有的货物和牲畜。但对塔塔儿人不行，塔塔儿是个人口数以千计的大部落，甚至超过蒙古人的数量，因此无法把他们吸收到每个家族里去，如让他们保持原貌，他们终将反叛。与主儿乞、泰亦赤兀惕不同，塔塔儿人是外族，对铁木真来说，塔塔儿人又是世仇。《蒙古秘史》记载了成吉思汗的复仇言行："害我祖父的仇人，就是这些塔塔儿人，为报我世仇家恨，应将其永绝于世！要以车轴当量尺，足以度者绝杀之，分其妻女与家小，当做咱家看门奴。"

在传统的草原思维中，处于血族关系外部的每个人都可以视为敌人，而且永远都是敌人。这些战败的塔塔儿人，仍然是敌人。铁木真的决定需要得到部众的支持。他召集了获胜勇士参加的忽里台大会。忽里台的成员赞同这一计划，这就是"马车轮楔"计划，决议尽诛身高超过马车轮楔高度的所有塔塔儿男性。马车轮楔大小不一，一般不会超过1.4米，即是一个蒙古男性成年的量度标准。铁木真的异母弟别勒古台因泄露了屠杀计划，塔塔儿人拼死反抗，铁木真从此取消了他参加家族会议的资格。但是灭顶之灾最终还是降临到塔塔儿人头上。这个称雄东部蒙古草原的强大部族，从历史上消失了。

在处理塔塔儿部的善后问题上，成吉思汗施行了一场种族灭绝的大屠杀。族灭塔塔儿人，开启了蒙古军队在往后征战中进行灭绝性屠杀的先河。成吉思汗被蒙古民族视为英雄，而那些被他屠戮过的部落、民族，以及当今正义的评判，都视之为恶魔。在此之前，征服与被征服的战争还都在蒙古部落间进行，战胜札木合之后，铁木真的征服进入第二阶段，他不仅要统一蒙古大小部落，而且要统治整个蒙古高原。

29　铁木真与札木合三结**安答**

　　追溯札木合的世谱，他应该是铁木真较近的远亲。他们共同的十世祖是孛端察儿，即阿阑豁阿的幼子。孛端察儿在一次对外征服行动中，抓获了一个孕妇，经讯问，方知是兀良合部落的人。这位孕妇随孛端察儿后，生下一个儿子，就是札答阑氏创氏祖先，或许就是札木合的九世先祖。史中没有说札木合的九世祖是这位孕妇已经怀上的孩子，还是她又为孛端察儿生的一个儿子。蒙古人有比较开放的传统，只要娶了某个女人为妻，她的孩子就被认作他们共同的子女，没有亲疏分别，分配也一视同仁。成吉思汗的长子术赤，是他的母亲诃额仑被篾儿乞惕人抢走后生下的。成吉思汗对他一样视同己出，不允许其他儿子怀疑。

　　札木合和铁木真都是蒙古民族的英雄。他与铁木真都希望统一蒙古。所以，在他们都有了强大的势力，还都揣着一个梦想的时候，他们走向对立和战争是不可避免的。虽然札木合最终败在铁木真手下，但历史可以以成败定尊卑，不可以以成败论英雄。

　　札木合的家族扎营在斡难河沿岸，靠近铁木真家族，他所属的札答阑氏又与铁木真父亲的孛儿只斤氏具有远亲关系。在蒙古人的观念中，血亲关系高于一切社会关系。姓氏是一个较为稳定的社会组织，如果在两个姓氏的上方有一条血缘，那么它必然高于其他姓氏的关系。血缘越近，关系就越近，任何处于血族关系网之外的人，自然就是敌人，是攻击和劫掠的对象。铁木真和札木合有共同的十世祖，论起来有点远，他们希望更亲近，于是就结拜为兄弟，即安答。

铁木真与札木合一生中三次结为安答。第一次他们都没有成年，他们交换小物件作为誓言的象征。第二次他们交换了箭头，这已经是成人之间的礼物，作为宣誓仪式的组成部分，他们歃血为盟，以此达到心灵相通，还要一起吃下难以下咽的食物。而第三次是在营救孛儿帖之后，他们在一种公开的仪式上盟誓结拜，有双方的部下可以见证，仿佛是对前两次结拜的一次正式追认。他俩站在悬崖边的一棵大树前，交换金色的腰带和贴身的马匹，发誓永不抛弃对方。夜晚二人共被而眠，如同亲兄弟在一张毡帐下长大。

嘎拉哈（又称羊拐），《蒙古秘史》的第 116 节记载，铁木真 11 岁跟札木合结盟时，将一个铜灌的嘎拉哈赠给札木合，札木合也将一枚狍子的嘎拉哈赠给铁木真

铁木真与札木合一生中三次结为安答

然而草原再大,也包容不下两个年轻人的野心。札木合与克烈部脱斡邻勒一起帮助铁木真恢复旧部,击败了篾儿乞惕部。他们都以为铁木真会安心地做他乞颜部的部落首领,而铁木真居然召集一些部落中离散的家族拥戴自己为可汗,要做所有蒙古人的首领。札木合命令自己的部下,坚决地拒绝承认铁木真为全体蒙古部落的可汗。紧接着,1190年,就在铁木真称汗的第二年,札木合发动了十三翼之战,从此他们丢掉对方的外衣,兵戎相见。

30　没有**王汗**就没有成吉思汗

克烈人居住在色楞河以南,鄂尔浑河上游的翁金河与土拉河流域,就是今赛音诺颜境内。克烈人通常被看成突厥人,许多克烈人的称号都是突厥语的。一说克烈部落的族属,是唐朝中期西迁的九姓鞑靼后裔,元朝《南村辍耕录》将克烈人列入"蒙古七十二种"。

克烈部是北方草原上几个大部落中力量非常强大的一支。当时草原部落的几个主要力量，从东往西分别为塔塔儿部、蒙古诸部、克烈部和乃蛮部，蒙古的北面还有篾儿乞惕部，乃蛮的北部还有森林部落吉利吉思部。蒙古部并非金国的附庸，克烈部也不是。金朝的战略目标是向南发展，宋朝才是真正的膏腴之地，而对西北的草原部落，则主要依据大兴安岭和阴山一线做防守。真正依附金国的，是蒙古部东北面的塔塔儿部，东面的弘吉剌部和东南面的汪古部，构成金国对西北草原的战略缓冲带。

克烈部能和蒙古部走到一起，并不是他们之间有什么渊源，更没有血缘，而是因为他们共同的敌人是塔塔儿人。蒙古人和塔塔儿人反目是在合不勒汗时期，而克烈人与塔塔儿人反目是在脱斡邻勒的祖父马儿忽思时期，这两个部落与塔塔儿结仇，大约在同一时期。马儿忽思被塔塔儿人捕获后交给金国邀功，死的方式和俺巴孩一样，被钉在木驴上碾死。

马儿忽思有两个儿子，即忽儿察忽思和菊儿汗，忽儿察忽思继承了汗位。忽儿察忽思有五个儿子，即脱斡邻勒（王汗）、额儿客合剌、台帖木儿、不花帖木儿和札合敢不。马儿忽思见其诸子不合，遂将部众拆分若干分给诸子，指定台帖木儿、不花帖木儿继承汗位。忽儿察忽思死后，脱斡邻勒先下手刺杀其胞弟台帖木儿、不花帖木儿，自居汗位。额儿客合剌恐遭其兄杀害，逃到乃蛮。为此，王汗的叔叔菊儿汗率兵攻打王汗，王汗出逃，仅剩百余人马逃到篾儿乞惕部。为了得到篾儿乞惕人支持，王汗把女儿嫁给了篾儿乞惕首领脱黑脱阿，而脱黑脱阿并不领情，王汗走投无路，投入也速该的营地。

也速该和王汗没有交情，也不相识，不知出于什么目的或是什么心理，也速该没有听从忽图剌汗的劝告，坚决地支持了一无所有的王汗。也速该出兵将菊儿汗赶入了西夏，把汗位交还给王汗。王汗为表达对也速该的感激，在土拉河畔与也速该结成安答，发誓要帮助也速该的子子孙孙。就是这样一个不合常理的决定，冥冥之中给成吉思汗的霸业奠定了基础。没有王汗或许就没有成吉思汗。为争夺汗位，对待其众兄弟，王汗凶残冷酷，而对待这个义子铁木真，他一直都温情脉脉，直到最后翻脸，也是因为札木合和其子桑昆的怂恿。

王汗帮助铁木真抢回了妻子孛儿帖，扫荡了篾儿乞惕人营地，恢复了孛儿只斤氏族。后又应铁木真之邀，一起围攻塔塔儿人，一起获得金主封赏。铁木真第一次称汗，马上就得到了王汗的准许，为自己争取到生存和发展的基本空间。对铁木真称汗，王汗说："立我儿铁木真为汗，你们做得很好。蒙古人怎能没有首领呢？"最后一次而且是最重要的一仗——阔亦田之战，他们联手打败了札木合的十一联军。王汗帮助铁木真当上了蒙古部落的第一首领。

札木合势力衰败后，在蒙古草原形成了成吉思汗、王汗、太阳汗三汗并立的局面，开始引起王汗的不安。投奔王汗的札木合、阿勒坦、忽察儿一再鼓动，再加上王汗之子桑昆威逼，王汗终于决定讨伐铁木真，保存江山。1202年，为了加固他们业已动摇的基础，铁木真向王汗提亲，想将桑昆之妹聘予自己的长子术赤，再将自己的女儿嫁予桑昆之子，亲上加亲，但遭到王汗父子拒绝。但在1203年春，王汗父子又以兑现婚约为名，邀请铁木真前来赴宴，企图即席擒获之。铁木真得到密报，率军仓促上阵，两军会战于合阑真沙陀（今内蒙古自治区东乌珠穆沁旗北境）之地。经过一天激战，铁木真溃败，兵卒失散，只剩四千六百人。而铁木真也与大部队离散，追随者仅十九人，逃到班朱尼河河畔，于是有了"班朱尼河盟誓"。

铁木真为争取休养士卒、集合队伍的时间，遣使到王汗营地，一方面指责王汗背信弃义，一方面陈述两辈人的恩情。同年秋，铁木真在斡难河上游集合部队，用突然袭击的方式包围了王汗驻地折额儿温都儿山（又称折折运都山，在怯绿连河上游），经过三天三夜战斗，大败王汗。王汗在逃往乃蛮的途中，被乃蛮哨兵所杀。其子桑昆弃父而走，逃至曲先（今库车）后被杀。克烈部至此灭亡。

31　蒙古族心理的形成：**班朱尼河盟誓**

1203年春，王汗伪许婚姻，邀请铁木真吃许亲酒，同时秘密调集军队，企图在擒获铁木真后，一举扫灭他的家族。因阴谋泄露，诱杀未成，王汗立即发兵进击。此时铁木真离王汗营地只有一天路程。铁木真仓促应战，双方交战于合阑真沙陀之地。战斗进行了一天，王汗的儿子桑昆率兵出战，颧骨中箭摔下马来。铁木真的儿子窝阔台颈部中箭，被驮出战场。

因是赴宴，铁木真仅带有一小部分随从，远离营地和主力部队，显然寡不敌众。铁木真遂命令随从向四方散开，自己带着几个心腹，迅速向东部逃奔，逃到哈拉哈河附近，仍觉得不安全，最后来到了班朱尼河下营。

铁木真察看自己身边的逃亡人数，清点下来只剩十九人，而今在这个遥远的逃亡之地，他们正面临寒冷和饥饿。这一次逃亡，让铁木真正当开始的霸业面临巨大的威胁，草原部落的"毡墙之民"刚刚整合，而他们根基未稳的首领却在逃亡，眼下的危机将是对他才能的最大考验。接下来发生的事情,在蒙古人中间成为传奇性的故事。

合撒儿击倒一匹野马,他们剥去马皮,剁碎马肉,和水一起装在大皮囊里,然后把在火中加热的石头扔在里面,把马肉勉强煮熟。合撒儿是成吉思汗的大弟,是一个优秀的弓箭手,就是他射杀了异母兄长别克帖儿。接着,铁木真舀起班朱尼河的浑水,用敬酒的方式发誓:"等我克定大业,当与你们同甘苦。如我不遵守此言,就像这河水有去无回!"大家共饮浑水,发誓永远效忠于他。这就是"班朱尼河盟誓"。在蒙古帝国形成过程中,这是一关键性事件,对蒙古民族心理的形成具有偶像般的意义。

这一事件对广义的蒙古人来说,还有一层象征性的意义。蒙古人的关系是建立在互相承诺和互相忠诚基础之上的,这种承诺和忠诚超越血缘关系、种族区分和宗教信仰。这二十人来自九个不同的部落,只有铁木真和他的弟弟合撒儿来自蒙古,还有篾儿乞惕人、克烈

班朱尼河盟誓

统一蒙古的战争 / 089

人和契丹人，铁木真是萨满教徒，他们中间有聂思脱里教徒、佛教徒和穆斯林。如果没有血缘关系，他们可能互视为敌，所以他们不得不通过仪式建立彼此间的联盟。对大多数草原人来说，由仪式缔结的义兄弟或联盟的关系，可作为真正血缘关系的附属，这种虚构的血缘关系往往比真正的血缘关系更实用。这一关系在铁木真部众中成为一种新型的共同体的象征，最终成为蒙古帝国内部统一的基础。

32 畏兀儿不是维吾尔

畏兀儿的主体是古代回鹘人的后裔，他们原先居住在漠北。840年以后，由于黠戛斯人的攻击，回鹘人被迫四散迁移。其中主要的一支迁到今天山东段南北地区，在那里定居下来。因为其部众一直

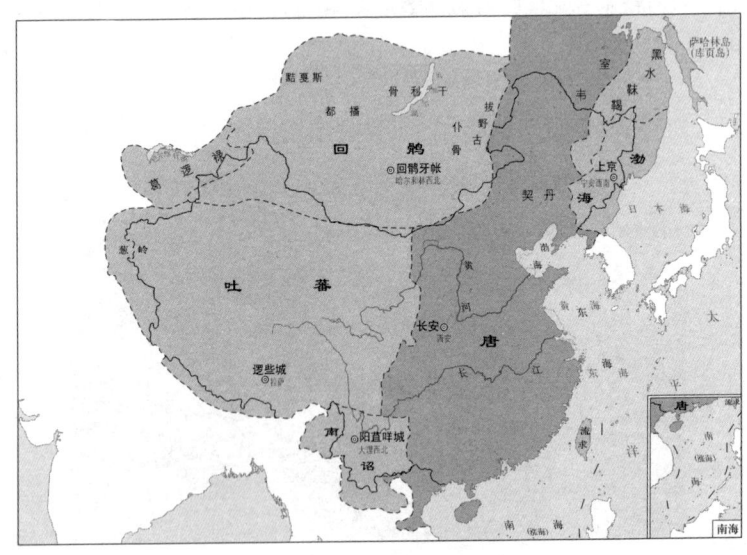

唐代的回鹘

畏兀儿高昌城外景教教堂壁画

是回鹘人,所以史称"高昌回鹘"。1130 年辽亡后,耶律大石率部西征,高昌回鹘仍忠于辽室,成为西辽的属部。

畏兀儿人是部分现代维吾尔族的祖先,但与现代维吾尔族的概念并不完全等同。元明时代的畏兀儿人是一个固定的概念,只指高昌—北庭地区以五城为中心的西迁回鹘的后裔。所谓五城,一说指北庭,即别失八里,另一说指别失八里、火州、彰八里、仰吉八里和唆里迷五个城市,总之,其地望是"北连沙碛,南抚诸羌"。清代统一回疆是现代维吾尔人形成的主要条件,维吾尔族已经是一个包括畏兀儿人在内的民族了。所以现代维吾尔人还需溯及漠北回鹘。

1208 年,成吉思汗击败占据也儿石河(今额尔齐斯河)流域的乃蛮残部,畏兀儿为之震动。畏兀儿突厥人称他们的首领为亦都护,义为"幸福之主"。当时的亦都护巴尔术决心背叛西辽,降附蒙古,本来他们对西辽所置之少监早已不满。1209 年,他们将西辽少监斩首,遣使蒙古表示臣服,并发兵击败溃入其境的乃蛮残部。成吉思汗对畏兀儿的使臣优礼相待,但要求亦都护亲自入朝。亦都护服从此令。1211年，巴尔术亲自前往怯绿连河朝见成吉思汗。成吉思汗为褒奖他，将自己的一个女儿嫁给他，并允诺畏兀儿首领享有"第五子"的待遇。畏兀儿之地也就进入蒙古版图，成为蒙古可汗的直辖地。

"第五子"的称呼源于巴尔术亦都护，现在看来这是一个极其卑屈的请求："若得成吉思合罕之恩赐，愿得金带之星装，衮裳之余缕，为第五子而效力乎！"可以说是为了自身之保全，也是为了他的人民免遭涂炭。在畏兀儿后王的铭文上有这样的记述："由于长生天的保护，伟大的蒙古帝国君主已经注定要统一各民族。""畏兀儿亦都护率领本国人民向幸运的成吉思汗输诚。"

33　汪古部，"边墙上的人"

继回鹘之后，鞑靼部在漠北称雄，漠北诸部一概被称为鞑靼，汪古部在唐、五代史书中被认为是鞑靼别部。但汪古人的基本成分是由操突厥语的沙陀突厥人组成，因此他们也说自己是晋王"沙陀雁门节度"李克用的后裔。汪古人的容貌和习俗同蒙古人有明显差别，辽、金称他们为白鞑靼，以区别于漠北操蒙古语的黑鞑靼。

汪古部的名称，是从"边墙"这个词得来的。汪古部从来都没有过强大、独立而具进攻性的武装力量，他们臣属于辽，金灭辽，又臣属于金，这使得他们在草原强部与中原大国间保持平衡，得以源远流长。12世纪末，净州以北的边墙建成，净州古城遗址位于乌兰察布市四子王旗乌兰花镇西北二十五公里。汪古部成为替金国守边墙的人，所以也叫他们"边墙上的人"。他们负责守卫长城上的堡垒，让汉人村落免受野蛮的草原部落的袭击。但对蒙古人来说，汪古部既是他们进入中原汉地的障碍，又是进入中国的门户。事实上也是，汪古部的归附，对成吉思汗以后的攻金战争起了重要作用，他们为蒙古人打开了穿越长城的大门。

1203年，铁木真灭克烈部之后，草原上最后一个强大部落就剩乃蛮部了。太阳汗遣使会见汪古部首领阿剌兀思，邀约汪古部出兵，加入他们抵抗蒙古崛起的战争。乃蛮人希望汪古部做他们的右翼，两面夹击蒙古军队，纵使不能粉碎这个新兴民族，至少也要限制他们的发展。

阿剌兀思不仅拒绝了太阳汗的要求，而且遣使向铁木真报告了乃蛮人的进攻计划，并发兵会同蒙古军进攻乃蛮。草原上的部落生存的依据，不是他们占有草场的大小和蒙古包的多少，一次劫掠行动，就会使之荡然无存。汪古人立即和崛起的征服者成吉思汗结盟，所谓生存即选择，事实证明，没有比这个选择对他们更有利了。铁木真以阿剌兀思自动归附，乃任命他为五千户汪古部的首领，许嫁女儿阿剌海别吉，并相约两部世代通婚。

阿剌海别吉走下蒙古高原的行动开始了成吉思汗向漠南的扩张，那里有横亘中国北部的金国，偏安南方的宋和形形色色与世隔绝的小王国。蒙古人要想获取它们的财富，或收服它们，便需要在漠南建立一个滩头堡，因为蒙古人不能为每一次战役穿越戈壁，那里冬季太冷，夏季太热，春季有可怕的沙尘暴，即使秋季适合行军，也路途遥远。通过控制汪古部领土，阿剌海向蒙古军队提供马匹和给养，同时保护他们不受南方军队的进攻。她既是蒙古军队的先锋，也是他们的安全保障。

1211 年，成吉思汗袭击女真金国，正当他的骑兵和女真军队激烈作战时，汪古部发生了叛乱。虽然成吉思汗与汪古部结成联盟，但汪古部里的一些氏族心怀不满，他们杀死了阿剌兀思，阿剌海勉强逃得一命。这也可能是金人的围魏救赵之计，汪古部的旧贵族仍然偏向他们的传统盟友。

镇压汪古部叛乱以后，成吉思汗打算对汪古部采取大规模报复行动，就像对塔塔儿人那样，不仅叛乱者都要被处死，他们家中比蒙古车轮高的所有男性都要被杀掉。阿剌海阻止了屠杀。他说服父亲不要惩罚整个国家，只要惩罚参加叛乱和刺杀阿剌兀思的人。她保护了汪古部免遭父亲愤怒的惩罚，以此证明她对汪古部的忠心。汪古部是曾反抗成吉思汗的人中最幸运的，他们的好运完全来自他们的异族统治者阿剌海别吉哈敦。

阿剌海恢复了她的统治，并和阿剌兀思的儿子，即她的继子镇国结婚，她刚刚二十岁。阿剌海决心证明饶恕汪古部并不是个错误，她要使汪古人一直忠于蒙古人，并把他们融入蒙古帝国的内部。

34　赶尽杀绝篾儿乞惕

乃蛮、克烈、篾儿乞惕、塔塔儿、蒙古诸部，并称五大部落或部落联盟。篾儿乞惕部是 10 世纪至 13 世纪西伯利亚的一个游牧民族，驻牧于今鄂尔浑河、色楞格河下游一带，是漠北的强部之一。

草原民族往往是远交而近攻，因经常互相攻击而结仇。先是铁木真的父亲也速该抢了篾儿乞惕部勇士赤列都的新婚妻子诃额仑，十八年后篾儿乞惕部首领脱黑脱阿率兵侵袭铁木真营帐，抢走的恰是铁木真的新婚妻子孛儿帖，一报还一报，把她送给了赤列都的弟弟。估计那时赤列都已死，否则送给赤列都报复的意味更浓。本来篾儿乞惕人是为复仇而来，要置铁木真于死地，幸亏也速该的另一个妻子索济格勒在半睡半醒中听到马蹄震动地面的声音，她们才争取到备马套鞍的时间。铁木真带着母亲、妹妹躲进了不儿罕山，三天三夜，直到一场大雨，无底的泥潭挡住了追击者的去路，篾儿乞惕人才带着孛儿帖和索济格勒撤兵。

1202年，新称古儿汗的札木合集合十一部联军围剿铁木真，脱黑脱阿的篾儿乞惕部与乃蛮部是其主力。阔亦田之战后，脱黑脱阿逃亡到乃蛮部太阳汗那里。太阳汗死后，脱黑脱阿又逃到其兄不亦鲁黑汗处，和太阳汗之子屈出律一起，意图聚集力量反击铁木真。1205年春，铁木真发兵追捕，战斗中脱黑脱阿被飞来一箭击中要害，当即死亡。脱黑脱阿的两个儿子来不及带走他的尸体，匆忙间只好砍下他的头，向遗体做最后的告别。至此，蒙古人与篾儿乞惕人的恩仇总算告一段落。

而1217年的一天，成吉思汗忽然又想起了这些幸存的敌人，遂命令他手下最优秀的将领速不台前去征剿。他对速不台说："他们惨败之后，已是带套之野马，中箭之伤鹿，逃奔在外。今命你率领一支军马，前往剿灭他们。他们要是变为禽鸟飞上天，你就变成苍鹰捕获之；他们要是像旱獭钻入地下，你就像锹凿把他们挖出来；他们要是化为鱼群潜入深海，你就要化为拖网将其一网打尽。"如此深仇大恨是因为，"这帮篾儿乞惕人，我早已恨之入骨矣！他们曾逼我逃进不儿罕山，阻绝路口，意欲生擒我而围我于此山中。那时我尚年幼，心中充满恐惧。当今之日，我誓擒彼等！纵需数年数月，我也要穷追不舍，纵在天涯海角，我也要往追剿灭"。其实，还有一个不可说的隐情，不要忘记，篾儿乞惕人曾掳掠过成吉思汗的妻子，他的长子术赤极有可能是篾儿乞惕人之后。

篾儿乞惕部最小的王子也成了蒙古军队的俘虏，他被带到术赤面前。这位小王子是一个优秀的弓箭手，他的年轻和机敏使术赤不禁产生了怜爱之心。或许是术赤对篾儿乞惕人天生的同情心，术赤要求父亲免其一死。但成吉思汗铁石心肠，未准术赤所请。篾儿乞惕最后一位王子同他的部众一样被斩首了。

有几个篾儿乞惕人很著名。一个是忽兰，成吉思汗很喜欢的妃子；一个是斡兀立海迷失，贵由汗的皇后；还有两个是元末的大将，伯颜和脱脱。

35 统一蒙古的最后一战：纳忽山、不黑都儿麻之战

乃蛮是蒙古高原西部势力最强大的游牧部落，初居叶尼塞河上游谦河地区，后逐步南迁，散布于阿尔泰山一带，东邻克烈部，东南与西夏国接壤，西至也儿的石河，北抵吉利吉思部，南界畏兀儿。该部部属，有说是黠戛斯人的一部分，属突厥语族，也有说是回鹘分支，仍属突厥语族。

铁木真消灭克烈部后，边界即与乃蛮相触，消灭乃蛮部，最后统一蒙古高原的战争已是箭在弦上，势在必发。此时乃蛮分裂为两

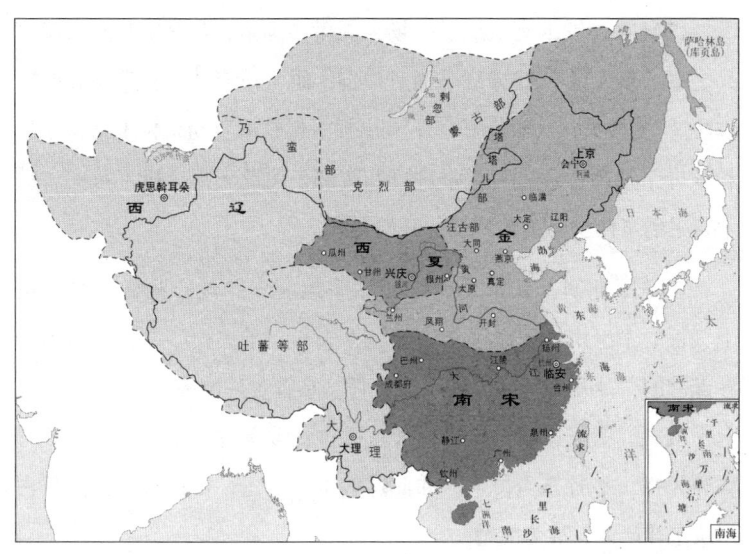

南宋时期的乃蛮部

支,一支由不亦鲁黑汗统治,占据乃蛮北部,一支由其弟太阳汗统治,占据乃蛮南部,是乃蛮本部。铁木真几次与不亦鲁黑汗作战,已削弱了他的实力,这次兵锋所指,是太阳汗统治下的乃蛮大本营。不亦鲁黑汗遭到攻击时,太阳汗漠然视之,王汗遭到突袭灭亡时,太阳汗事不关己,现在他必须独自面对铁木真的大军。

太阳汗大概低估了铁木真的实力,对兵临其境的蒙古人不以为然。太阳汗说:"听说在那东方住有少许蒙古人,他们以武力相胁,逼死了王汗老人。难道他们也想称王称汗?为使大地明亮美丽,天上有日月二轮生辉。可是,天下岂可二汗并立?"为了寻找盟友,太阳汗遣使汪古部,力邀他们做右翼军,夹击铁木真。汪古部首领看出乃蛮部内部不和,料想乃蛮必败,故拒绝出兵相助,还把乃蛮即将进攻的消息通报给铁木真。至此汪古部归顺铁木真。

1204年，铁木真组织了一场大规模的围猎，与众臣共同商议出兵之事。众人说："我方战马尚且瘦弱，眼下没有什么克敌制胜的好方法。"多数人认为春天马瘦不宜出师。但铁木真幼弟帖木格斡赤斤和异母弟别勒古台极力主张进攻乃蛮部，谓此天赐良机不可失。铁木真采纳了两个弟弟的建议，开始备战。

在整军期间，铁木真制定了军事编制，并颁布札撒。军制按十、百、千组织，委派了十夫长、百夫长、千夫长。设立了相当于参谋官的"扯儿必"官，由六人分任，掌管各种事务。设八十宿卫、七十散班，宿卫巡夜，散班白天执勤。选取勇健之士一千人，战时作为先锋，平时充当护卫。如此这般编制队伍，委任官长，使蒙古军队纪律严谨，战力大增。

整军结束，于4月，祭旗出发。沿怯绿连河西行，以哲别、忽必来为前卫，进至杭爱山西南之萨里川，与乃蛮前哨接触。铁木真军故意放一匹青白马让乃蛮前哨夺去，用"瘦马骄敌"之计麻痹敌军。到了夜间，又"增火惊敌"，令每人各烧火五处，以示蒙古兵众势强。太阳汗得到禀报，蒙古军已遍布萨里川之野，宿营之火多于星辰，认为应该后撤，诱敌到阿尔泰山南麓，再行决战。其子屈出律和部将豁里速别赤坚决反对，主张立即决战。太阳汗无奈，只好率军五万向蒙古军进攻。铁木真得报，立即向乃蛮军发起进攻。铁木真亲自率兵打先锋，令其弟合撒儿指挥中军，幼弟帖木格斡赤斤后援，手下四员猛将忽必来、者勒蔑、哲别、速不台采用凿穿战法反复冲击。铁木真的排兵布阵，有山林一样的阵势，湖水一样的潮力。太阳汗见蒙古军势，颇感畏惧，更加不敢迎战，只有步步后退。札木合见势也不战而逃。蒙古先锋部队把乃蛮军逼到纳忽山（又称纳忽昏山，位于鄂尔浑河东土拉河西）东麓的察乞儿马兀特地区，左右两翼包抄，其主力一直冲至乃蛮部的大本营，将乃蛮军围困在两边陡峭的山谷里。乃蛮军被蒙古军迂回分割，分别在各个山头被歼。太阳汗见援救无望，便乘夜率军突围，因通路被蒙古军封锁，只好攀岩登壁，人马多半失足坠落，死伤甚众。

太阳汗并未被擒获，但他身负重伤，奄奄一息。跟随他的大将豁里速别赤对身边的亲信将领们说："在我看到他死去前，让我们在他面前厮杀吧，让他看到我们战死吧！"他们冲下山坡，与敌军混战，直到全部战死。

屈出律、札木合、脱黑脱阿率残部投奔乃蛮北部的不亦鲁黑汗，意欲重整旗鼓。铁木真分兵南北两路追击，引西路军追至阿尔泰山征服太阳汗所属部众后，继续北追太阳汗之子屈出律，进至不黑都儿麻河（今额尔齐斯河支流布赫塔尔马河）源头。所以此战称作"纳忽山、不黑都儿麻之战"。因冬季作战不利，双方遂设哨对峙。

1205年春，冬雪尽融之后，铁木真率大军向乃蛮北部进攻。作战中，乃蛮北部首领不亦鲁黑汗被杀，蒙古军乘胜追击，至也儿的石河，全歼溃军，只有屈出律渡河逃亡到西辽国。至此，乃蛮部灭亡。

此战，是统一蒙古诸场战争中规模最大的一次，也是最后一场大战。之后，原来跟随札木合一同投奔乃蛮部的札答阑部、合塔斤部、泰亦赤兀惕部、弘吉剌部、朵儿边部都投降了铁木真。是年秋，铁木真又于合剌答勒一地打败了篾儿乞惕部的脱黑脱阿。铁木真统一蒙古的大业至此完成。

36　英雄的结局：**札木合之死**

十三翼之战后的几年，两个年轻人似乎都在韬光养晦。1195年，一个意外的机会让铁木真收获颇丰。金国人鼓动蒙古部和克烈部结盟对抗塔塔儿人，尽管塔塔儿人是女真人的传统盟友，但女真人担心他们羽翼丰满再难动也。铁木真邀请脱斡邻勒一起出兵，没想到这一战几乎让塔塔儿部整体覆灭。战役之后他们一起得到金主的封赏，脱斡邻勒得到王汗的称号，而铁木真得到了札兀惕忽里即部族统领的襃封，表明金主正式承认铁木真为蒙古部的部长和统率蒙古的首领。这一胜利让铁木真的军力、物资和人口大增，他的势力开始超过札木合。在这之后，铁木真又独立发动对同族主儿乞的战争，兼并了主儿乞部落。

铁木真统一蒙古的步伐在加快，终于让他的敌对力量走到一起。1201年，合塔斤人、朵儿边人、塔塔儿人、篾儿乞惕人、泰亦赤兀惕人，这些部落的首领在额尔古纳河下流召开忽里台大会，共同推举札木合为汗，授予他古老而又尊贵的头衔"古儿汗"。之后，他们立即商议针对铁木真的进攻。接下来的这场战役被称为"阔亦田之战"，谁赢得这场战役，谁将成为中部草原的最高统治者。

王汗站在了铁木真一边，他一直在保持这两个自称是蒙古人首领的年轻人的力量平衡。这一次札木合失败了，王汗大度地收留了札木合。自此，札木合独立的军事力量不复存在。1203年，王汗被铁木真打败，札木合投奔乃蛮部太阳汗。1204年，太阳汗又被铁木真打败，札木合再无处可投，开始逃亡。这时他已失去了所有的族人百姓，他的五个心腹因为绝望，把他捆缚起来，送给了铁木真。

两个年轻人自从1183年分开，如今以这样的方式相见。他们最后的会面也将《蒙古秘史》推到了高潮。《蒙古秘史》用了冗长的篇幅回忆两个少年同伴的感情，铁木真甚至提议与札木合重新结盟。他说："咱们分离已久，今天重归于好，希望从今以后，你我同驾一辕，切莫再起异心。"还有如此等等煽情的语言，都让人对其真实性产生怀疑。这可以理解，《蒙古秘史》毕竟出于成吉思汗史官之手。札木合是清醒的，他知道自己必须死。当一切都将结束的时候，他也会陷入感伤的怀旧之情，这是情感结构的最后部分。但他那长段忏悔的话，仍然值得怀疑。下面他就需要选择如何死了。他对铁木真说："现在，世界是你的。你留下我有什么用呢？我会让你寝食难安。"他请求铁木真赐他速死，以平安答之心。他只有一个请求，要用最高贵的方式处死他，不要让他的血流到地面上，暴露在太阳之下，在蒙古人看来，这样才可以得到超度。传说铁木真亲自送他赴死，用一条金带厚葬札木合，那条金带正是他们第三次结为安答时，铁木真赠给札木合的，现在又系在他的腰上。

札木合选择死亡，选择了英雄的结局。他的血和成吉思汗一样高贵。他有英雄的梦想和目标，也有英雄的果断和残忍。即使在逆境中，他也没有放弃目标，即要由他来统一草原。在寄人篱下的处境下，他还在鼓动王汗的儿子桑昆继续反对铁木真。铁木真问札木合："你是英雄，我也是英雄。蒙古草原如此辽阔，难道容不下两个英雄吗？"札木合回答："是的，天下只能有一个英雄。只是我再没有反败为胜的机会了。"

札木合画像

37 大蒙古国：也客·忙豁勒·兀鲁思

关于发生在1206年的大事，在蒙古人中间流传着这样一个传说。在斡难河忽里台大会的前几天，每天都有一只鸟栖息在铁木真帐篷前的一块巨石上，它不停地鸣叫：成吉思！成吉思！成吉思！到了第三天，这块巨石迸裂，中间出现一块蒙古帝国的龟形宝印。

从也速该死去算起，三十多年过去，曾经草原上的一个小部落，如今已是草原的霸主，整个蒙古高原全部归顺到铁木真的名下。但他心中的蓝图，早已不再是一个分合聚散、朝秦暮楚的部落联盟，而是使之成为一个强大的国家。他要为了这个目的，召开一次忽里台大会。匈奴人、突厥人曾用自己的名号创造过一段世界历史，铁木真的野心也将要实现了。

开会的地点，铁木真选择了斡难河和怯绿连河之间的开阔草原，这个地方背靠他过去经常避难和寻找精神力量的圣山不儿罕·合勒敦圣山。这里离他的出生地不远。蒙古人原先居住在草原北部边缘和森林狩猎区的南面，他希望在祖先的土地上举行这个对他个人、对蒙古，以至对世界历史都不寻常的大会。

铁木真宣布了一个新的民族的诞生。他给这个国家起的名字是"也客·忙豁勒·兀鲁思"，意即大蒙古国。也客，蒙古语是大的意思，蒙古一词是忙豁勒的音变，"蒙古"的标准读法是"忙豁勒"，兀鲁思，蒙古语意为"人众"，也可译作"人民－分地"，后来又有了"人民－国家"的含义。后成吉思汗对诸子的分封，形成了四大兀鲁思，都具有国家的规模和建制。

大萨满当着众人向铁木真传达长生天的意志："神命你为普世的

君主、地上的领袖","他已把整个地面赐给铁木真及其子孙,命他为成吉思汗"。他打败了所有的可汗,如今,他是万汗之汗。

之后,在九足白旗(九旒白纛)下,成吉思汗授予心悦诚服结盟的各部落以"蒙古人"的称号,从此,受蒙古统治的诸部成为蒙古的属部,采用蒙古作为它们的总名。以前的各部落都成为普通的家族,它们的旧名号仅仅是传统的称呼,失去了实际意义。这一改变,绝不只是一个名称,这次大会重塑了他们的身份。成吉思汗用国家制度,对他的属民重新进行编制,他们要被分配到陌生的部落中去,离开古老的家园,放弃自己的称号,甚至连名字也要改换。这已经是一种国家的管理方式了。

但要保障国家的生存,而不是昙花一现,成吉思汗必须做两件事。一是他需要建立制度基础,有政府去运营。建国后,成吉思汗颁布了六项重要制度,作为国家宪法的大札撒,作为社会基础的分封制、千户制和怯薛制,作为法律基础的札鲁忽赤即大断事官制度,作为文化基础,他下令创立蒙古文字,建立青册制度。

第二件事,他必须以对外征服维持和巩固内部的团结,对于这个嗜好征战的民族,需要给他们制定一个新的目标。现在,以统一蒙古人的身份,成吉思汗可以想象他的世界帝国了。

38 大蒙古国的第一个首都:**曲雕阿兰**

击败主儿乞,铁木真带领部众向怯绿连河下游开拔,进入主儿乞人的领地。在桑沽儿河(今僧库尔河)和怯绿连河的汇流处建立了主营。两河之间的地域形成一块开阔的牧场，被称为阔答阿岛，意思是"乡间岛"，古代蒙古语意为"荒岛"。这就成了大蒙古国的第一个首都，称为曲雕阿兰。据考证，这个地方在今蒙古国车臣汗中右后旗大肯特山东南。

建立主营有现实的需要，以往一场战役结束后，铁木真很快就会把战利品分配给他的将领，他们转而在自己的部众之间进行第二次分配。一是战役规模都不大，大都是打家劫舍性质，再则游牧民族居无定所，没有地方专门存放，等到取用完毕，就准备下一次劫掠。大概所有草原部落都是这样进行的。然而这一次战役，让他拥有太多的战利品和物资，以至于无法分配，因而需要建立仓储基地贮藏和管理它们，直到需要使用为止。铁木真允许修建一些建筑物，把这些建筑修建在曲雕阿兰小溪附近，命名为"黄宫"。这座"荒岛"两面有河，中部又有一群小山，因此易于保护，不易受到攻击。

荒芜的曲雕阿兰，从风水上说也是一块理想的故地。它的入口处获得南方的阳光，并倚山阻挡北部的冷风进入。铁木真的宫帐斡耳朵、牧民的帐篷入口朝向南方，在它们前面不远处即是水源。还有一点似乎更重要，这里是斡难河、怯绿连河、土拉河三河之源，是成吉思汗的祖先孛儿帖赤那渡水而来落脚的地方。曲雕阿兰靠近铁木真的出生地和圣山不儿罕·合勒敦。不儿罕山周边的领地是蒙古人宇宙观中的圣地，长生天护佑之所，是世界的中心，也是宇宙的中心。曲雕阿兰提供了所有的这一切。从1197年直到铁木真去世，那里一直作为他的指挥基地。1220年铁木真确定哈剌和林为大蒙古国的常驻都城，但在他生前并未兴建，继续以曲雕阿兰的大斡耳朵作为实际统治中心。铁木真去世后，1229年，准备推举窝阔台继位

统一蒙古的战争 / 105

的宗亲大会，也是在这里召开的。

传说成吉思汗死后，遗体原应运回帝国的都城哈剌和林，在那里下葬。但是，安放遗骸的灵车却不肯往那个方向滚动，车轮无法阻止地滚向东北方。蒙古人明白了，他们的故君是要回到他的出生地，要在长生天的护佑下，就近在怯绿连河边长眠。他们遵从了他的旨意，这是他们大可汗的最后命令。成吉思汗回到了曲雕阿兰，但他的长眠之地，作为秘密被隐匿了，即使他的直系后嗣，蒙古的宗亲王，也不知其所在。

五 前四汗

39 继位之争,帝国分裂的伏笔

《蒙古秘史》中记载,在出征花剌子模之时,也遂夫人不无担忧地对成吉思汗说道:"向那横亘万重高山的远方,向那纵深千条河水的他乡,率军出征远行的时候,应对江山有所安排!人生在世孰能长生,世上万事皆有终辰,如你伟岸的身躯高山般倾去,将这江山交予谁呢?"

此时成吉思汗已五十七岁,而且这次征战路途遥远,数年得返,花剌子模是西域最强大的国家,胜负未卜。故也遂夫人进言道:"从你英杰的四个儿子中,委谁继你之大位?应让我等臣妾及你弟弟和众民知道。今所虑这事已奏,愿闻可汗圣裁。"

也遂画像

听罢这话，成吉思汗才有所悟，说道："由于我不是继承祖先的汗位，所以没有想到接班人的事，我还以为自己不会死呢，从未虑及此事。虽为妇道人家，也遂所言对之又对！"

为此，成吉思汗召开家族忽里台大会，还有几位极受信任的大臣也参加了讨论。成吉思汗说："术赤，你是我的长子，你有何想法，你先说！"而这一问，引发了一场帝王家庭的继位之争，也埋下了蒙古帝国分裂的伏笔。

在蒙古人中，座位、讲话、行走、就餐、敬酒的次序，具有重要的象征意义。与主儿乞人的部落战争，就是因为成吉思汗敬酒时，没有先敬主儿乞的两位哈敦夫人，而是先敬了撒察别乞的小妾。或许成吉思汗是有意为之，就是要激怒对方。在忽里台这样严肃的场合，成吉思汗让术赤先讲话，无异于是承认术赤具有高于诸弟的合法性和继位的优先权。

未等术赤开口，察合台就说："先让术赤说话，莫不是要传位给他？他是篾儿乞惕之种，我等岂能受他管治！"术赤的生父是谁，一直是个问题，成吉思汗把孛儿帖从篾儿乞惕人那里夺回时，她已经有六个月的身孕，在返回营地的途中生下了术赤。但也不能排除术赤是成吉思汗的亲子，因为被抢和夺回都是在一年之内发生的事情。

术赤和察合台兄弟俩当场殴打起来。成吉思汗坐在一旁看着，在战场上他杀人如麻，而面对这一幕，他却痛苦不已。他恳求儿子们理解，术赤出生的年代，草原上劫掠横行，人不安生。他们的母亲被掳走，那不是她的过错。他要他们铭记，他们都来自一个"温暖的母腹"，不要侮辱了给予他们生命的母亲，即便事后道歉，伤害已经造成。

分裂已经形成,就是成吉思汗也无法把他的选择强加给他们。最后,大家同意了一项折中的方案,术赤和察合台都不继位,把汗位交给第三子窝阔台。此外还有一项附加决定,日后在成吉思汗孙辈中,引发了数十年的战争。在这次会上还决定,无论如何,以后汗位都要在窝阔台系传承。推举贵由为新汗的忽里台大会上,贵由又重申了这一点,待诸王承诺后,贵由才肯继位。但贵由汗死后,拖雷妻唆鲁禾帖尼和术赤之子拔都合谋,在武力威慑下,将蒙哥推上汗位,使汗位继承从窝阔台系转到了拖雷系。

术赤和察合台的争吵平息下来以后,成吉思汗说道:"你们没有必要挤在一起。天地广阔,海河无边,还是各去一邦镇守为好。可有一点必须切记,那就是,要不断扩展各自的领地!术赤、察合台你们二人要言而有信,不要闹出让天下人耻笑的事来。"

成吉思汗生前,给了四个儿子每人一份兀鲁思,以及一块"禹儿惕",即足以维持这些部落放牧的领地。他以为,对草原的分配不会导致帝国的瓜分。在"封地联合"的认知下,他们虽然有各自的地盘,但都必须清楚,整个草原都属于王室,而不是属于个人。兄弟间划地而治,形成分封而又联合的国家形态。然而随后的发展超出了成吉思汗的预想,庞大的蒙古帝国在他的子孙间四分五裂。

40 蒙古帝国的政治中心:**哈剌和林**

成吉思汗于1206年统一蒙古高原,创建大蒙古国,1220年定都哈剌和林。但是直到他去世,也没有开工兴建,并且《蒙古秘史》

哈剌和林模拟图

《史集》《圣武亲征录》等详细记述成吉思汗历年史事的史料都未提及建都一事，故"太祖十五年定都哈剌和林之事"，尚待考证。

哈剌和林在鄂尔浑河的上游地区，自古以来是匈奴、鲜卑、柔然、突厥、回鹘等北方游牧民族活动的地域，古代的匈奴人到中世纪初期的东突厥人，都曾经在这里建都。8世纪时，回鹘可汗在附近的哈剌巴剌哈森建立了斡耳朵八里，即宫廷之城。哈剌和林是理想的建都之地，这里草原丰美，水源充足，附近的山脉在寒冬季节是畜群的天然避难所。

窝阔台继位后，就坐镇哈剌和林管理朝政。根据蒙古人幼子守产的习惯，位于斡难河和怯绿连河的蒙古部故地已是成吉思汗幼子拖雷的封地，因此窝阔台就决定正式启用哈剌和林作为都城。1234年灭金以后，蒙古世界帝国的地位已经确立，国家事务日益繁多，各地奏事官员和外国使节频繁来朝，因此迫切需要建立都城，营建与帝王身份相匹配的宏伟宫阙。加之赋税制度使国库有了稳定的收入，窝阔台感到需要学习中原汉地的制度文化，常设管理机构和公务人员。1235年春，窝阔台下令扩建哈剌和林都城并兴建万安宫。

哈剌和林由外城和宫城两个部分组成，以典型的蒙古风格修建。由窝阔台向草原的一边射出一箭，然后根据箭的方向，在一支箭的标准射距处建筑起宫殿的一翼，用同样的方式建起另一翼，并在中间用一座巍峨的宫殿把两翼连接起来。在宫殿的四周筑起一堵坚固的石墙，正是由于这些墙，这个地方才获得"哈剌和林"的名称，其意为"黑色城墙"。

哈剌和林是蒙古帝国的政治中心，帝国前四汗中的三汗，窝阔台汗、贵由汗、蒙哥汗均坐镇此地，指挥蒙古大军的南伐与西征，所有的重大决策和号令都在这里制定、发布。随着蒙古对欧亚大陆大部分地区的征服，哈剌和林成为当时世界上最强大的权力中心。窝阔台时期建立驿站制度，设置了哈剌和林到中原的驿道，又设置从哈剌和林到察合台汗国，再从察合台汗国到钦察汗国（又称金帐汗国）的驿道。这些以哈剌和林为中心，连接中原与西域兀鲁思的驿道，加强了中央政府对各地区的管理和统治，也使帝国与各地区及西域各国的经济联系起来。

1259年，蒙哥汗在征伐南宋途中去世。忽必烈于1260年抢先在开平称汗，5月，阿里不哥在哈剌和林召开忽里台大会，宣布继承汗位。于是，蒙古帝国出现两都对峙、两汗对立的局面。经过四年内战，阿里不哥势孤力竭，于1264年向其兄忽必烈投降。在之前的1263年，忽必烈改开平为上都，是年，又升燕京为中都。1271年，正式建国号大元,将中都改为大都。蒙古帝国的统治中心及都城由漠北移至漠南中原地区,哈剌和林帝国首都之地位遂被废罢。

1368年元朝灭亡,元顺帝妥懽帖睦尔北走应昌,两年后病逝。皇太子爱猷识理达腊在哈剌和林即位称汗,仍用元为国号,史称"北元"。

41　窝阔台汗的功业

成吉思汗在西夏国庆兴府献降的前几天死去。临死前,再次把诸子召到身边,重申他的遗命,对他们说:"窝阔台将继承我的汗位,因为他比你们高出一格。凭借他的灵验的劝告和良好的见解,对军队和人民的管辖,帝国边界的保卫得以实现。因此,我指定他为我的继承人,把帝国的钥匙放在他的手上。"成吉思汗让术赤掌管围猎,让察合台负责札撒,让窝阔台学习管理,让拖雷统率军队,都是量才用人。他克制了自己对幼子的宠爱,打破蒙古旧制,擢升窝阔台为继承人。

按照封建制度,帝王驾崩后立即由他指定的继承人继位,国不可一日无君。但蒙古依循忽里台制度,汗位继承人要由部落宗亲、长老、贵族推举。虽有遗命,窝阔台继位也必须由忽里台大会最后批准。汗位空缺的两年,由幼子拖雷监摄国政。

1229年秋,蒙古宗王、重要大臣在曲雕阿兰举行忽里台大会,推举大汗。大会争议了四十天,久决不下,有人恪守"幼子守产"旧制,主张立幼子拖雷,反对成吉思汗遗命。此时术赤已死,察合台力挺窝阔台,拖雷势孤只得同意。窝阔台也曾谦虚让位,最终还是服从父亲遗旨，听从众兄弟劝告，接受与会贵族、大臣推举，答应继承汗位。

窝阔台在大汗的位置上坐了十三年。窝阔台总结自己一生做了四件益事：一是降服了金国百姓；二是建立了驿站；三是在无水之地掘井出水，满足百姓水草之需；四是派驻诸城达鲁花赤，镇守知事，让百姓安居乐业。

窝阔台天性慷慨，仁爱好施，广播恩惠，各国的进贡，往往未经造册就散发一空，前来奏事的部下，几乎都能得到赏赐。有一次，有个小贩献给窝阔台三个西瓜，由于身边的扈从没带银子，窝阔台便叫皇后把两颗珍珠耳坠摘下来赏赐商贩。皇后很不情愿地说："这人不识货，拿到珍珠也会贱卖，还是让他明天到宫里领些钱物吧。"窝阔台却说："他是个穷人，生活艰难，等不到明天。"

窝阔台汗画像

即位后，窝阔台遵循成吉思汗遗愿继续扩张领土，西征灭金，南下攻打南宋和高丽，征服了中亚和东欧，并推行县武税，印行交钞，设立中书省、课税所、万户府，军、民、财分职，将最高行政机构从内廷中分离出来，完善国家制度。

成吉思汗的死，使攻灭金国的计划推迟了两年。窝阔台即位后与其兄察合台商量道："我是坐享父亲现成大位的人，恐有人说'凭何德何能坐上汗位'，若我兄赞同，咱们去完成先父未竟的征服金国阿勒坛罕的大业！"得到察合台赞许。1229 年，窝阔台发动了对金朝的战争。窝阔台采纳拖雷的意见，分兵三路进征：窝阔台自统中军，渡河向洛阳进发；帖木格斡赤斤以左路由济南挺进；拖雷总右军，由宝鸡南下，通过宋境，攻入汉中。1232 年春的三峰山大会战，金军三十五万精锐几乎全军覆没。金亡于 1234 年。

1235 年，在新都城哈剌和林的忽里台大会上，黄金家族内部分成了主张入侵欧洲和主张进攻南宋的两派，最终达成了一个前所未有的决议：蒙古军队全线出击，同时进攻南宋和欧洲。蒙古大军兵分三路进攻南宋，这是一场长达数十年的战争，窝阔台为此丧失了一个儿子，侵宋战争半途而废，因此南宋王朝最终投降蒙古之前，在风雨飘摇中度过了四十年。另一支由十五万精兵组成的蒙古大军，由术赤之子拔都和老将速不台统率，开始了征服欧洲的历程，比起进攻南宋的战略，侵欧大军一路摧枯拉朽，先后扫荡了钦察部、斡罗斯各国、莫斯科、弗拉基米尔城、乞瓦、李烈儿（今波兰）、佩斯城，最后到达匈牙利草原。从 1236 年到 1242 年，这期间蒙古人大大扩张了术赤在伏尔加河以西的领地，蒙古马蹄踩在从也儿的石河一直到多瑙河口的所有土地上。如此赫赫战绩，窝阔台却没有把它记在自己的战功簿上。他大概知道这一辽阔疆域，今后都将成为拔都的领地。再加上拔都又是这支远征军实际上的首领，就更加确定无疑，每一场战役的胜利，已与他的帝国无关。

窝阔台死于1241年12月11日。据说跟他的弟弟拖雷一样，都死于酗酒。蒙古人的征服就此告一段落，因为他们又要忙于汗位的争夺。

42 耶律楚材

1215年，蒙古军攻占燕京，在降服的金人俘虏中，成吉思汗发现了一位契丹人耶律楚材。他身高、美髯、洪声，引起成吉思汗的注意，但真正给成吉思汗留下深刻印象的，是他的忠义和见识。成吉思汗问他，你的祖先是被金人杀死的，你为什么不报仇，还要效力于金国。耶律楚材回答说，在他看来，人不能背弃已经处于危难中的君主。或许这就是他被取用的原因。耶律楚材还精通占星术，这种技能是通过认读祭祀时烧裂的动物的骨板，来占卜凶吉和战争的胜负，刚刚脱胎于原始民族的蒙古人，对此更加深信不疑。

耶律楚材是契丹皇族的后裔，是辽太祖耶律阿保机的九世孙，辽东丹王耶律倍的八世孙，金朝尚书右丞耶律履之子。耶律倍是契丹皇族中最早接受北宋文化的人，他治理东丹，一律采用汉法。契丹贵族内讧时，他带领家族逃到中原汉地。自耶律楚材的祖父起，世代为金朝的达官贵族，常居燕京。这使耶律家族早有知书达理的家风，耶律楚材的理想是用儒家的学说治理天下。耶律楚材，字晋卿，其名和字均取自《春秋左氏传》中"虽楚有材，晋实用之"的典故。

耶律楚材画像　　　　　　　　　耶律楚材墨宝

耶律楚材被任命为辅臣，像回鹘大臣塔塔统阿一样，他是辅佐新君主的最合适的人。他已经对大金王朝失去信心，决定以自己的才华辅佐成吉思汗，救生灵于水火。1219年，楚材随成吉思汗西征，常晓以征伐、治国、安民之道。1227年，又随成吉思汗征西夏，谏言禁止州君官吏擅自征发杀戮。尽管西夏亡国后，蒙古人还是遵照成吉思汗的遗命，对西夏国都实施了屠城，但耶律楚材怜悯的情感，治理汉地的主张，开始在蒙古人的大脑中种下。

窝阔台即位后，耶律楚材倡立朝仪，劝亲王察合台带头行君臣礼，以尊汗权。他说："王虽兄，位则臣也，礼当拜。王拜，则莫敢不拜。"从前大汉召开会议，亲王、大臣都拥挤在大汗的宫帐前，乱哄哄地围成一大圈，没有座位，不分主次，也不行朝仪，还是一场七嘴八舌的议事会。耶律楚材把汉风带进了宫帐。楚材的名言是：

"可以马上取天下，不可以马上治之。"他要用儒家的思想和汉族的制度来帮助蒙古人实现理想。

在窝阔台时期，耶律楚材受到重用，政出一门，被誉为"社稷之臣"。由他建议、制定、颁行的制度中，比较重要的有：设立州郡长官，使军民分治；建立赋税制度，设十路课税所，以征税取代杀掠；扶植利用汉世侯，委派达鲁花赤，间接治理汉地；恢复汉地经济秩序，保护汉族文化等。到忽必烈时，汉世侯坐大，弊端显露，才予罢黜。

耶律楚材改裂土分封为五户丝食邑制，由朝廷在各投下分地设置官署，统一征收赋税，让封君坐享其成。窝阔台灭金后，再没有裂土分封，防止了地方势力的壮大。楚材建议颁行《便宜一十八事》。成吉思汗生前定下的"札撒"，类似于部落联盟的内部规矩，已不适用于复杂的社会关系，一些类似于家族法的内容，甚至还给了州郡长官杀人越货的借口。《便宜一十八事》作为临时法律，在《元典章》颁布前，适用于中原地区。楚材积极恢复文治，逐步实施"以儒治国"的方案和"定制度、议礼乐、立宗庙、建宫室、创学校、设科举"等政治主张。

生活在中原的每一个汉人，都应该感谢耶律楚材。楚材坚决反对战争中的残暴行为。蒙古惯例，攻城之前先遣使招降，如拼死抵抗，城破之后，一律屠城，作为报复和对下一个进攻城市的心理震慑。窝阔台的将领中，很多人也想用对付西夏的惨烈手段对付尚未征服的金朝。有一个名叫别迭的近臣对大汗说："得了汉人也没有什么用处，不如全部驱杀，使中原草木茂盛，成为牧地，也好放牧牛羊。"当时的金人有五千万人口，南面的宋国有六千万人口，都是蒙古人的十倍以上。在这些蒙古人眼前,又出现了成吉思汗眼中的幻象:整个世界成为遍布牧群和蒙古包的荒原!耶律楚材劝告窝阔台说:"在这样广大富饶的地方,什么东西得不到?怎么能说没有用呢?"耶律楚材奏立十路课税所,并奏准军、民、财分职,长吏专理民事,万户侯总军政,课税所掌钱谷,互不统摄。到第二年秋,耶律楚材将征收到的钱粮簿籍陈放在大汗面前,窝阔台赞叹道:"不知南国是否还有你这样的人才!"遂将中书省印授交给了耶律楚材,命其为中书令(相当于宰相),主持黄河以北的政事和赋调。此后朝内不再有杀光汉人的提议。

在乃马真脱列哥那摄政时期,耶律楚材被贬官,不久后的1244年,他在哈剌和林忧愤而死。他的许多构想遭到蒙古贵族的抵制,在有生之年并未得到实施,但后来忽必烈建元大业,基本上沿袭了他开辟的道路。所以有这样的说法:非耶律楚材,忽必烈之创业功勋可谓难矣;非忽必烈,耶律楚材之治国之志亦难酬也矣。

43 分封**东道诸王**和**西道诸王**

成吉思汗建国后,按照蒙古人家产分配的习俗,把九十五个千户中的二十四个千户,分封给他的四个弟弟和四个儿子。像军队的建制一样,也分东、西的左右两翼,预示蒙古帝国的两个扩张方向。四个弟弟,即合撒儿、合赤温、帖木格斡赤斤及异母弟别勒古台,封授今东北及大兴安岭一带,合称"东道诸王"。四个儿子,术赤、察合台、窝阔台封授阿尔泰山以西,幼子拖雷封地靠东,在吉利吉思一带,合称"西道诸王"。这样,成吉思汗的诸弟、诸子各自拥有了属于自己的"兀鲁思"封国领地,管领这些领地的千户那颜便成为其家臣。两翼中间的广阔地域是中央兀鲁思，七十多个千户统由大汗直辖，是成吉思汗的私产。拖雷因是幼子，按照蒙古"幼子守产"的习俗，拖雷还管领成吉思汗四大斡耳朵、中央兀鲁思所属千户和一万名怯薛的御林军。

在东方王族之下，有一群在蒙古左翼中具有势力，被称作"五投下"的五个军事集团，它们都是较早归附成吉思汗，且始终保持忠诚的氏族部落。它们的中心是札剌亦儿国王家族，成吉思汗西征时，把中原方面一切事务都托付给札剌亦儿部的木华黎。木华黎是蒙古开国大将，成吉思汗的肱股之臣，辅佐成吉思汗统一蒙古诸部，战功卓著，被誉为"四杰"之一，从他的部族先后走出七十多位驸马。"五投下"另外四个是，成吉思汗正妻孛儿帖所属的弘吉剌部驸马家，成吉思汗妹妹和女儿相继出嫁的亦乞列思部，他的两个军事盟友兀鲁兀族和忙兀族。蒙金战争结束后，这五个家族移封至蒙古高原的东南，在今华北正北区域，形成一片大型游牧领地。

忽必烈建元以后，蒙古国原有的分封制发生了变化。宗王兀鲁思分封，是蒙元分封的基本形态。到蒙哥时期，由于蒙哥是由术赤后王拔都推上汗位的，蒙哥对拔都礼让有加，术赤兀鲁思实际已独立于中央兀鲁思。元世祖朝，先是忽必烈与阿里不哥争夺汗位，之后数十年与海都处于战争状态，各宗支矛盾纠结不清，西道诸王的术赤、察合台、窝阔台的宗王兀鲁思和旭烈兀的新征服区，都趋于独立，它们只在名义上是元帝国的藩属。尔后，西部各宗王兀鲁思都自称汗国，称钦察汗国、察合台汗国、窝阔台汗国、伊利汗国（又称伊儿汗国），与元朝已没有统辖关系。

与西道诸王坐大不同，东道诸王封君权力后均被削弱。窝阔台死后，帖木格斡赤斤因谋反被杀，他原是东道诸王之首。四宗王兀鲁思随着忽必烈对中原的征服，也一直向东南部扩张。忽必烈漠南称汗，获得东道诸王的支持。1287年，因与元廷争夺辽东地区控制权，帖木格斡赤斤的玄孙乃颜联合合撒儿后王、合赤温后王，在漠北份地举兵反元。忽必烈平叛后，肢解乃颜等叛王军队和部民，增设辽阳行省和东路蒙古军上万户府，东道诸王兀鲁思全都退回原有封地。

蒙元时期的分封制包括四种形式：成吉思汗时期的草原兀鲁思分封和投入私属分拨，窝阔台时期的中原五户丝食邑分封，忽必烈时期的宗王出镇。

忽必烈对像宗王驸马的私属，还保留其特权，允其自行设官，独立管理，而一般功臣的投下私属逐步改归朝廷编民，或纳入食邑制管理。

前四汗时期，投下食邑达鲁花赤权力很大，且直接听命于封君。元廷命食邑达鲁花赤与路、府、州、县的官员连署，限制了达鲁花赤的权力，告诫他们须听命于朝廷。忽必烈在新征服的江南地区进行食邑分封时，诸王、后妃、功臣不再收取物资，而是坐享朝廷发放的户钞。

蒙哥汗时期，忽必烈和旭烈兀奉命总督漠南、波斯，并与燕京、别失八里、阿姆河等处行尚书省分理军民，此乃宗王出镇前身。而后，他们分别建立了元朝和伊利汗国。元朝建立后，长期与西北诸王军事对抗，元廷任命诸皇子、宗亲王出镇西北，如皇孙甘麻剌、铁穆尔等出镇漠北，与海都对峙。皇子与宗王出镇，从漠北、西北、西南及江淮构成了一个半圆形的军事防御圈，以屏护朝廷。与原有分封制不同，宗王出镇封藩不治藩，镇戍之地归朝廷所有，重在军事镇戍，具体治理归行省、路、府、州、县及宣慰司。但宗王出镇，又领受和镇戍区相对应的王号，如安西王、北平王、西平王、云南王、镇南王，俨然分封一方的宗王。

44　十进制的军民组织**千户制**

1203 年，即征服塔塔儿人的第二年，铁木真下令对蒙古军队和部落进行了一项根本性的改革。对于被征服的部落，如果还允许有亲属关系的各群体保持原貌，他们终究还是独立的部落和氏族，对整个大群体乃至今后的国家，他们的忠诚度是难以期待的，有特殊条件产生时，他们仍会反叛。千户制的建立，彻底铲除了氏族贵族赖以复辟的土壤。

成吉思汗建成蒙古汗国，标志着蒙古社会由氏族时代进入封建时代。分封是大汗专制，削弱诸侯势力。为此，十进制的军民组织制度出现了，首领由大汗任命，氏族名称姓氏到此废黜。

成吉思汗把全部土地和属民作为忽必，即份子，分授给黄金家族的成员，按照十户、百户、千户编制组织起来。在出征乃蛮前，铁木真就整编过一次部众，划分了六十五个千户。1206 年建国时，扩编到九十五个千户。到成吉思汗去世时，基本千户已经有一百二十九个。

千户的组成，大致有三种：一是由不同氏族部落混合而成，多为在战争中夺获的俘虏，这是多数；二是主动投附的部落和氏族，基本不再拆散，在原有划分上改编为若干千户和百户，汪古部被改编成五个千户，再如弘吉剌部的按陈驸马，亦乞烈思部的孛秃驸马，都令各"统其国族"；三是命令某部的功臣，将原已分散的部落成员重新收聚，编成千户。

组编的方式，先将勇士组编成班，十人一班，谓十户，不论血族群体或部落来源，他们要视如兄弟，最长者掌管一切。十班形成一队，谓百户，由一百人组成，从基层选举他们的领导者。十队组成一营，谓千户，由千人构成。十个千户组成一个万户，谓图蛮。千户是蒙古人的基本组织，千户之上，统以万户，但万户是军事统帅，不是行政长官。千户和万户的长官由铁木真选定，必是那些忠勇之人。蒙古是军政合一的国家，军队的权力占第一位，但又要防止它对国家构成威胁，尽管每一个图蛮都是一个单独的军团，拥有扩大的独立权，但必须由君主施令，即使皇朝亲王，也无权调动军队。图蛮需要足够大，否则形不成战斗力，它没有生产能力，它的物资由国家统一供给；而作为社会基本组织的"千户"，不允许任意扩张。所以成吉思汗一朝，没有叛变的事情发生。

千户制取代了原先的氏族、部落组织，草原牧民被严密地组织起来。通过千户制，全蒙古百姓都被纳入千户之内，并被固定在指定牧区内，户口登记造册，不得随意移动。它既是军事组织又是行政单位，随时根据国家命令，自备马匹、兵仗、粮草，由千户长、百户长带领出征。所有男性公民，"上马则备战斗，下马屯聚牧养"。

千户那颜是成吉思汗家族统治的支柱。尽管还有相当多旧时的氏族贵族担任千户长、百户长，但旧的世系、宗族、部落、民族权力体系已不存在，他们与其部众之间再没有领属和被领属的关系，而变成了替黄金家族管理领属民的"官人"。不论万户、千户还是百户，都是黄金家族的臣民。成吉思汗把所有千户都作为家产分赐给了自己的母亲、诸子、诸弟。成吉思汗的母亲诃额仑和幼弟帖木格斡赤斤共得"忽必"一万户，二弟合撒儿四千户，三弟合赤温两千户，异母弟别勒古台一千五百户。给他的儿子的更多，长子术赤九千户，次子察合台八千户，三子窝阔台五千户，幼子拖雷五千户。

蒙古帝国的等级划分

　　成吉思汗创立了"千户制"，这是一种军事、政治、经济三位一体的制度。他先后任命了一批千户官、万户官和宗室诸王，建立了一个层层隶属、指挥灵活、便于统治、能征善战的军政组织。这也同时标志着部落和氏族制的最后瓦解。

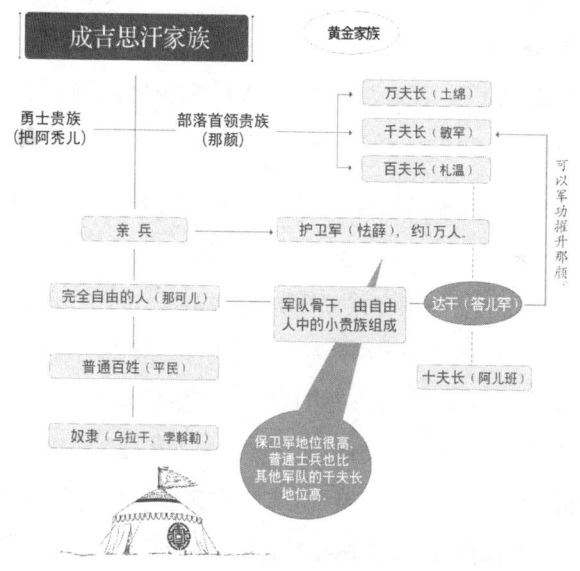

蒙古帝国的等级划分

45　大汗之禁兵**怯薛军**

　　怯薛是突厥-蒙古语，汉译"宿卫"，是蒙元时期的禁卫军。辽、金时，蒙古高原各部落首领皆有宿卫亲兵。成吉思汗在征战乃蛮前，也组建了自己的卫队，宿卫八十人负责夜间值守，散班七十人负责白天护卫。1206年蒙古建国，成吉思汗将小规模的禁卫军扩充到一万人，其中一千名宿卫，一千名箭筒士，八千名散班，形成一个庞大的直属大汗的中央常备军。因为他们分成四班，每班值勤三天，轮番护卫大汗，所以被称为"怯薛"，就是"番值"的意思。怯薛成员来自千户长、百户长和"白身人"即自由人的子弟，他们的统帅是元初四杰，即木华黎、赤老温、博尔忽、博尔术，故又称"四怯薛"。

怯薛制带有明显的家臣制度的特点，在大汗帐幕中值夜时，怯薛常"休寝榻下"。有一次大汗中夜有需，招呼在床后值夜的卫士，但这个怯薛太困了，没有及时醒来，大汗遂命侍寝的妃子把他踢醒，生动反映了大汗和怯薛之间的个人关系。

大蒙古国时期规定，各千户要以秃鲁花充任怯薛。秃鲁花意为质子，即人质。忽必烈建立元朝后，世袭四怯薛及执事官的多系功臣子孙，仍以秃鲁花的方式充任怯薛。成吉思汗让古列坚（驸马）不离自己左右，他们中大部分都在怯薛军中，使他们及他们背后的家族处在严密的监管之下。他们享有崇高威望，但很少担任要职，这些女婿失去了在自己部落的权力，而且随军作战。怯薛虽然保留了古代扣留人质的政治传统，但成吉思汗希望通过它，采用一种更为有效的策略，来保持他们的忠诚和凝聚力。成吉思汗把这些充当人质的质子培养成行政官，当作人才储备，以备随时取代那些无能和不忠的官员。成吉思汗改变了质子的身份，将他们转变为国家的有机组织成分，使每个家族都与大汗和宫廷建立起直接的和私人的关系。

由于怯薛为皇帝近侍，往往能够议政参政，在朝廷决策过程中起到重要作用。前四汗时期，怯薛通常集宫内服侍、禁卫亲兵和机务差遣三项职能于一身。忽必烈建元朝之后，设中书省、枢密院、御史台，执掌行政、军事和司法，怯薛的行政职能减退，主要服务于宫内和宿卫，但内廷的亲近怯薛，因为侍从皇帝左右，有机会"随时献纳"，比起省、院、台御前奏闻更为有利，容易左右皇帝的决策。

但这不等于说怯薛谗言干政。元代的御前决策是省、院、台大臣及怯薛有关人员共同进奏议政，协同皇帝决策，怯薛陪奏和参与御前奏闻是合法的。随着中书省充任新的朝廷行政中枢，怯薛与中书省之间长期处于既矛盾冲突，又内外配合的复杂状态。当怯薛与宰相矛盾激化时，怯薛往往利用与皇帝的亲近关系怂恿皇帝罢相。元末脱脱战前被罢相，直接导致了元朝的灭亡。

46 从战场上捡回来的**大断事官**

诃额仑有四个养子，分别是曲出（篾儿乞惕人）、阔阔出（泰亦赤兀惕人，与大萨满阔阔出同名）、失吉忽秃忽（塔塔儿人）、博尔忽（主儿乞人），他们都是成吉思汗从战场上捡回来的无家可归的孩子。按照蒙古人的习俗，捡到的孩子可以视为家人，所以铁木真就将他们带回家交给母亲诃额仑，作为养子。

铁木真帮助金人打败塔塔儿人之后，在塔塔儿人营地捡到了一个小男孩。那男孩耳戴金环，鼻扣金圈，身着貂皮短衣，看上去颇不一般。铁木真见即喜欢，将其带回家交给母亲诃额仑说："看来是好人之后，良家之裔啊！让他当你第六个儿子吧。"因为母亲之前已收曲出做第五子。诃额仑给这男孩取名失吉忽秃忽。失吉忽秃忽不仅创立了蒙古族写青册制度，参与制定大札撒，而且很可能是《蒙古秘史》的写作者。

蒙古建国后，成吉思汗封失吉忽秃忽为千户，并授其也客札鲁忽赤官职，即大断事官、最高断事官。蒙古建国之初，司法行政事务简单，只设札鲁忽赤总领其事，以分封领民和刑罚为主要职掌。失吉忽秃忽是当时国家最高司法行政长官。入元以后，政务冗出，札鲁忽赤从总揽各种政务的官员变为专职的司法长官，主持府事，审理怯薛、诸王、驸马、投下、色目人的犯罪案件和婚姻、驱良等户籍争讼，也审理汉人、南人的重大刑事案件。各诸王、投下的份地也自设札鲁忽赤，治理本部百姓。

失吉忽秃忽断案公正，不附权贵，让成吉思汗"听之聪耳，视之明目"，依照成吉思汗的授权，"应该处死的处死，应该处罚的处罚"。他的名言是："不要因为恐惧而招认！"没有证据不能定罪。成吉思汗对他信任有加，曾说："凡是失吉忽秃忽和我商量、拟议而写在青册白纸上的，直到子孙万代不得更改。"

一则轶事可说明失吉忽秃忽职守端正，不暇私顾。1215年，失吉忽秃忽随从成吉思汗攻金。5月，蒙古军攻取金中都，成吉思汗遣失吉忽秃忽与汪古儿、阿儿孩合撒儿一同点视中都帑藏。原中都留守合答取金帛为拜见之礼，汪古儿、阿儿孩合撒儿受之，独失吉忽秃忽不受，尽运所籍财物献于成吉思汗。他对合答说："城未陷时，寸帛尺缕皆金主之物；今既城陷，悉我君物矣，汝又安得窃我君物为私意乎。"成吉思汗对他的言行大加赞赏，愈加信任。所以，成吉思汗并不在意他是异族，封他为千户那颜，还特意恩准他九罪而不罚。

失吉忽秃忽石像

47　用心良苦，乃马真摄政

　　1204年冬，成吉思汗消灭乃蛮部之后，发现被掳的妇幼中有一位年轻妇女颇有姿色，叫来询问，才知道此女乃是篾儿乞惕部首领脱脱之子忽都的妻子，乃蛮人乃马真氏，名脱列哥那。成吉思汗叫来窝阔台，把这妇人送给了他。窝阔台把脱列哥那纳为妻室，做他的次妻。

　　太宗窝阔台在位时，不喜欢长子贵由，欲立三子阔出为汗，然阔出在1236年蒙古侵宋的襄樊之役中战死，太宗又欲立阔出的长子失烈门为嗣。还没来得及立诏，1241年，太宗突然死于行猎之中，此时贵由尚在西征途中。太宗死后，乃马真哈敦想立自己的儿子贵由为汗，但未有太宗遗嘱，故将相国找来商议。乃马真对耶律楚材说："可汗在时，曾意让其孙失烈门为嗣，但失烈门年幼，未到主事年龄，长子贵由又西征未回，你看现在如何是好？"耶律楚材说："可汗既已属意，就应该让失烈门承继大统。"乃马真未得到满意的答复，心中不悦，但又不知如何答对。这时乃马真的心腹及时进言道："孙既年幼，长子未归，何不请哈敦称制？"耶律楚材虽知哈敦心思，还是说道："此当国家大事，还要慎重考虑。"乃马真笑道："暂时称制，谅也无妨。"耶律楚材见状，不敢再言。

　　乃马真用心良苦，按照蒙古习俗，汗位继承人要经过忽里台大会，通过诸王选举决定。乃马真称制后，摄政五年，这是一个缓兵之计。乃马真用五年时间，给儿子继承汗位创造条件。她掏空国库，滥行赏赐，以换取宗亲大臣的拥护。在摄政的五年中，她谨小慎微地处理政治事务，为了获得支持，她将亡夫的大臣们解职，代之以自己的亲信，一个是回回商人奥都剌合蛮，另一个是名叫法迪玛的

乃马真脱列哥那画像

波斯女人，此女是乃马真秘务的知情人，以致大臣们不得参与朝政，她却可以发号施令。一切准备就绪，乃马真决定于1246年8月26日举行忽里台大会，各路宗王、贵族、大臣齐聚国都哈剌和林。诸王中，术赤兀鲁思后王拔都威望最高，曾是西征军的统帅。贵由也在他统率之下，但因不服调遣，争端闹到大汗处，兄弟间结下了梁子。现在听说要推举贵由为汗，拔都托词有病，拒绝赴会，只遣其弟别儿哥代往。忽里台大会在和林附近的达兰达葩举行，与会诸王贵戚早已被乃马真笼络，遂一致推举贵由为汗。贵由提出的条件是，如果推他为汗，以后汗位必须在其家族世代相传，得到应允后，贵由同意继承汗位。

贵由即位后不久，乃马真脱列哥那就病死了。经过乃马真的五年摄政，国家纲纪已坏，贵由开始着手整饬朝政。首先，他处死了其母宠信的奥都剌合蛮。对法迪玛则实施了一种极具象征性，也极残忍的惩罚，因为她曾实施巫术于乃马真，致使法制废弛，内外离心，他下令将她全身上下的通气孔全部缝住，不允许她的灵魂飘出体外，然后将她裹在一张毛毯里沉入水中溺死。

接着贵由清算了他的叔祖父帖木格斡赤斤，他是唯一一个还在世的成吉思汗的亲兄弟。在贵由即位前不久，帖木格斡赤斤曾谋图发动兵变夺取汗位，他已率兵开赴都城哈剌和林，准备袭击乃马真的营地。帖木格斡赤斤在一顶帐篷里受到审判，并在贵由的眼下被处死。

贵由登基后，开始插手察合台家族内政。他已是大蒙古国的大可汗，他有权力这么做。察合台受封于中亚地区，察合台遗言封地由其长孙哈剌旭烈兀继承，也得到窝阔台汗的认可。可是察合台的儿子也速蒙哥与贵由交好，贵由即位后便迫使哈剌旭烈兀让位给也速蒙哥，贵由变相控制了察合台汗国。

还有一件事让贵由耿耿于怀。拔都反对贵由继位大汗，托病缺席忽里台大会，双方结下冤仇。如果他要树立大汗威权，必须让拔都臣服，要像察合台汗国听命于他一样，或者叫他灭亡。1247年秋，贵由任命野里知带为征西军统帅，率兵西进，统辖波斯地区，与拔都抗衡。第二年春，贵由以和林气候不好，叶密立（今新疆额敏）水土有利于他的手脚痉挛症为借口，亲率大军离开和林西进。拖雷之妻唆鲁禾帖尼察觉贵由此举后，秘密通报拔都，使其有备无患，整军待战。不料贵由在西征途中突然死去，时间是1248年的3月，那时他的军队已经到达叶密立的横相乙儿（今新疆青河东南），一场不可避免的皇室内部大战戛然而止。

48　四汗之母**唆鲁禾帖尼**别吉哈敦

唆鲁禾帖尼是克烈部王汗的弟弟札合敢不之女。1203年，札合敢不将其许予拖雷为妻。这实际上是一个婚姻联盟。在与王汗的战争中，成吉思汗因没有防备，仓促应战，因此初战失利，退缩到班朱尼河流域整军。这期间他收服了弘吉剌部，人气重新凝聚。而此时札合敢不想取其兄代之为汗，遂与成吉思汗结盟，将其女亦巴合嫁予成吉思汗为妻，顺便又将其幼女唆鲁禾帖尼许予拖雷，此时唆鲁禾帖尼年仅十一岁，拖雷还不到十岁。

唆鲁禾帖尼还算幸运。在打败王汗之后，她的父亲札合敢不与成吉思汗又相互为敌，被主儿扯歹设计擒杀，那么，本来是基于联盟关系的婚姻自然也就结束了。在1206年成吉思汗登基的忽里台大会上，成吉思汗首先解除了与亦巴合的婚姻，把她赐给杀其父的主儿扯歹。大蒙古的可汗是不能与反叛者的女儿结为夫妻的。而他网开一面，没有解除唆鲁禾帖尼和拖雷的婚约。这一决定不知如何估量它的影响，它不仅改变了大蒙古国的历史，也改变了中国的历史。这一决定让她成为"四汗之母"，或"四帝之母"，在世界上也是绝无仅有。她是蒙哥、忽必烈、旭烈兀、阿里不哥的生母，宪宗蒙哥是大蒙古国的大可汗，世祖忽必烈是大元的皇帝、大元大蒙古国的大可汗，旭烈兀是伊利汗国的可汗，阿里不哥1260年在蒙古本土被推举上位，与忽必烈并立达四年之久。

　　1232年拖雷去世，唆鲁禾帖尼继续以亡夫的名义掌管拖雷家族。有一种说法，拖雷是被窝阔台用巫术害死的，并非因为酗酒，因为窝阔台觊觎拖雷的领地和他掌管的帝国军队。成吉思汗留下的军队共有十二万九千人，其中十万一千人由拖雷继承。拖雷死后，窝阔台提出让她改嫁其长子贵由，按当时蒙古风俗，寡居婶母可以嫁给侄儿，这一联姻将把东亚两个最强势的王族联合起来，保证汗位的顺利继承，也可避免窝阔台子孙和拖雷子孙的冲突和战争。唆鲁禾帖尼委婉地拒绝了窝阔台的提议，她对使者说："我怎能违背大汗的诏命呢？但我要抚养我的儿子，使他们懂得道理，团结互助，直到他们成年自立才行。"

　　仅仅说唆鲁禾帖尼是一位极有心计的贵族妇女是不够的，她有极高的政治禀赋，维护大蒙古国的统一。她治家有方，管教诸子遵守札撒。家族之外，在不危及拖雷家族根本利益时，她会做出一定让步，维护大汗的权威，保持和窝阔台家族的政治平衡，而重大机

唆鲁禾帖尼别吉哈敦画像

会一旦出现，她机智果断，对政治对手严酷无情。

窝阔台联姻未成，开始着手削弱拖雷家族势力，他擅自决定把属于拖雷的三千户授予儿子阔端。拖雷属下大臣不服，唆鲁禾帖尼压制了他们的冲动，对他们说："军队和我们本身都属于合罕，他知道他在做什么。他下令则我们服从。"她既得到窝阔台的信任，也笼络了阔端，使他后来站队到拖雷家族一边。

窝阔台死后，汗位虚悬，乃马真摄政后，为笼络宗亲、大臣，滥施恩赏，对很多宗王贵族滥发牌符，征敛财物，也不加节制。唆鲁禾帖尼不允许自己的儿子这样做，管束属下官员、军士，让领地内的百姓没有倒悬之苦。

乃马真后欲立自己的儿子贵由为汗，拔都系长支宗王，因与贵由不和，不肯为其背书，借口缺席选汗大会，此时，成吉思汗幼弟帖木格斡赤斤领兵前来争位，帝国面临内战的危险。唆鲁禾帖尼决定率诸子参加忽里台大会，拥立贵由登基，安定了局势。而当贵由为报私仇，率军西征叶密立时，唆鲁禾帖尼秘密遣使，通报拔都加以防范，仅此一招，就使两个家族成为盟友。

唆鲁禾帖尼的明智和韬晦终于得到了报答。1250年，拔都在中亚地区术赤兀鲁思驻地召开选汗大会，拔都极力称赞蒙哥能力出众，战功卓著，应当继大汗之位。大会批准了拔都的提议，推举蒙哥为大汗。但窝阔台、察合台两家族拒绝承认选举结果，两系宗王大多拒绝前往，强调开会的地点既不是成吉思汗的出生地，也不是蒙古的国都，不具有代表性。唆鲁禾帖尼再次证明了自己的能力。第二年，唆鲁禾帖尼选在斡难河畔成吉思汗的国都曲雕阿兰举行忽里台大会，但她也留了心眼，没有选在哈剌和林，那是窝阔台家族的势力范围，贵由的遗孀斡兀立海迷失正在那里摄政。唆鲁禾帖尼威望甚高，多数宗王大臣应召前来，拔都派其弟别儿哥率三万大军护驾蒙哥前往斡难河畔。1251年7月1日，宗王大臣共同拥戴蒙哥登基，即大汗位。之后，为了巩固蒙哥的汗位，唆鲁禾帖尼毫不留情地镇压反对者，亲自下令处死定宗贵由的妻子斡兀立海迷失哈敦，把她沉入河中。

1252年2月，唆鲁禾帖尼病死，她已经把她的儿子扶上大汗之位。蒙哥登基当天，尊唆鲁禾帖尼为皇太后。她还有一个特殊的称号，拖雷不是大汗，可汗的妻子才可以叫哈敦，所以她的称呼一直是唆鲁禾帖尼别吉，但她是四汗之母，蒙古人尊称她唆鲁禾帖尼别吉哈敦。

49 蒙哥汗殒命钓鱼城

贵由死后，拔都以长支宗王的身份召集忽里台大会，商议推举新大汗，并以自己痛风为由，不能长途跋涉，遣使邀宗王、大臣到他伊塞克湖以北的阿拉喀马克营地。察合台和窝阔台家族的宗王们借口选汗大会远离成吉思汗的圣地，而拒绝前往，摄政的斡兀立海迷失哈敦只派了一个大臣到会。而唆鲁禾帖尼的政治敏感，让她知道，拖雷家族的转机到了。唆鲁禾帖尼命长子蒙哥率诸弟及家臣应召前往。贵由的遗孀想让她和贵由的儿子忽察成为继承人。在推举贵由为汗的忽里台大会上，各路宗王承诺过汗位要在窝阔台一支中传承。窝阔台继位前召开的忽里台贵族会议也曾有这样的约定，只要有窝阔台系子孙遗留，汗位就要在窝阔台系一支传承下去。如果时间再往前推移，在成吉思汗最后钦定窝阔台为汗位继承人时，要

前四汗 / 135

求汗位今后要保留在窝阔台家族中,他说他不相信窝阔台的子孙都是"裹以饲草而不为牛吃,裹以脂油而不为狗食"的无用之物,只会做出"射麋鹿而中小鼠"的事情,生不出个英杰之人。

但拔都指出,贵由之立违背了窝阔台遗命,没有传位给窝阔台生前指定的继承人失烈门,视同篡位,因此贵由后人没有继承汗位的资格。按照蒙古人的习俗,家产是传给幼子的,拖雷是成吉思汗的幼子,因此蒙哥具备登临大位的先决条件。大会在没有察合台、窝阔台宗王参加的情况下,通过拔都的提议,推举蒙哥为大汗。

为了加强蒙哥继位的合法性,唆鲁禾帖尼与拔都商议,第二年选择在斡难河上游的曲雕阿兰重新召集忽里台大会,拔都派别儿哥率领三万骑兵为蒙哥护驾。别儿哥不顾窝阔台家族的抗议,也不顾支持贵由的察合台兀鲁思首领也速蒙哥的反对,宣布蒙哥为大汗。就这样,帝国的统治权最终从窝阔台家族转移到拖雷家族。

蒙哥于1251年即位,他将帝国的领土进行了重新分配。在窝阔台系被拆解后,汉地无主,交由其弟忽必烈经略。他派另一个弟

蒙哥汗

弟旭烈兀向西南征伐波斯，建立了伊利汗国，后由其掌管变成自己的家族领地。蒙哥与拔都关系稳固，钦察汗国的领地没有任何变动，蒙哥和拔都的势力分界在锡尔河以东的古城塔刺思。

庆祝活动结束之后，蒙哥开始清除自己的政敌。蒙哥汗将审讯扩大为一场大规模的清洗运动，他将贵由的妻子斡兀立海迷失哈敦全身剥光，当众奚落后将其沉入水中溺死。被蒙哥处死的窝阔台、察合台家直系或旁系亲属有数百人，他决心挖出察合台和窝阔台家族的所有支持者。他处死了窝阔台指定的继位者失烈门，还处死了察合台汗国的首领也速蒙哥，让察合台汗国的另一个王子哈刺旭烈兀取代了他。贵由的儿子忽察被发配到哈刺和林以西的地方，海都和合丹都因主动投降获得了赦免。从蒙哥开始，成吉思汗子孙内部的对抗和杀戮拉开了序幕。

拔都于1255年去世，蒙哥再次成为蒙古帝国唯一强大的君主。蒙哥是继成吉思汗之后最杰出的蒙古大汗，他的过早死亡，使蒙古帝国这艘巨舰飘摇起来。如果他的继承者能够继续执行他的政策，蒙古还将继续是一个统一的国家。

蒙哥汗希望再一次扩展蒙古帝国，这是在贵由汗和乃马真摄政时期已经停顿的功业。他要像他的祖父和他的伯父一样，开辟对南宋和对波斯的两条战线，他让他的两个弟弟，一个统率右路军，计划进攻报达（今巴格达）、叙利亚、开罗等阿拉伯城市，一个统率左路军去征服南宋。

蒙哥一度对忽必烈不满，在旭烈兀横贯中东，征服穆斯林世界的时候，忽必烈却在金莲川建立他的个人宫廷，在对南宋的战争中仅是略获小胜，进展缓慢。蒙哥通过"阿蓝答儿钩考"，对忽必烈进行了一次严厉的整肃,名曰调查汉地财政混乱的问题,实则对忽必烈在漠南行汉法而得民心颇生猜忌。最后总算以忽必烈对汗兄的妥协而告终,但忽必烈的漠南军事权也被剥夺了。

1257年秋,蒙哥汗在斡难河上源的霍洪纳格山谷召开了一次小型忽里台会议。在这次会上,蒙哥决定由他亲自领导对宋战争,他认为自己才是领导对宋战争的最优秀的统帅。他将中央兀鲁思和帝国的中央政府交给幼弟阿里不哥管理,同时命令忽必烈返回自己的营地。

1258年,蒙哥、忽必烈、大将兀良合台分三路大军进攻南宋。1259年初,在合州(今重庆合川区)钓鱼城下攻势受阻,数月不克。

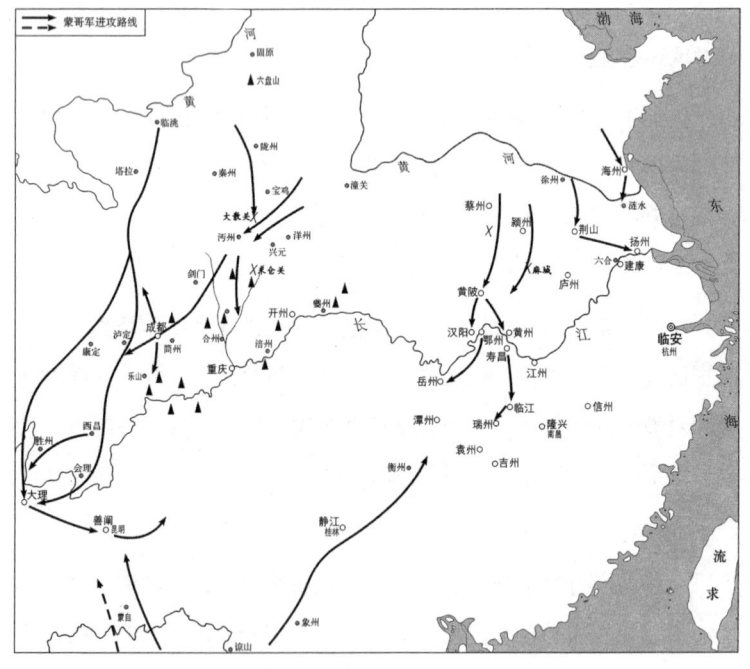

蒙哥汗攻宋战略图

1259年8月11日，蒙哥突然死亡。蒙哥之死，一说死于霍乱，一说死于痢疾，一说死于箭伤。蒙哥的突然去世，对当时的世界格局有极大的影响，旭烈兀统率的蒙古第三次西征因此而终止，而且，蒙哥去世以后立即爆发了他两个弟弟忽必烈和阿里不哥的汗位之争，最终导致大蒙古国的分裂。

50　忽必烈自请"唯掌漠南军事"

蒙哥即位后不久就降诏：凡军民在赤老温山南者，悉听忽必烈统辖领治。赤老温山即大兴安岭。在蒙古高原，有一段从东到西的沙漠戈壁，以此为界分为漠南和漠北。蒙古人的栖息地和游牧地在漠北。蒙哥的这一诏命，是将漠南军国重事，全部委任给了忽必烈。漠南所指，是北到大兴安岭的蒙古本土，西到河西走廊以东，南到淮河一线的广大地区。忽必烈自是高兴，排宴庆贺。而幕府汉臣姚枢却忧心忡忡，忽必烈问其所以，姚枢回答说："军民吾尽有之，天子何为？"忽必烈马上明白了姚枢的意思，如果把漠南所有军事、民政、财赋大事都抓在自己手里，大汗权力虚构，必会引起蒙哥猜忌。忽必烈再问如何，姚枢建议，不如只管军事，将财政两权交还大汗另行委派。忽必烈照此上奏蒙哥汗"自请唯掌军事"，获得了批准。这就是"唯掌漠南军事"的来由，忽必烈深感虑所未及。

1252年，宋军攻打河南边地，忽必烈请准蒙哥在河南设经略司，任命史天泽、杨惟中、赵璧为经略使。1253年，蒙哥封赏诸王，忽必烈得到京兆路（今西安）封地。忽必烈设立京兆宣抚司。1256年，

姚枢像

忽必烈又增受怀孟（今河南沁阳）封地。

忽必烈经略漠南的业绩，就是任用中原士大夫，以汉法治汉地。他以汉法成功地治理了邢州和京兆两地，是日后治理元朝的预演。

他在邢州兴办铁冶，补充官府财用，印刷纸钞，满足贸易流通，整顿驿站，建桥筑路，修仓廪，办学校。在京兆路相继设置了宣抚司、从宜府、行部等机构，提拔贤良，降暴黜贪，薄税劝农，低息兴商。这些措施，都是汉地传统的治理办法，因此忽必烈受到士大夫和汉世侯的赞赏，称之："能用士，而能行中国之道，则中国之主。"

蒙古贵族对忽必烈试用汉法很不满意，加上忽必烈受到的赞誉，让蒙哥汗对他猜忌日深。汗廷臣僚状告忽必烈两大罪：一是"中土诸侯民庶翕然归心"，这是越主以代；二是"王府诸臣多擅权为奸利事"，超出了"唯掌军事"的承诺。特别是罪之二，榷课所原本唯管军需，后来将所征财赋全额上交忽必烈王府，此"奸利事"，有根有据。1257年春，蒙哥汗派遣两名亲信阿蓝答儿和刘太平，南下钩考京兆和河南财赋。钩考，又称理算，意即财税审计，史称"阿蓝答儿钩考"。

阿蓝答儿手持重权，在关中设置钩考局，任命一些酷吏，趁势横暴，编织罗列出的罪状多达一百四十二条，忽必烈府中的官员都难脱干系，被威逼折磨致死有二十多人。蒙哥汗借阿蓝答儿钩考，对忽必烈总领漠南进行了一次大整肃，对他个人的野心也是一次沉重的打击。

此时忽必烈身在开平，得知在河南和京兆的臣属受到拘押、审讯，还要相互揭发，甚至被逼致死，既无能为力，也自身难保。姚枢进言道："帝，君也，兄也。吾，弟且臣。事难与较，远将受祸。"劝他不能再拖下去，要赶快带着家眷去觐见蒙哥汗，主动妥协，消除猜疑。

当年12月，忽必烈带着家眷及亲信随从，赴漠北觐见蒙哥汗，到达蒙哥驻营地后只身前往。在蒙哥面前，忽必烈行君臣礼，恭敬从命。朝会之后，蒙哥与忽必烈家宴，手足之情使二人禁不住泪落杯中。不待忽必烈禀白，蒙哥汗就下令立即停止钩考。

钩考以忽必烈对汗兄的妥协而告终，但他总领漠南军事之权被收回，他设置的经略司、宣抚司、从宜府、行部之类机构全被撤销。蒙哥借口忽必烈有脚疾，让他回漠北营地养病，不必南下。这是忽必烈政治生涯中遭遇的第一次重大挫折。

51 站赤，古代最高效的通信系统

站赤，原本是汉地的驿传。成吉思汗仿效中原驿传制度，在其境内设立驿站，以便利军队及时接获命令。最早是被称作"飞箭信息"的快速乘驿系统，由军队提供骑乘，当地的民众保证供给。在驿站里任职，可以替代正式的兵役。"站"在汉语里，本义只表示"站立"，没有"驿传"的意思，也不是后来驿站的"站"。"站"是蒙语的音译，蒙语里已经表示"驿站"之"站"了；而"赤"是蒙语词尾，类似汉语的"者"。这样，站赤就意为司驿者，即管理驿站的人。

窝阔台在和林建都，把政治、军事中心从怯绿连上游西移到斡难河上游，向南正对着中原地区，能够更有效地控制帝国的广大疆域。但帝国幅员太过辽阔，要号令全国，需要有通达全国、能够快速传递政令的交通设施，这就是站赤制度建立的缘由。此时蒙古帝国已经扩张到大兴安岭以东、阿尔泰山以西、南抵黄河北岸，而跨越整个蒙古的这个邮驿系统，向西通到察合台后王和术赤之子拔都领地，向南抵达中原汉地，大概有六十四个驿站。元朝建立以后，全国遍设站赤，构成以大都为中心的稠密的交通网，东连高丽，东北至黑龙江下游的奴儿干，北达吉利吉思，西通伊利汗国，西南抵乌思藏，南接安南、缅国。据《经世大典·站赤》记载，全国站赤有一千五百多处。

驿站之间相隔的距离，取决于各地区的地形，大约三十二公里设有一个驿站，每个驿站大约要二十五户人家维护和管理，也有较大的驿站，备马数百匹，上百户人家提供廪给和劳役。各站设有站官，称驿令、提领，大站设有驿令、提领多人，小站只设提领一人。

驿令由官府委任、受敕、给俸，提领由地方长官从本处站户中选任，只受部札，不给俸禄。乘驿人员以朝廷所发的圆符、铺马驿旨和铺马札子为信物，佩戴圆符的使者，有择骑良马、夺骑官民马匹的特权。

这样一个网格化的驿路系统，像一张天网覆盖整个帝国，它可以有效地防止内部的叛变，抵御外部的攻击，"通达边情，布宣号令"。遇有紧要事务，驿卒可以马不停蹄，一昼夜跑二百五十公里，急传的要件速度还可以更快，因为每个驿站都有准备替换的人马。驿卒还在帽子上系上小铃，以便下一站远远就能听到，所到之处立即换乘，即使在夜里，驿卒也要提灯打马前行。这是古代最高效的一个通信系统，蒙古人完成国家任务的效率无可比拟。《元史·兵志四》言："古人所谓置邮而传命，未有重于此者焉。"而和平时期，站赤可用于邮政和快递，大汗桌上的新鲜水果，也是通过这些驿道送达。

帽子上系着小铃的驿卒

52　蒙古混合军团**探马赤军**

投下，语出辽代，意为封地、采邑。蒙古初期，诸王、贵族、军将等，将俘虏的人口从汉地、西域押至蒙古高原，分给各千户、家族，视作奴隶。后征伐战争加快，俘虏人口过多，便把在汉地俘虏的人口就地安置，派官员管领，不属州县。灭亡金国后，1236年，窝阔台把中原民户分赐诸王贵戚，作为采邑，通称投下。后习惯把投下一词引申为拥有采邑的诸侯。

五投下，即指蒙古征金战争中木华黎统领的札剌亦儿、兀鲁兀惕、忙兀惕、亦乞列思、弘吉剌五部。构成五投下的诸部都是成吉思汗统一蒙古之前就活跃在漠北的蒙古部落，这些部落都没有经过战争就归附了成吉思汗，是成吉思汗部落联盟中坚定的盟友。几个部落都地处蒙古高原的东部，它们的忠诚使成吉思汗可以一意向西发展，而没有后顾之忧。"五投下"这一称呼，出现在木华黎征金之初。1217年，木华黎率五投下十二个千户、一万两千骑伐金。五投下构成了攻金战争的主力军。此后，该五部一直以一个武装集团的形式出现，"五投下"逐渐成为一个专有名词。

与蒙古军队由各自千户的士兵编成不同，探马赤军是由各部挑选的士兵混合而成。"探马赤则诸部族也。"探马赤军最早是由成吉思汗所建立，从各千户、百户中挑选一定比例的兵源，编成混合军团。比如十人中抽一人，遇到大战从十人中抽两人，这是蒙古军队最基本、最有效的动员方式。一旦战争结束，这些兵将又各自回到自己的千户中去。这些混编军团，由汗廷指派官员统辖指挥，这种形式固定下来，就称作探马赤军。"探马"一词，一说即汉语"探马"，指先锋、侦察兵，探马赤军最初出征时多充任先锋、先遣部队。笔者倾向于"探马赤"是一个词,不能拆解,或是某一个蒙语词的音变,否则"赤"字无法解释。探马赤是蒙古汗国至元朝混编军团的一种组织方式。

窝阔台时期,被征服的地区增多,蒙古人的统治方法有所进步,不再是攻城、抢劫、屠杀、焚毁,最后弃城而走。探马赤军不再只用于战争,战事结束后还用于镇戍各地。1230年,绰儿马罕西路探马赤军打败札兰丁后,窝阔台命令他镇守巴黑塔惕、阿速等西域地区,命令也速迭儿率领探马赤军镇守高丽及女真本土。

五投下探马赤军也就是从五投下五部中挑选兵源组成的混编军团,总长官是木华黎国王。木华黎出身札剌亦儿氏,铁木真征战主儿乞部时,被其父送给铁木真做"梯己奴隶"。梯己系古汉语,泛指私有的财物。此后三十年间追随铁木真,无役不从,战功卓著,且沉毅多智,与博尔术、博尔忽、赤老温并称"四杰",是四怯薛之长。1206年,成吉思汗封其为左翼万户长。1217年,木华黎被成吉思汗封为太师、国王,赐九斿白纛,代成吉思汗施行恩威,全权指挥攻金。国王不是君主,在蒙古帝国,国王只是比万户高一个等级,可汗才是蒙古的最高领袖。

木华黎后人世袭札剌亦儿部首领,称国王。终元之世,其子孙袭国王称号者十二人。木华黎死后由其子孛鲁承袭国王,统领五投下军。孛鲁的儿子塔思曾随皇子阔出征伐金都汴梁,其统领的即是五投下军。蒙哥时期,忽必烈命塔思之弟速浑察兼领五投下军。之后,速浑察子忽林池袭封国王,由于忽林池柔弱无能,宪宗命其兄乃燕代行其政,统领五投下军。五投下探马赤军在四代国王统领下,一直镇守在汴梁、太原、燕京、益都一线。

六 蒙古世界的战争

53 陌生的帝国**花剌子模**

西辽灭亡后,蒙古西境遂与花剌子模接壤。这是两个相互不了解的帝国。

花剌子模位于阿姆河下游,咸海南岸,即在今乌兹别克斯坦及土库曼斯坦的土地上。12世纪,这里兴起了以其命名的王朝,强盛时期囊括中亚河中地区、呼罗珊地区与波斯高原大部。花剌子模从塞尔柱帝国手中独立,但臣属西辽,向耶律大石称臣纳贡。直到沙王摩诃末时期,西辽势衰,花剌子模拒绝纳贡,才称得上是一个名副其实的帝国。花剌子模在摩诃末继位后,短时期内达到了鼎盛。摩诃末拓地虽广,但短时期内难以消化军事征服的成果,他的母亲来自康里氏,身后的康里氏贵族军事集团与他形成事实上的分权,国内穆斯林宗派繁多,互相仇恨,没有统一的民意基础。这都预示着在与蒙古人的接触中,花剌子模已经先亏一城。

对于这个中亚地区的霸主,成吉思汗最初是寻求建立一种和平的经贸关系,从草原到西域间的贸易已经是蒙古帝国赖以生存的基础,

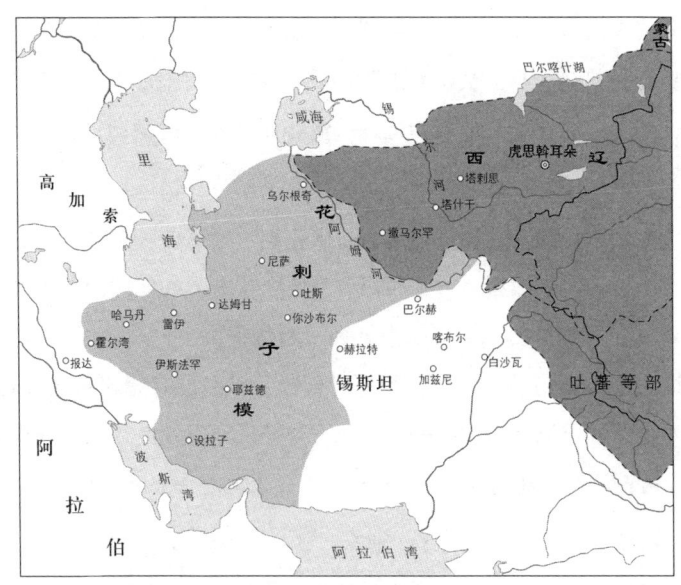

花剌子模

蒙古人需要来自西域的生活用品，更需要他们的铁器。1218 年初，成吉思汗的使团在花剌子模新都撒马儿干晋见摩诃末。现在史家大都把战争的责任归于摩诃末，是因为他擅杀来使，抢掠商队，但看一看下面的这封信，就知道这两个即将决斗的男人，是谁先扔下了白手套。成吉思汗给摩诃末的信是这样写的："我知道你的势力十分强大，你的国家也很广阔。我知道国王你统治着一块广袤的土地，我深深地希望与你修好。我对于你，就像对待我的爱子一样。"不知道这是一份国书还是一纸挑战书。成吉思汗已经狂妄到视天下为属地，视万众为庶子，而此时的摩诃末同样沉浸在做天下霸主的狂热之中。

派遣使团的同时，成吉思汗还派遣了一支四百五十人的回回商队，用五百头骆驼驮运货物，于晚些时候抵达花剌子模边境城市讹答剌。守将亦难赤觊觎这笔巨大的财富，遂诬告商队从事间谍活动，

蒙古世界的战争 / 147

谎称蒙古人对当地居民肆行袭扰，建议处死所有商队成员，没收全部货物和驼队。本已被"爱子"一语激怒的摩诃末沙王，竟然批准了这个荒唐的建议。他不知道这一贪婪而又疯狂的举动，将会让他和整个国家一起蒙难。这一事件被称为"讹答剌惨案"。

成吉思汗并未立即诉诸武力，同花剌子模这样一个大国开战不是件小事，他立即派遣一个回回人和两个蒙古人的使团前往花剌子模交涉和追责，要求引渡肇事元凶，赔偿损失，并威胁进行报复。摩诃末已经知道铸成大错，却一错再错，非但没有惩罚这名守将，反而给予成吉思汗更大的轻蔑。他下令处死回回使臣，两名蒙古使臣虽被释放，但被剃成光头，这对蒙古人来说是一个极大的侮辱。

成吉思汗终于被激怒了。他又写了一封信给沙王，只有一句话，也成了后来蒙古人对外宣战的方式："是你选择了战争，唯有长生天知道我们二者如何结局。"

备战花剌子模和征讨西辽大概在同一时间，成吉思汗不想与两个敌国同时作战。出使花剌子模交涉惩凶赔偿，或许是成吉思汗的缓兵之计。此时，乃蛮和篾儿乞惕部尚在西北纠结，为此，成吉思汗派哲别消灭屈出律，又派速不台和弘吉剌部的脱忽察儿越过也儿的石河追击篾儿乞惕残部。摩诃末沙王当然不知道成吉思汗的打算，他也错过了最后的和平机会。

54 攻占**西辽**，大战前的军演

10世纪初，原是辽朝藩属的女真族，在其首领完颜阿骨打的率

领下起兵反辽，建国号曰金。金军势如破竹，仅用十一年时间，就让这个二百多年的朝代土崩瓦解。1125年，辽末代皇帝天祚帝在应州被俘，辽亡。

辽太祖耶律阿保机的八世孙耶律大石，在辽行将灭亡之际出奔，1124年，率部脱离天祚帝，自立为王。由于攻金复国无望，耶律大石决定西征，在可敦城（今蒙古国回鹘城）立足，再向西南至叶密立河流域，与西域的契丹人联合。1132年，耶律大石称汗，号"菊儿汗"，群臣又尊汉号为"天佑皇帝"。耶律大石建国号为"辽"，表示沿承辽制，因别于耶律阿保机所建的大辽，又地处西域，被称为西辽。这个契丹族建立的国家，还被突厥语称作哈剌契丹、黑契丹。

西辽建国后，继续向西扩张，建都虎思斡耳朵（在今吉尔吉斯斯坦境内），进占撒马儿干，建立"河中府"。1141年卡特万之战，击败塞尔柱帝国联军，遂称霸中亚，高昌回鹘、西喀剌汗国、东喀剌汗国及花剌子模先后向其臣服。到1143年耶律大石去世时，西辽已控制了东至土拉河，西达阿姆河，北及咸海，南到兴都库什山及于阗的广大地区。

耶律直鲁古是西辽的末代皇帝，在他统治末年，西辽国势日衰。1206年，成吉思汗的军队消灭了乃蛮的不亦鲁黑汗之后，太阳汗之子屈出律与篾儿乞惕部脱黑脱阿残部逃至也儿的石河。1208年，成吉思汗军队又寻迹而来，杀脱黑脱阿。屈出律则向东南逃亡，投奔西辽。直鲁古收容了他，并把女儿嫁给了他。

1206年时，花剌子模开始拒绝纳贡，背叛了西辽。当花剌子模沙王摩诃末起兵反对西辽时，西辽已经无力对抗。屈出律见直鲁古年老怠于政事，遂阴谋篡位，先取得信任，当上驸马，又利用西辽

蒙古世界的战争　/ 149

的危机和末帝直鲁古对他的信任，提出让他收集亡散在海押立、叶密立和别失八里等处乃蛮旧部、篾儿乞惕残部，重新壮大力量。花剌子模沙王得知此事后，对屈出律进行策反，相约东西夹攻菊儿汗，瓜分西辽国土。在1210年至1211年的战争中，西辽、花剌子模、屈出律各有进退，花剌子模占据了原属西辽的河中府撒马儿干，西辽也守住了自己的都城虎思斡耳朵。1211年秋，屈出律趁直鲁古出猎之际，发动突然袭击，将其岳父擒获，篡夺了帝位。但他没敢直接取而代之，仍尊直鲁古为太上皇，并袭用西辽国号。

屈出律给了成吉思汗发动战争的借口。这时阿力麻里的哈剌鲁人已经归顺蒙古。屈出律篡位后，开始扩张其势力，他攻打阿力麻里，擒获了哈剌鲁汗斡札儿，并处死了他。蒙古人侦知屈出律下落，立即出兵征讨。

1218年，成吉思汗令哲别率两万骑兵西征屈出律。哲别军抵阿力麻里时，屈出律早已望风而逃。哲别紧追不舍，并悬赏缉拿屈出律。

屈出律的妻子，即老国王的公主是个信仰过甚的景教徒，而屈出律愚蠢地听从了她的旨意，帮助她扫灭国内一切非景教的宗教。首当其冲的就是信奉伊斯兰教的穆斯林，虐待异教徒的行为，让他付出了生命的代价。唯一的一次，成吉思汗的军队没有被视为侵略者，相反被视为解放者。成吉思汗宗教自由的立国原则，正好给他披上了一件公正的外衣。哲别宣布保护被压迫的教派，开放被封闭的清真寺，宣扬每个人都可以自由信奉心中向往的宗教。穆斯林纷纷起义，蒙古军所到之处，伊斯兰教徒大开城门，表示欢迎。屈出律的结局是，在逃亡途中被当地猎户捉拿，交给蒙古军。哲别下令，将屈出律处死，西辽灭亡。

攻占西辽之后，成吉思汗就掌握了畅通中亚及西域商贸线路的中间环节，可视作蒙古第一次西征的前哨战，也可视为一场大战前的军演。在东面，如果击败西夏，在西面，如果花剌子模愿意合作，那么一条连接亚欧大陆直到地中海的世界贸易路线就要贯通了。

55　第一次西征，蒙古军一路屠城

摩诃末沙王轻启战端，终于引发成吉思汗的第一次西征。1219年秋，成吉思汗亲自统率蒙古大军，从驻夏之地也儿的石河向西进发，总兵力达十万人。

成吉思汗将蒙古军分为四路。第一路由察合台和窝阔台指挥，围攻讹答剌城；第二路由术赤指挥，攻取忽阐河（今锡尔河）下游军事要地；第三路由阿剌黑、速亦客秃、塔孩三将指挥，围攻位于察赤城西南的别纳客惕（今乌兹别克斯坦塔什干西南）、忽毡（今塔吉克斯坦之列宁纳巴德）。前三路大军的目标都是攻取与蒙古国西北地区为界的忽阐河中、下游地区。第四路即中军由成吉思汗和幼子拖雷率领，穿越忽阐河和阿姆河之间的沙漠地区，进围不花剌城，并切断上述诸地与花剌子模腹地的联系。

西征军的首要目标是夺取曾经屠杀蒙古商使的讹答剌城。守将亦难赤知道自己绝无生还之理，因此拒绝投降。守城之战异常激烈，他们的统帅骄傲地说，他们的勇敢"有群星为证"。讹答剌拒守五个月，方被窝阔台和察合台完全攻破。接下来的巷战又持续了一个月，蒙古军把俘虏和全城居民驱至郊外，纵兵屠掠。守将亦难赤战至最后一人，力尽被俘，继而被处死。

术赤奉命向忽阐河下游推进，迅速攻陷昔格纳黑、阿失纳思、毡的、养吉干一连串城市，将忽阐河下游花剌子模军队全部肃清，接着向咸海北部钦察草原上的卡拉库姆进攻。连同上述攻取的那些城市，后来都成为钦察汗国的组成部分。

第三路军攻克别纳客惕后，在忽毡遇到强烈抵抗。蒙古军不得不从讹答剌、撒马儿干、不花剌等占领区调集新编的五万名回回军和两万名蒙古援军，一直消耗到守军弹尽粮竭，弃城而去。

在其他三路军分取忽阐河中、下游诸地的同时，成吉思汗和拖雷兵临不花剌城下。守军从阿姆河渡河南逃，被蒙古军尾随攻击，几乎全军覆没，没有设防的不花剌开门迎降。据说，不花剌是成吉思汗进入过的唯一城市，他纵马进入礼拜五清真寺，踏上祭坛，喊道："乡下没有刍秣，把我们的马喂饱！"进城破坏殆尽之后，成吉思汗下令焚毁不花剌城。全城居民都被驱赶到城外举行祈祷的空地上，成吉思汗要对他们训话，他说："须知你们犯了大罪，而且是你们中间的大人物犯下了这些罪行。如果你们问我，我说这话有何证明？那我说：这就是上天之罚的缘故。你们如不曾犯下大罪，上天就不会把我作为惩罚降给你们。"

成吉思汗所称的"上天之罚"，就是长生天的惩罚，历史学家志费尼写成"安拉的惩罚"，对穆斯林来说，更能感受其中含义，译成欧洲文字时，它又变成了"上帝之鞭"。

攻占不花剌后，成吉思汗挥师东进，进围原西辽河中府撒马儿干。作为花剌子模的新都，撒马儿干防御工事坚固，摩诃末在这里屯兵五六万。但他本人怯于和蒙古军交战，这时已退逃到阿姆河以南。成吉思汗与攻击讹答剌后西驰的窝阔台、察合台会师于此，合力攻城。

撒马儿干城破于1220年3月19日。三万名士兵被赶到城外，按十人、百人分组后分配给蒙古军人看管。至夜，他们遭到集体屠杀。

在撒马儿干，成吉思汗获悉摩诃末已渡阿姆河南逃，命哲别和速不台跟踪追击。此时，西征第一阶段的目的即告完成。1220年入秋后，蒙古军队开始展开第二阶段的军事行动。

窝阔台、察合台奉命沿阿姆河西行，与术赤会师于玉龙杰赤城下。对玉龙杰赤的围攻，数月不能得逞。这中间，由于继位之争造成的不和，术赤和察合台相互不服调遣，不得已，成吉思汗指定窝阔台指挥军队。直到1221年夏，才攻下了玉龙杰赤。术赤因为早已将这广大区域视作自己的势力范围，所以不愿过分破坏它。但在两个弟弟坚持下，还是把全城居民赶到城外，除留下工匠，分配完妇孺后，对成年男子实行集体屠杀。蒙古军又引阿姆河水灌入城中，把这座古代中亚的繁华都会变为一片废墟。

成吉思汗与拖雷挥戈西进，强渡阿姆河，扫荡呼罗珊地区。扫荡呼罗珊的战略行动，主要由拖雷完成。成吉思汗则攻拔了阿姆河北岸的要塞忒耳迷（今乌兹别克斯坦捷尔梅兹）。兵至巴里黑（今阿富汗境内），城中居民奉重金粮饷出城迎降，仍遭到蒙古军全部屠杀。1221年秋，成吉思汗与拖雷攻陷了险塞塔里寒（今阿富汗境内），蒙古主力在哥疾宁击溃了摩诃末之子札兰丁部。

这些战斗都结束后，成吉思汗西征的目的全部达到，蒙古军循旧道班师，于1223年东渡忽阐河，第二年在也儿的石河驻夏。

哲别、速不台的军队仍在追剿摩诃末，遵照成吉思汗的指令，不攻城，不杀降，跟踪寻迹，日夜行军。摩诃末最终被逼到宽田吉思

蒙古世界的战争 / 153

海（今里海）南岸的一个小岛上，心力交瘁，病死在那里。而这时，哲别、速不台还无意退兵，兵锋一转，逼降了阿哲儿拜占（今阿塞拜疆），北上木干草原，南下哈马丹，在钦察部境域内四处寻衅。1223年在迦勒迦河（又称阿里吉河，今乌克兰卡里齐克河），大败钦察部与斡罗思联军，接着又深入南俄草原，转战克里米亚半岛，毫无目的地肆意抄掠。1223年底，终于接到成吉思汗的命令，哲别、速不台整军东归，取道里海、咸海以北草原与成吉思汗会师。

成吉思汗对花剌子模的战争，采用大规模屠杀、焚毁城市、令被俘军民充当人盾等残酷手段震慑敌人，即使出降也难逃厄运。他在蒙古的西南边境制造了一片又一片的无人区，作为帝国的战略缓冲带和隔离带。经历与蒙古人的战争后，历史上人口众多的花剌子模竟然整体消失了！呼罗珊地区再也没有从成吉思汗的破坏中恢复过来。

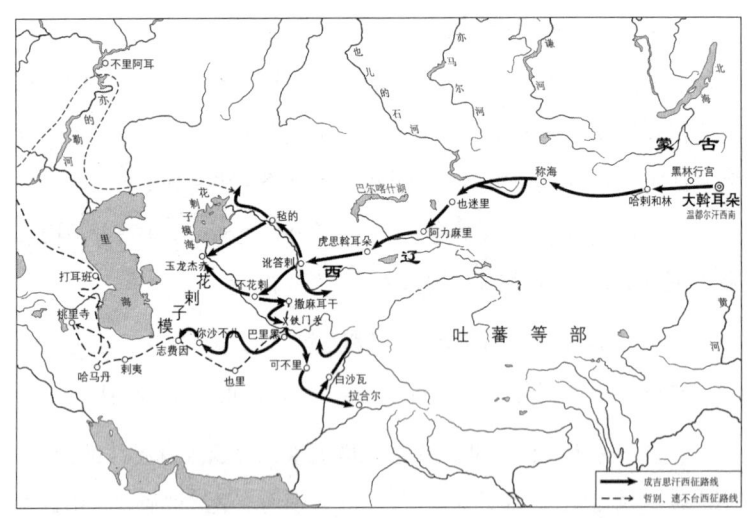

蒙古军西征花喇子模

154 / 蒙古历史拼图

56　取中原，先取**西夏**

统一了蒙古各部之后，成吉思汗开始征服中原汉地。成吉思汗首先选择进攻西夏国。

西夏是唐兀惕即党项人在今甘肃、阿拉善和鄂尔多斯建立的一个游牧帝国。1038 年，李元昊在河西走廊及黄河上游地区建国，国号"大夏"，定都兴庆（今银川），因地理位置在中原之西，史称"西夏"。唐兀惕人是藏族人，信奉佛教，他们受汉文化的影响，其文字来源于汉字，但又不为汉人所识。1115 年，女真人建国，金朝兴起，辽、宋、西夏三国鼎立局面被破坏。辽朝、北宋先后被金所灭，西夏也被金朝掌控。

对成吉思汗来说，占领西夏国意味着他能控制从中原汉地到突厥斯坦的道路，还可以从西面包抄金王朝。西夏国占据的是沙漠腹地内的绿洲，是一个生态极其脆弱的环节，却像一条唯一的联系纽带，控制了从西域到中原汉地的商品流通。

蒙古国南疆与西夏和金相邻，因金人曾杀其先祖俺巴孩，蒙古与金结下了世仇。成吉思汗意与西夏结盟，联手灭金。但西夏自有打算，灭金必殃及自身，故不敌不友，只求中立。因此，成吉思汗要取中原，必先逼使夏主归顺，扫除灭金的牵制力量。进攻西夏是蒙古人对定居民族的第一场战争，促使蒙古军队掌握针对城垣、战壕和堡垒攻防的战争模式。

1205 年秋，成吉思汗为师出有名，说西夏收留王汗之子桑昆，将罪名强加西夏。不黑都儿麻之役战胜乃蛮后，成吉思汗转身直逼居延海东南，以大军围攻西夏之黑城（今张掖）。由于城地坚固，强攻四十天未取，始知攻城之艰难。这是一征西夏。

1207年，成吉思汗再次进兵西夏，亲率大军围攻丰城（今包头）。攻城之前，成吉思汗先将所俘西夏牧人赶入城内，让他们充当心战工具："如敢据城为守，城破之后必屠尽城中之人。"但城中之人拒不投降，成吉思汗连攻四十余日，破城后尽屠全城军民，悉载全城财物而去。这是二征西夏。

1209年，成吉思汗第三次征伐西夏。大军围攻西夏都城兴庆，企图围城打援，引出西夏各州勤王之师而击灭之。围城月余，企图未逞，各城固守，轻易不出。成吉思汗遂令决堤引水灌城，不料河水反灌，淹了蒙军人马。成吉思汗见久攻不下，又以优厚条件招夏主出降。但夏襄宗拒降，唯愿献女以求和，成吉思汗不得已而许之，引军退去，相安无事十余年。

1218年，成吉思汗要求西夏国出兵随同西征花剌子模，西夏拒绝。西夏君臣认为，如果蒙古此次西征败退，西夏不用再守君臣之礼。于是夏主对蒙古使者说："力既不足，何必为汗？"成吉思汗闻言大怒，兴兵讨伐。西夏君臣知成吉思汗不能久留，决意防守。二十余日攻城不下，成吉思汗焦急于西征，有谋士曰："此乃不能移动之国家，何必急在此时？"就这样成吉思汗放弃攻城，移师西征。这是四征西夏。

第五次征讨西夏是成吉思汗一生中最后一次战斗。1227年春，成吉思汗分兵围攻西夏都城及各州城，夏主因久被围困，穷蹙不支，但献城的谈判仍迁延不决。而此时，成吉思汗自感大限不远，遂召来诸子将领安排后事，第一要求他们兄弟和睦，第二任何时候不能违背大札撒，第三要征服他们蒙古人的宿敌——金朝。他严令对他的死保守秘密，只要打开城门，夏主要求的一切都可以答应，但在

西夏王陵

他们投降后，要将西夏人在他的坟墓前全数杀尽！在西夏投降的前几天，成吉思汗死了，他的遗令一一得到执行。西夏国王手捧金佛出城献降，以为蒙古人会信守诺言，可他几乎立即被蒙古军斩杀。接下来是全城的屠杀，所有的建筑被焚烧，规模宏大的西夏王陵被拆毁，如果没有史书的记载，今人甚至不知道曾经有过西夏，这个存在过二百多年的国家。

57　长达二十三年的蒙金战争

金朝，是由女真族人建立的一个王朝。女真是靺鞨部落中的一个部落，靺鞨又称黑水靺鞨，居住在黑龙江的中下游地区。女真人的第一代祖先就源起于黑水靺鞨。

女真族原为辽朝藩属。在女真族的三十多个部落中，完颜部最为强大，完颜部逐渐统一了女真各部。1114年，女真首领完颜阿骨打举兵反辽，1115年于会宁府（今哈尔滨阿城区）建都立国，国号大金。

完颜阿骨打称帝时对群臣说："辽以镔铁为号，取其坚也。镔铁虽坚，终亦变坏，唯金不变。"

金朝立国后，与北宋定"海上之盟"，向辽朝宣战，于1125年灭辽。金随即撕毁与北宋之约，两次南下中原，于1127年灭北宋。迁都中都（今北京）时，金已据有整个华北和淮河、秦岭以北土地，使南宋、西夏与漠北塔塔儿部、乃蛮部、汪古部臣服。

金朝对蒙古高原的各个部落民族分而治之。长期以来，金人利用塔塔儿人限制蒙古部的发展，金熙宗时，成吉思汗的先祖俺巴孩汗被金朝以反叛罪钉死在木驴上，从此结下血仇。而当塔塔儿部壮大以后，金朝又联合蒙古部消灭了塔塔儿部。金世宗时，每三年向北发兵剿杀一次，谓之"减丁"，为的是截断敌对部落的兵源，以防战祸及身。金朝为防蒙古报复袭扰，筑成一条长达三千公里的界壕，让臣服的部落世代看守。举例说，净州以北的边墙，金朝就交给汪古部把守，故汪古部被称作"边墙上的人"。

1208年，金章宗突然去世，因无子嗣，其皇叔完颜永济继位。他们派出使团，向成吉思汗宣布君王的变更，并要求成吉思汗臣服新君。作为金主任命的蒙古"部落官"札兀惕忽里，成吉思汗要拜受新命。按君臣尊卑，成吉思汗应该谦恭地跪在地上，洗耳聆听圣旨，然后承认自己是个低能的蒙古奴隶，无以报答金主世代给予的恩惠，只有忠诚和勇敢，能够让主人放心。最后，他还要转身面向朝廷的方向，伏地叩首，万谢皇恩。

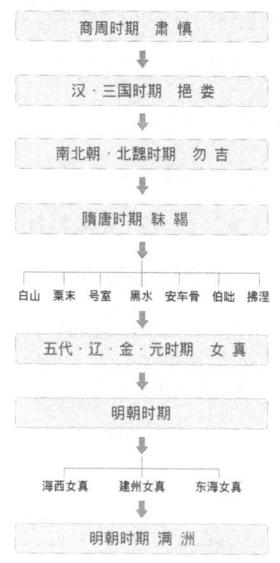

女真世系表

此一时彼一时,现在的成吉思汗不是当年的铁木真,他已经打败了蒙古所有部落,是汗中之汗、万汗之汗。他转身向南而唾,随后翻身上马,向北绝尘而去,留下金朝使节瞠目结舌,不知其可。完颜永济闻之大怒,策划在成吉思汗入贡时将其擒杀。成吉思汗得知后,与金朝绝交。

对于成吉思汗来说,一场战争结束,就意味着下一场战争开始。为伐金,成吉思汗已经做了五年准备。从战略上,1205 年、1207 年、1209 年三打西夏,迫使西夏臣服,先剪除金朝的一翼,招安汪古部,把阴山以北地区作为攻金的基地,让曾是为金国守边墙的人成为给

蒙古世界的战争 / 159

蒙古人开城门的人。曾经被金国灭亡的辽，现在已是蒙古帝国的一个附属国。成吉思汗正式恢复了契丹君主国，从而分化了女真人，吸引更多的逃亡者归附蒙古一边。

1211年，成吉思汗返回到怯绿连河的营帐中，召开忽里台大会。这次会议上的决定，拉开了蒙古对金朝长达二十三年的战争序幕。1211年，成吉思汗正式发动了蒙金战争，战争进程大致分为三个阶段，由成吉思汗发动，木华黎继续，窝阔台完成。

金帝闻蒙古军至，遣使求和不成，遂升帐御敌。是年秋，完颜永济集中金国四十五万主力，在野狐岭（今河北万全）与蒙古军队展开了一场大决战。在野狐岭之战中，大将木华黎率敢死队在前冲杀，成吉思汗主力跟进，金军溃退会河堡（今河北怀安）。蒙古军队跟踪追击，歼灭金军精锐。蒙军前锋入居庸关，进抵中都城下。

1213年8月，金将胡沙虎发动政变，杀完颜永济，立金宣宗。随后成吉思汗进攻金中都。金帝被迫献出公主和五百童男、五百童女求和，加之久攻不下，成吉思汗撤兵。为签订这一协议，金朝皇帝承认自己是成吉思汗的附庸。1214年，金宣宗畏惧蒙古再攻中都，下令迁都南京（今开封）。金朝迁都没有事先通报获批，对成吉思汗来说，是背叛盟约的行动，又给了蒙古人发动进攻的理由。1215年，蒙古军占领中都，金中都陷入一场灭顶之灾，大火月余不熄。

成吉思汗为了西征花刺子模，暂时放弃了攻金计划，把整个华北交给五投下统领之人木华黎经略。这一阶段，木华黎注重招纳降人，广用投蒙之汉、契丹人武装，改变夺地不守惯例，在中原的征服地区分别建立了政权。

窝阔台即位后,为了征信其权威,于1229年发动了对金朝的战争。但这次战役完全是拖雷的舞台。在三路军中,西路为主力,由拖雷率领,从凤翔南下,长驱入陕南,北渡汉水,进入宋境的河南腹地,从侧后威逼金都南京。这是有史以来最经典、最成功的大迂回、大包抄的战例。1232年初,拖雷在三峰山一带设伏,歼灭金军十五万。至此,金国精锐全无,无力接战。

1233年,百年金朝风雨飘摇,哀宗弃南京城逃往蔡州。1234年,在蔡州被围困数月之后,金哀宗身心交瘁,无意恋位,于2月8日传位东面元帅完颜承麟。仅第二日,蒙军破蔡州城,哀宗自缢,末帝完颜承麟被杀,金亡。

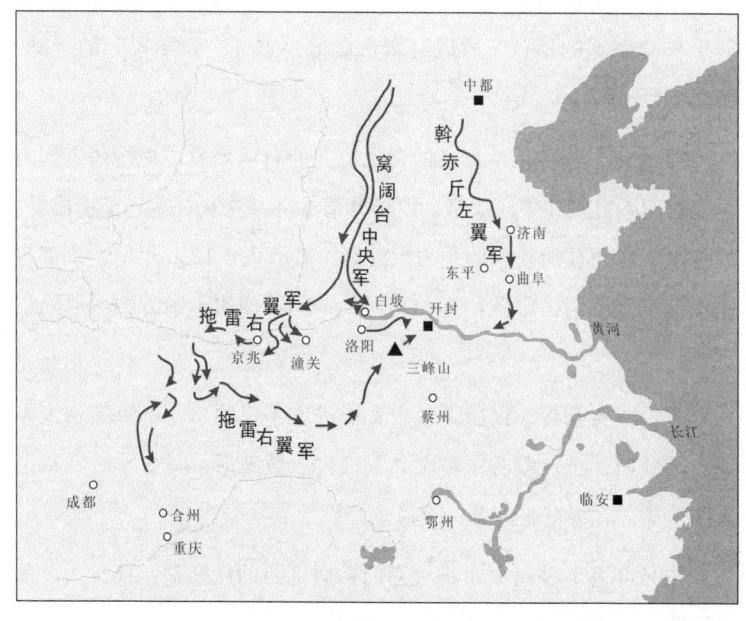

第二次对金作战进行图

58　第二次西征，长子出征

1234 年夏，窝阔台灭金之后，在和林召开忽里台大会，决定第二次西征，征讨钦察（黑海以北草原）、斡罗斯（今俄罗斯）、孛烈儿（今波兰）、马札尔（今匈牙利）等里海以北未降服诸国。根据察合台的建议，所有蒙古诸王，万户、千户、百户、那颜的长子，都要参加这次远征。这是历史上绝无仅有的一次全部由长子为帅的远征，因而称之"长子出征"。

这些长子中有术赤的儿子拔都、斡儿答、昔班唐兀惕，察合台的儿子拜答儿、孙子不里，窝阔台的儿子贵由、合丹，拖雷的儿子蒙哥，还有成吉思汗的庶子阔列坚。

拔都虽然是术赤次子，却是术赤兀鲁思后王，即王位继承人，居于长支宗王的地位，所以窝阔台命他为这支"长子军"的统帅，命速不台为副帅。

1235 年，拔都从他自己的营地也儿的石河出发，先行西进。由于当时速不台正在中原攻略，1236 年春季才从中央兀鲁思整军出发。蒙古第二次西征所投入的兵力大约有十五万人。1236 年秋，拔都与速不台率领的诸王部队在亦的勒河（今伏尔加河）中游的不里阿尔会合。

蒙古军会合后，以速不台为先锋进攻不里阿尔。不里阿尔人先降，又继而反抗，蒙古军再次兴兵征讨。城破后，蒙古军对其军民大肆杀掠，后将空城付之一炬。

1236 年冬，蒙哥率军进攻亦的勒河下游的钦察部，钦察人一部分迎降，一部分西迁。以八赤蛮为首的一支逃至里海，遁入密林，采用偷袭作战方式阻遏蒙古人的军事行动。1237年春，蒙哥率部包围森林进剿八赤蛮，终将八赤蛮擒杀。八赤蛮是条硬汉，宁死不肯下跪，他说："赶紧杀我，我是一国之主，岂能苟且偷生。人不是骆驼，没有理由下跪！"蒙哥下令把他砍成两半。

1237年秋，拔都召开出征军队中各支宗王大会，决定继续向西北挺进。蒙哥和贵由率军出征斡罗斯，侵入斡罗斯诸公国领地。1237年冬，蒙古军由钦察部境域向北进入弗拉基米尔大公国，主力进围梁赞城，城破后，尽屠城中军民。1238年春，蒙古军接连攻克包括弗拉基米尔城在内的十几座城市，弗拉基米尔大公战死。蒙古军北进，进入诺夫哥罗德公国。1239年秋，蒙哥、贵由进围钦察草原西部的阿速王国，攻克其首府篾怯思城，阿速国王投降。1240年驻夏以后，奉窝阔台之诏先行东归。

另一支主力由拔都亲自指挥，1240年秋，围攻乞瓦（今基辅）。蒙古遣使至乞瓦谕降，被乞瓦拒绝。八月城破，斡罗斯古都惨遭大劫。乞瓦城的贵族逃往孛烈儿。至此，斡罗斯全部领土被蒙古军所占。

1241年，蒙古大军兵分两路，北路由拜答儿、速不台子兀良台合统率，进攻孛烈儿，南路由拔都、速不台率领，进攻马札尔。

拜答儿所率蒙古大军横扫了孛烈儿一连串城市之后，向西进入西里西亚。西里西亚大公亨利纠集西孛烈儿、日耳曼及条顿骑士团三万人抵抗。及与蒙古军交锋，一战即溃，亨利战死阵前。有说蒙古军割取战死敌军之右耳，盛满了九个大皮囊。蒙古军由格尼茨城南下莫拉维亚，受到强硬阻击，遂调转兵锋，驱驰马札尔，与拔都主力会合。

蒙古世界的战争 / 163

拔都率军于1241年春进逼马札尔首都佩斯城（与布达城相连，今合称布达佩斯）。马札尔国王别剌四世率六万大军与蒙古军对阵。蒙古军采取惯用的佯败战术，将别剌引至城郊远地，再合而围之。别剌溃败，逃往奥地利。蒙古军转而进攻佩斯城，将其攻陷。随后蒙古军在佩斯城附近驻夏休整，准备冰冻后再发动攻势。是年底，拜答儿所率蒙古军与拔都军会合。正当他们围攻马札尔故都格兰城时，1242年，传来窝阔台汗的死讯，拔都遂率蒙古军东还。第二次西征也随着窝阔台之死而结束。

从征服钦察和斡罗斯的军事行动中获益最多的是拔都及其后人。这片地域后来全成了拔都的领地。术赤兀鲁思的营地遂从也儿的石河西迁到亦的勒河畔。蒙古人西侵欧洲的残暴行为，引起了基督教世界的极大恐惧和憎恨。

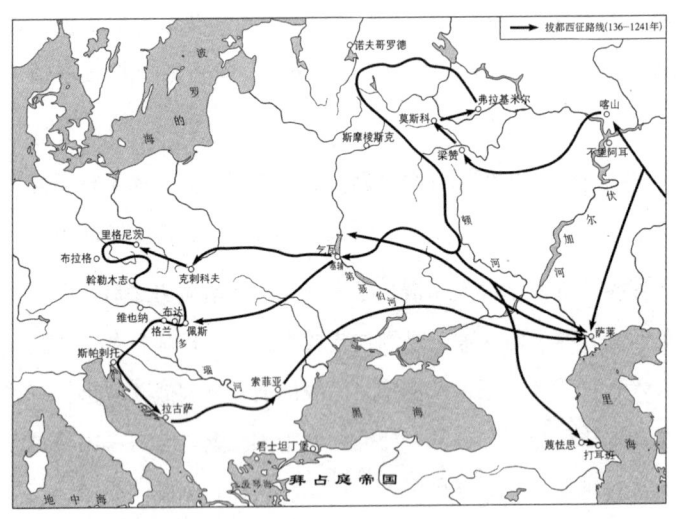

拔都西征路线

59 "把鞑靼人赶回地狱去!"

在蒙古骑兵的身后,不是广阔的草原,就是一片废墟,蒙古人每经过一座城市,就像乌云从地上掠过。一个从蒙古人手中逃出的地理学家描写蒙古人所经之地,说他们"清除掉这些宫殿,就像是从纸上抹去一行行笔迹一样"。蒙古士兵对被占领的敌方城市采取相同的政策,先杀掉士兵,再按职业划分平民,他们需要会书写的人、商人、工匠、工程技术人员,总之是些有用的人。他们还要杀掉贵族和富有的人,斩断这些有思想的头颅,将未来可能的反抗降到最低,然后毁掉整座城市。依赖骑兵的蒙古人,希望在他们和家乡之间是一条宽阔通畅之路,而不是关隘重重,充满隐藏的敌军。这样,他们才能一往无前,去征服所能看到的地方。对蒙古人来说,哪里没有了牧场,蒙古人就在哪里止步。

蒙古人不是开始就采取这样的政策。在对金人、西夏人和黑契丹人的征服过程中,在击败他们之后,仍允许他们掌权,但在蒙古人撤走之后,他们很快就会反叛。当成吉思汗重新征服他们时,就会变得毫不留情,甚至滥杀无辜。他把死亡当作一种政策,对于那些拒绝其要求的,他们有责任"消灭他们并且摧毁他们的住所,以便他的听闻者感到恐惧,而不再重蹈覆辙"。

1236年,以术赤之子拔都为统帅的蒙古军队,开始了蒙古的第二次西征。大军横扫了孛烈儿、马札尔,1237年向斡罗斯进军。在一些史料中记载,那时斡罗斯几成废墟,在斡罗斯人的认识里,他们的不幸都是蒙古人造成的。尽管现代俄罗斯人,他们的一部分可以肯定是蒙古人的后裔,他们也不会为祖先的英雄业绩而骄傲。

斡罗斯人不知"蒙古"之名,在成吉思汗称霸高原之前,蒙古部族还是个时散时聚的小集团。他们只知道鞑靼是南方突厥－蒙古部落的统称,也会被用来称呼被成吉思汗征服、兼并、吸收的新兴蒙古部落集团。总之,对蒙古而言,"鞑靼"不是自称而是他称。

斡罗斯的大诺夫哥罗德编年史作者将这支蛮族定名为"塔塔儿"。所谓的"塔塔儿"就是"鞑靼"。"塔塔儿"(tartar)与希腊语、拉丁语的"塔耳塔罗斯"(tartarus)发音相近。"塔耳塔罗斯"意即"地狱",这给基督教世界的人们带来强烈印象,以"鞑靼"之名,再加上"地狱"之意,便是"鞑靼的桎梏"的由来。这些受到屠戮的斡罗斯人诅咒蒙古人:"把鞑靼人赶回到地狱里去!"

在斡罗斯人眼里,蒙古人长着强壮有力的胸膛,消瘦苍白的脸,坚硬高耸的肩膀,短小歪扭的鼻子,披着牛皮,用铁制长矛武装自己。他们没有用盔甲掩护后背,而是用它保护前胸。他们喝牛羊的鲜血,在一场战斗过后就开始吃死尸,最后只剩下骨头,他们英勇作战,决不屈服,如果被俘,从不乞怜,决不把自己活着交给战胜者。

同样,在蒙古军经过的地方,"没有人能睁开眼睛为死者哭喊"。斡罗斯的牧师形容蒙古军队进攻时如"鞑靼之云",他们焚烧森林,摧毁城堡,破坏花园,集体屠杀士兵和居民,偶尔宽恕一些求饶的人,像对待奴隶一样,强迫他们当众与亲人厮杀。匈牙利的编年史家形容蒙古人为"鞑靼瘟疫",他们用骑兵把逃亡的匈牙利人赶入沼泽和湿地,将他们溺死。英国的一位编年史家,相信这些称作"鞑靼"的蒙古人"属于可恶的撒旦后裔","就像从塔耳塔罗斯释放出来的魔鬼一样",他们来自地狱最底层的深渊。

60　第三次西征，目标小亚细亚

蒙哥汗即位后，清除异己，抓牢了权力，但大汗的威望要来自他的战功。窝阔台在位期间，覆灭了金朝，第二次西征征服了钦察和斡罗斯，将术赤兀鲁思扩大为一个钦察汗国。蒙哥刚刚从窝阔台系把汗位夺取过来，更需要战场上的表现。于是，新一轮的对外征服在蒙哥汗统治时期开始了。他的两个皇弟，忽必烈总领漠南军事，进攻南宋，旭烈兀则为西征的统帅。被称作"第三次西征"的结果，蒙古人在波斯、阿拉伯地区留下了一个伊利汗国。

西征的方向是阿姆河以南，有三个明确的目标：一是木剌夷王国的"山老"暗杀团；二是报达的阿拔斯哈里发王朝；三是从报达继续西进，征服小亚细亚，从今叙利亚到土耳其，打通从西亚到地中海的通道。

1252年，西征前锋由怯的不花率领，先行出发，旭烈兀统领的主力第二年踏上征途。1255年，兵至撒马儿干。1256年，渡过阿姆河西进。

木剌夷王国故地为今伊朗北部的马赞德兰省。木剌夷王国曾受塞尔柱王朝和花剌子模王朝的镇压，花剌子覆灭后，它的势力重新扩大。它依靠厄尔布儿士和忽希斯坦山地构筑堡寨，并宣传一种"革新"的教义，训练出大批敢死的刺客，故又称它"山老"暗杀团。他们一面依险据守，一面只身刺杀，木剌夷人屡劫蒙古商旅，是旭烈兀西征途中的一大障碍，如果绕过它西行，它必定会成为后顾之忧。1256年中，两军会合后，首先攻破了忽希斯坦堡寨，至秋，移兵厄尔布儿士，进入山姆暗杀团的大本营。10月中，旭烈兀调集四路人马包围木剌夷教主忽儿沙所在的山堡，实施强攻。战事一月余，忽儿沙被迫出降。

1257年春，旭烈兀移师哈马丹（今伊朗境内），他的下一个目标是阿拉伯帝国。到蒙古西侵时，阿拔斯家族已经传到第三十六代，从750年起，这个家族就占据着阿拉伯帝国哈里发的王座。9世纪中叶以后，出现了塞尔柱、花剌子模突厥人的政权，占据了阿拉伯帝国的大部分疆域，阿拔斯家族已经退缩到报达城内，哈里发这个称号所代表的伊斯兰教和全体穆斯林心中最高宗教领袖的身份，已经是徒有虚名了。9月，旭烈兀遣使进报达城向哈里发谕降，被拒绝。蒙古人所谓谕降，就是最后通牒，他们已经做好准备，马上就会转入进攻。11月至次年1月，蒙古军队对报达城实施围困，出战的报达军均被击溃。哈里发想按旭烈兀先前提出的条件议和，这次被旭烈兀拒绝了。2月初，哈里发穷途末日，无条件投降，但这位阿拔斯家族的末代哈里发还是被处死了，城内军队出降后被分配给蒙古军各支队，全部被杀死。

1259年秋，旭烈兀西进叙利亚。当时在这片地域上的是艾育伯王朝。1260年1月，蒙古军强攻阿勒坡城（今阿勒颇），一周城破。4月，大马士革沦陷。按照旭烈兀西进计划，下一个目标，也是第三次西征的终点小亚细亚，他们马上就要看到地中海了。这时蒙哥汗在前线战死的消息传来。旭烈兀留下怯的不花两万人军队，自己从前线东返，准备参加推选大汗的竞争。

1260年9月，埃及玛木鲁克王朝出兵小亚细亚，怯的不花全军战亡，怯的不花战死。第三次西征到此为止。

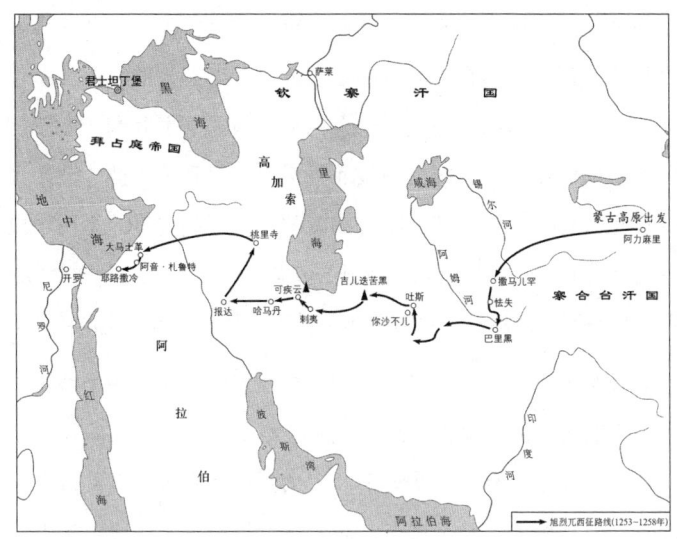

旭烈兀西征路线图

61 尼沙布尔大屠杀

　　成吉思汗发现，随着他征服世界的马蹄，战线将越来越长。为了保证将人数占劣势的蒙古军队的损失降到最低，并且向前推进的大军没有后顾之忧，他无情地摧毁所到之地的一切建筑，屠戮没有抵抗的民众。成吉思汗采用屠城这样一种恐怖而有效的手段，在一切征服战争中用之不疲。蒙古军队是将死亡当作一种政策，他们假设死亡是被征服者的一种思考方式。成吉思汗意识到传播恐怖的最好方式不是士兵的行为，而是文人的笔墨。在报纸出现之前，文人的信函形成了公众舆论。在征服中亚的过程中，蒙古人常常夸大战争中的死亡人数，让恐怖的气氛像瘟疫一样快速传播。

蒙古世界的战争　/ 169

蒙古人向西进军的时候，释放出恐怖信息，告诉准备守城者战争将临。但真正引起恐怖的，是蒙古人快速而有效的征服，是他们对数倍于己的敌军和表面上固若金汤的城池的军事胜利。由于相信了那些恐怖传闻，有些城市不战而降，因而得到了宽赦。蒙古人留下少数几位官员进行管理，没有部队驻扎，那些城市的军民误以为蒙古人已经撤退，一旦蒙古人离开，他们就马上反叛。对这些城市，蒙古人是毫不留情的。这些被毁灭的城市，从此没有再生的能力。

尼沙布尔位于今天的伊朗东部，是呼罗珊地区的一个城市，在花剌子模的版图内。蒙古人攻占花剌子模的主要城市布哈拉、撒马儿干和首都乌尔根奇后，摩诃末沙王逃到尼沙布尔。当蒙古人再次逼近时，他又放弃了这个城市，向西逃往伊拉克。尼沙布尔人没有采取任何行动抵抗蒙古人，他们同样相信那些恐怖的传闻，作为象征投降意义的行动，当蒙古统帅速不台率军而来，波斯人犒劳他们，喂他们的马，向追击沙王的军队提供给养，蒙古人接受了他们的投降，让他们作为属国存活下去。蒙古军队离开一段时间后，就有谣传沙王打败了蒙古人，人民中反抗和报复情绪不断滋长。其实此时蒙古军队的主力尚未抵达，西征的主力是成吉思汗和他的幼子拖雷率领的军队。1220年11月，成吉思汗的女婿脱忽察儿率领的先头部队包围了尼沙布尔。在接下来的一场战斗中，脱忽察儿被从城墙上发出的一箭射中，当即毙命。出于对反叛的报复和对其他城市的警告，成吉思汗任由他那怀孕在身的女儿对这座已攻占的城市实施报复。据说她判决所有人死刑，并下令焚烧空城，甚至还命令处死城内的猫、狗及一切有生命的动物。他们把男人、妇女和孩童的头颅堆成三个不同的金字塔，以示战功。

尽管174.7万人被处决的记载不可信，因为它远远大于尼沙布尔城的实际人口，但尼沙布尔大屠杀给伊斯兰世界带来深深的恐惧。尼沙布尔是波斯诗人欧玛尔·海亚姆的家乡，他1048年出生在那里，死后也葬在那里。他的忧伤的诗句，似乎预示了尼沙布尔的未来："不管是在尼沙布尔／还是在巴比伦／生命之酒一点一滴渗出／生命之叶一片一片凋零。"

62　萨斯迦班智达劝诫藏地僧俗

乌思指前藏，藏指后藏，纳里速古鲁孙大体相当于今阿里地区，纳里即阿里，速古鲁孙包括古格、卜郎、芒域三部，元置乌思藏纳里速古鲁孙三路宣慰使司都元帅府管辖这三个地区。

蒙古军队进入藏地，是在窝阔台汗时期。窝阔台之子阔端，分镇凉州（今甘肃武威），奉命经四川进攻南宋。为了保证侧翼安全，他派大将先取藏地。1240年，阔端派遣一支小部队，深入吐蕃本部，一直进攻到前藏的热振寺和杰拉康寺，杀死了企图抵抗的五百名僧人。这场屠杀震惊了整个吐蕃。蒙古人的目的所在，是迎请一位在藏地有名望的实力人物，作为与蒙古人的谈判代表，因为那时藏地没有这么一个总头目，蒙古人不知道该找谁谈判。

藏传佛教有许多势力很大的教派集团。噶当派，由阿底峡的弟子宗喀巴所传，热振寺属此派，在前藏拥有众多僧众。萨斯迦派的住持之地在后藏的萨斯迦（今萨迦）。帕木古鲁派、搽里八派、葛哩麻巴派，因其祖寺所在地而得名。葛哩麻巴派又称黑帽派，是

萨斯迦班智达

藏传佛教中最早实行活佛转世制度的教派。噶举派衣承印度密宗，注重口耳相传的传习方法，"噶举"藏语意为"口传"。帕木古鲁、搽里八、葛哩麻巴教派都是由噶举派分离出来的。帕木古鲁又有若干分支，如止贡派、思答笼派、牙不藏派。阿里不哥分别供奉搽里八派和帕木古鲁的思答笼派，旭烈兀供奉宁玛派和帕木古鲁的牙不藏派，阔端供奉萨迦派。宁玛派法服为红色，俗称红帽派、红教，这一派宣称自己的教义为8世纪入藏的印度高僧莲花生所授。

在这个时期，藏地中心拉萨最有势力的人物是止贡寺的住持扎巴迥乃。但他和前藏的其他法王都对面觐阔端心存畏惧。蒙古人为了逼迫扎巴迥乃去阔端营地，还逮捕了止贡寺的总管，以此要挟。扎巴迥乃还是不敢去，就极力推托自己年迈体衰，不敷路途颠簸，向蒙古人推荐后藏萨斯迦派的法王萨斯迦班智达贡嘎坚赞。于是在1244年，阔端向西藏佛教的一支萨斯迦派首领萨斯迦班智达发出一封邀请信。

这封邀请信,与其说是"邀请",不如说是"教训"和"恐吓",信中用的是这样的语气:"若是汝以年迈,那么,住昔佛陀为众生而舍身无数,此又如何?汝是否欲与汝所通晓之教法之誓言相违?吾今已将各地大权在握,如果我指挥大军,伤害众生,汝岂不惧乎?故今汝体念佛教和众生,尽快前来!吾将令汝管领西方众僧。"

扎巴迥乃曾以年迈推托,这次蒙古人不允许贡嘎坚赞再找类似理由拒绝前往,否则大军所指,众生涂炭。1244年末,萨斯迦班智达带着他的两个侄子,十岁的卓贡帕巴(八思巴)和六岁的恰那多吉,从雪山北域的萨斯迦寺前往阔端的分镇地凉州。这一年他六十二岁。

藏语"班智达"是指博学之人、智慧之人,能够带领众人趋利避害,危难时能够逢凶化吉。贡嘎坚赞就是这样一位班智达,他在《萨斯迦格言》里写道:"弱小者如把伟人依靠,乃是获得成功的诀窍。""请看由于攀附于大树,藤蔓也到树尖高处。"

萨斯迦班智达一行长途跋涉了将近两年,于1246年8月到达凉州。那时正逢大汗窝阔台去世,阔端返回蒙古本部参加推举新可汗的忽里台大会。他们见面的时间是在1247年。阔端邀约萨斯迦班智达前来会谈的目的,是以他作为藏地各教团的代表,讨论藏地以何种方式归顺蒙古。对这次会谈的结果,萨斯迦班智达在写给藏地僧俗领袖的一封信里,向他们做了详细的介绍,他转达阔端的保证,只要藏地不进行武装抵抗而全面归附,仍然授予他们管领藏地的各种权力。萨斯迦班智达劝诫他们说:"与蒙古交兵者,欲想以其地险、人勇、兵众、甲坚和娴熟箭法等而能获胜,终遭覆亡。"这封信有个很长的题名:《萨斯迦班智达贡嘎坚赞致乌思藏善知识大德及诸施主的信》。

1249年，萨班与阔端议定了藏地降附纳贡、维持原来地方官员职权等条件，并转达给藏区僧俗官员，规劝他们接受，从而使藏区各地避免了蒙古军队的破坏性入侵。

元朝灭宋以后，将乌思藏、朵甘（今昌都、那曲、阿坝地区）等地纳入大元帝国的疆域，受中央政府直接管辖。元廷首次设置中央机构总制院，1288年改称宣政院，掌管全国佛教事务和藏地军政。元朝在藏地设置了三个不相统属的宣慰使司，均直属宣政院管理。乌思藏、纳里、速古鲁孙归乌思藏宣慰司管辖，包括今拉萨、山南、日喀则、阿里等地。乌思藏宣慰司设在萨斯迦，下设十三个万户府和若干个千户所。

蒙古人的宗教政策是，在皇权之下，选择一个具有政治势力的宗教领袖，由他来负责属地的宗教事务。这在成吉思汗时代开始形成的政策，阔端使之明确而不容置疑，即蒙古人用治世法进行统治，教派领袖用出世法加以护持，教权不允许干预甚至威胁皇权。阔端奠定了蒙古中央政府与萨班的关系。这就是西藏的政治历史，其影响一直延续至今，而不管朝代更替和教派的兴衰。

1251年，萨班在凉州幻化寺圆寂，萨班临终前将法王之位传给十七岁的八思巴。阔端死于同一年。

63　忽必烈万里远征大理国

937年，后晋通海节度使段思平联合洱海地区贵族灭大义宁国，定都羊苴咩城（今云南大理），国号"大理"，史称"前理"。1095年，宰相高升泰篡位，改国号"大中"，翌年高升泰死，归政段正淳，史称"后理"，直到被蒙古帝国所灭。大理国疆域覆盖中国云南、贵州全境和四川西南部，以及缅甸、老挝、越南三国的北部。

窝阔台时期，蒙古军对南宋的进攻在四川和江淮一带受到顽强的抵抗。蒙古人攻不下四川，转而攻打大理。1244年，蒙古出兵临关（今四川雅安芦山县西北），意欲从大理对南宋形成包抄之势。大理国王段祥兴派大将高禾出战，高禾战死九河，南宋还专派使节到大理凭吊。但大理虽败未亡，蒙古军因大汗窝阔台去世而退兵。

1252年，段祥兴驾崩，他的儿子段兴智继位，是大理国的末代君主。

1252年，蒙哥汗命忽必烈远征大理国。这是忽必烈总领漠南军事后的第一项军事任务。此时，窝阔台之子阔端用威慑和怀柔两手，未让战马出汗，就让乌思藏归附。所以忽必烈进攻大理，可借道吐蕃。蒙古军兵分三路，大将兀良台合领西路军，宗王抄合、也只烈领东路军，忽必烈亲自率领中路军。这次战略远征，穿越了今吉林、辽宁、内蒙古、陕西、宁夏、甘肃、四川、西藏、云南九省区，行程近万里，中外历史上的任何一次战略远征都不能与之相比。

具体的进军路线，当年7月，忽必烈和兀良台合从今吉林的白城子出发，经陕西定边、宁夏六盘山、甘肃临洮，翻越川北的岷山，进入松潘草地，然后兵分三路，左右两路为策应和保护，忽必烈自领中路军经泸定县过大渡河，乘革囊和木筏渡金沙江，第二年的12月包围了大理城。随后，兀良台合的西路军进抵丽江，东路军到达楚雄。大理城的地形是，西面是绵延四十公里的苍山，海拔在三千米以上，东边是洱海，大理城就夹在苍山和洱海之间，它的北面是

蒙古世界的战争 / 175

上关，南口是下关。忽必烈准备从上关攻城。按照蒙古惯例，攻城之前，忽必烈先派三名使者进城谕降。大理国宰相高泰祥主战，杀了使者。于是，忽必烈下令攻城。蒙古大军一路直下，大理守军一溃百里，国王段兴智逃跑，国相高泰祥被擒杀，三百多年的大理国就此灭亡。

忽必烈从漠北出发，临行前，宴请部队。姚枢趁机给他讲宋太祖赵匡胤派曹彬取南唐，未尝滥杀一人的故事。《元史·世祖本纪》："古之善取江南者，唯曹彬一人。汝能不杀，是吾曹彬也。"忽必烈似有所悟，对姚枢说："汝昨夕言曹彬不杀者，吾能为之，吾能为之！"待蒙古军入城后，发现了三位使者的尸体。忽必烈当即震怒，一度想改变初衷，下令屠城。王府侍从姚枢、刘秉忠等急忙劝谏："杀使拒命者，其国主尔，非民之罪。"这才压下了忽必烈的怒火。忽必烈还命姚枢裂帛为旗，上写止杀，分插街衢之中，于是军民安定。

再说国相高泰祥被俘后，谕之降，宁死不屈，临刑前，叹曰："段运不回，天使其然，为臣殒首，盖其分也。"忽必烈视其为忠臣，对其后代"许以世其官"。高氏后裔后被封为姚安、鹤庆的土司，世袭三十多代，直到改土归流。

1254年，忽必烈北归，回到开平府，留兀良台合继续进攻，追至昆明，擒获段兴智。段兴智被押解到漠北蒙古汗廷，忽必烈对他进行安抚，让他去觐见蒙哥汗。蒙哥汗施以怀柔，令其归国，继续统属大理各部，并后代世袭。大理国地形复杂，部族众多，仅凭军事力量平定，必定旷日持久。在段氏的帮助下，蒙古军队很快平定了大理国全境。

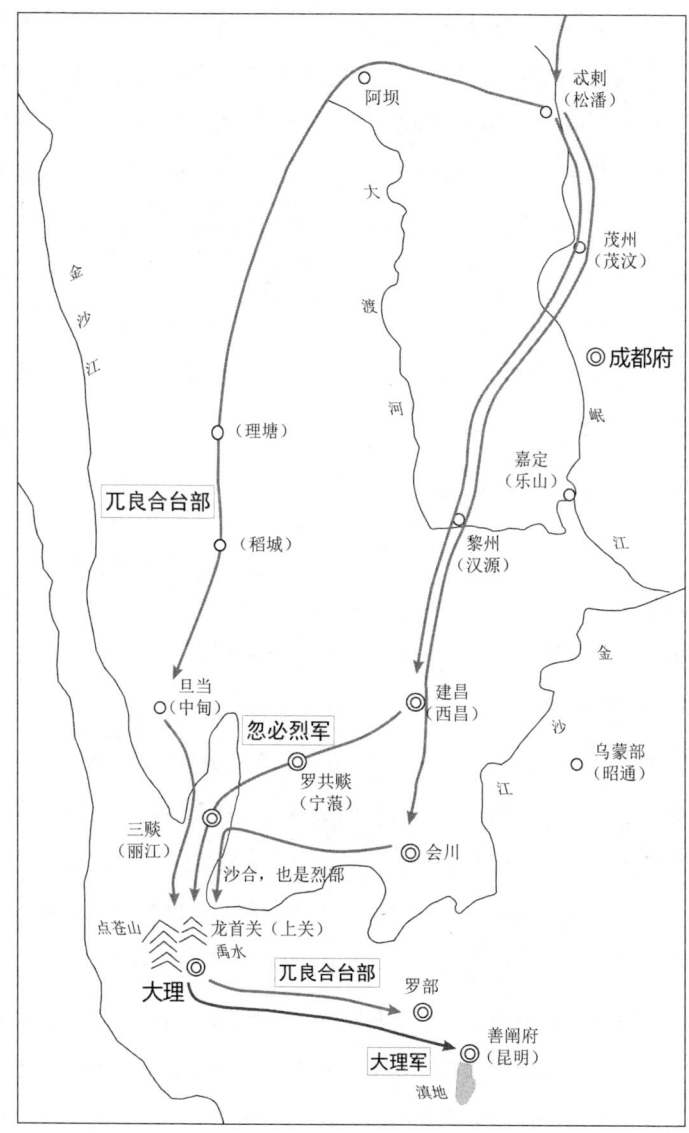

远征大理路线图

原图出自〔法〕勒内·格鲁塞《图解草原帝国》,陈大为译,武汉出版社,2012。
翟月根据原图绘制。

蒙古世界的战争 / 177

蒙古军擅长大迂回、大包抄的战术，在远征大理一战中，发挥到了极致。通过此战，忽必烈向黄金家族展示了他卓越的军事才能，为日后的汗位争夺攒下了资本。忽必烈远征大理也付出了巨大的代价，兵力损失五分之四，战事结束时，只剩下两万人，战马损失四十万匹，使其无力继续完成灭宋战略。但通过这场战役，蒙古继征服西夏和金之后，又征服了大理，使得南宋完全孤立，形成了对南宋南北夹击的战略态势。

64　三大汗九伐高丽

高丽蒙古战争发生于1231年至1273年间，蒙古对高丽发动了九次战争。直到忽必烈即位后的1273年，蒙古军队占领济州岛，高丽蒙古战争才最终结束。蒙古在高丽设征东行省，高丽不仅成为元朝的藩属国，而且还成为蒙古征伐日本的基地。

蒙古与朝鲜半岛上的高丽国之间的关系，最早要追溯到1214年。那时，蒙古已经征服了西辽的哈剌契丹人，然而他们中间的一些人谋求"黑契丹"的独立，在辽东起事，强行进入了高丽国。1219年，蒙古追兵与高丽国联手，消灭了窜入高丽的契丹反叛军队，并与高丽签订"两国约为兄弟，万事子孙无忘今日"的友好条约。

但所谓"兄弟之国"并非平等条约，而是以高丽称臣为前提的。蒙古人连年到高丽索要各种物品，从毛皮、山珍到笔墨纸砚，无所不要。高丽国小民困，物产不多，经受不住这种反复索取，从王廷到民间都出现了敌视蒙古的情绪。1225年，蒙古要求高丽向其朝贡，被高丽回绝，恰此时一蒙古使节抵达义州边境时被害，引起蒙古人的愤怒。当时蒙古军队正在西征，接着成吉思汗又在与西夏的战争中去世，蒙古人没有马上对高丽实行报复。

1231年，窝阔台大汗命撒礼塔率军讨伐高丽，一直打到朝鲜半岛中部，高丽将军洪福源率众投降。撒礼塔在洪福源的协同下先后攻取四十余城，高丽王遣其弟怀安公王乞降。撒礼塔在高丽设京、府、县，命达鲁花赤七十二人镇守，大军撤出高丽。

1232年，高丽王杀死开城驻守的达鲁花赤七十二人。当时，高丽王室丧失了实权，进入武人政权时代。对蒙古持强硬路线的武人势力，胁迫高丽王将国都从开城迁往江华岛，以防卫蒙古的再次入侵。第二次对高丽的讨伐，蒙古军队一直打到半岛的南端，但无法攻占江华岛。蒙古统帅撒礼塔阵亡，蒙古军队失败后撤回本土。后高丽王虽遣使请罪，但并不肯臣服于蒙古。

窝阔台汗诏谕高丽王悔过，但高丽王占据江华岛，不从命朝觐，反而派兵攻陷已归附于蒙古的西京（今平壤），劫掠了降将洪福源的营地。1235年，窝阔台第三次讨伐高丽。至1238年，高丽力蹙，只得向蒙古请和，同意将高丽王室世子作为人质，换取蒙古撤军。然而蒙古人发现高丽王欺骗了自己，他们送来的人质与王室毫无关系，并拒绝蒙古的要求。窝阔台大怒，第四次讨伐高丽。1240年，蒙军攻克昌州、朔州，逼迫高丽王以族子为己子人质，高丽又臣服于蒙古。

1247年，蒙古第五次入侵高丽，要求高丽王室搬出江华岛和世子入质，由于蒙古大汗贵由突然死亡，蒙古撤军。1251年，蒙哥继位后再次要求高丽王室世子做人质。高丽回绝后，蒙古于1253年大规模入侵高丽。高丽王同意搬出江华岛并将世子安庆公王倎交给蒙古入质,蒙古随后撤军。高丽内部一直存在两派,文职派主和,而以崔氏为首的武将则坚持抗蒙。之后若干年,蒙哥又对高丽发动了

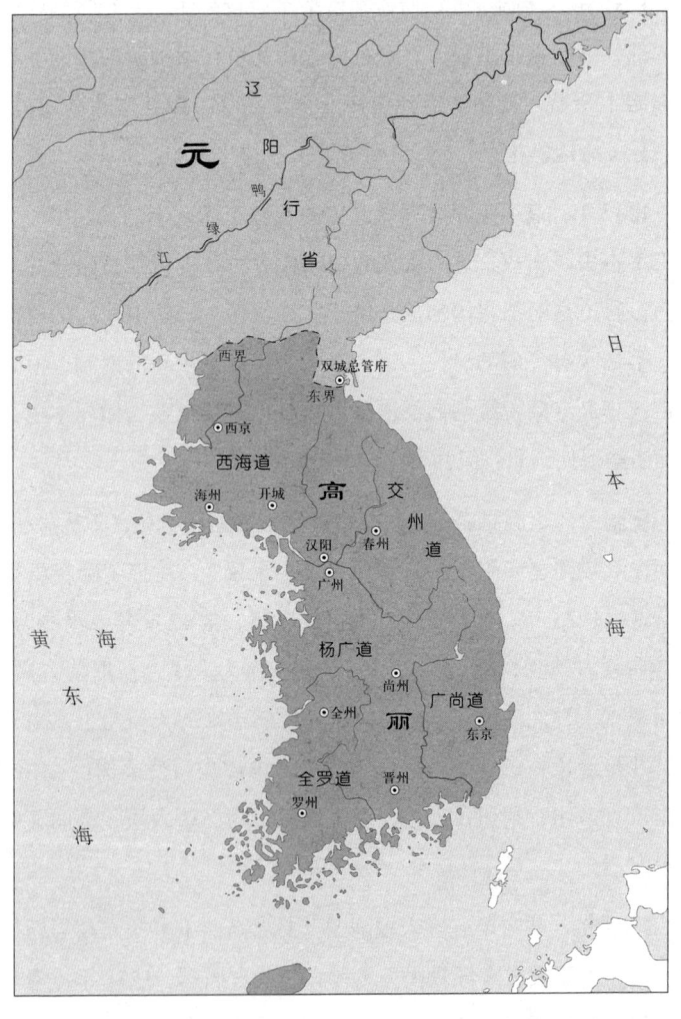

元朝时期的高丽王国

两次毁灭性的攻击，终于催生了高丽的宫廷政变。1258年，当崔氏首领被杀后，蒙古与高丽达成和平协议。高丽成为蒙古的藩属国，蒙古同意高丽"从其国俗"，"奏选属官"。

1260年春，高丽国王高宗去世。忽必烈即位后，册封质子安庆公王倎为高丽国王，是为高丽元宗。忽必烈派兵护送元宗回国即位。元宗朝高丽也分为亲元和反元两派。1269年，高丽反元派废元宗，忽必烈发动第九次战争，帮助元宗复位。到是年10月，高丽西京统领以北部五十城降元，战事结束。1270年，高丽元宗不顾武人们的激烈反对，把国都从江华岛迁回开城，向内外宣示向蒙古臣服。再一年后，忽必烈将高丽西京划归元朝辽阳行省东宁府，1276年，又将东宁府改为东宁路，实际是把东宁路所辖区域纳入了元朝的版图。1290年，应高丽忠烈王的一再要求，元朝将东宁路归还高丽，朝鲜半岛再度统一。

高丽王国是忽必烈朝最忠实的附属国，历代国王与忽必烈家族通婚，当上"古列坚"，即驸马，基本上成为忽必烈皇族的一员。

65　蒙古帝国的边界

窝阔台灭金之后，立即发动了第二次西征，也就是著名的"长子出征"。以拔都为统帅的十五万精兵组成的蒙古大军在欧洲开战，历时七年。大体上第一阶段征服了保加尔人的卡马突厥国，征服了钦察人，征服了斡罗斯各国，征服了弗拉基米尔大公国和诺夫哥罗德公国，征服了乞瓦，斡罗斯全部领土被蒙古所占，至此蒙古国的北部边界从蒙古本土一直到斡罗斯，北至北回归线以北，西至南俄草原。

拔都统率的蒙古大军兵分两路，北路由拜答儿和速不台之子兀良合台指挥，进攻孛烈儿（今波兰），南路由拔都、速不台统率，进攻马扎尔（今匈牙利）。拜答儿军团进入西里西亚，1241年4月9日，消灭了由孛烈儿人、日耳曼十字军与条顿骑士团组成的波兰-日耳曼联军，进入摩拉维亚，将该城夷为平地。但蒙古军在奥尔米茨城遭到强烈阻击，然后放弃进攻，进入马扎尔，与拔都主力会合。拔都军团分三路入侵马扎尔，1241年4月初，三军合围马扎尔首都佩斯城，很快将其攻陷。1241年7月，蒙古军团的前锋历史性地抵达维也纳附近，12月25日拔都亲自率军越过多瑙河，攻陷格兰城。整个夏秋两季，蒙古军队都在匈牙利草原上休整，等待冰冻后发起新的进攻。1242年初，传来窝阔台大汗去世的消息，这无疑拯救了欧洲，蒙古各支宗王都要回到蒙古本土选举新的大汗。蒙古开始撤军，拔都回到了他在亦的勒河（今伏尔加河）下游的营地。而以后的蒙古大汗都没有再染指这个区域，因此蒙古国西部的边界就止于波兰和匈牙利。

蒙哥汗即位后，立即发动第三次西征，西征方向是阿姆河以南的波斯地区。1259年，旭烈兀攻破阿勒坡城和大马士革城，准备继续西进，征服小亚细亚，打通从西亚到地中海的通道。无独有偶，这时传来蒙哥汗的死讯。旭烈兀立即止步，从前线东返，准备参加大汗的争夺，留下大将怯的不花两万人军队镇守大马士革。玛木鲁克王朝苏丹忽都思得到消息，明白这正是决战的天赐良机，于是征发举国之兵，前往叙利亚与怯的不花决一死战。在一场消耗战中，最终玛木鲁克的人数占据了优势，怯的不花身中数箭而死，蒙古人这次是全军覆没。1260年，蒙古人败于玛木鲁克人，由此划定了蒙古帝国的西南边界。

蒙古人对日本的进攻起因于日本人不肯臣服于蒙古帝国。忽必烈多次派使者赴日本要求日本称臣纳贡，已归顺的高丽国王也从旁劝告，致书日本人要他们向蒙古人屈服，但每一次都被日本人轻蔑地拒绝。面对这样的冒犯，此时已君临天下的蒙古大汗当然不能容忍，于是按照蒙古人的习惯思维，武力征伐不可避免。蒙古人还得知，日本是世界上最大的白银产地和出口国，而蒙古贵族从外部购买奢侈品和生活必需品主要以贵金属支付。

1274年，进攻日本的远征军由朝鲜出海，驶往九州岛，远征军共两万五千人。元军进入博多湾后，首先攻占了对马岛和壹歧岛，然后分三处登陆攻入内陆。面对蒙古的进攻，日本镰仓幕府征调军队迎战，虽然在开战之初日军伤亡惨重，但还是阻止了元军的推进。战事进行二十多天后，元军箭矢和给养都已用尽，只得上船撤退。在返回高丽的途中，舰队遭遇风暴袭击，但大部分船只安全返回。此次战役日本史称"文永之役"。

由于交战双方都认为己方获胜，忽必烈认为日本人已领教了蒙古人的威力，遂再次派使者要求日本臣服，而日本人懒得回复，干脆将蒙古使者斩首。忽必烈从全国各地征调粮秣，训练士兵登陆作战，高丽和东南沿海造船厂昼夜不息，制造兵舰和运输船只。与此同时，镰仓幕府加紧布防，沿海构筑了一道石墙，用以阻碍蒙古骑兵。1281年，元帝国的舰队从江浙和高丽同时出发，共有大小舰船五千艘，军队二十万人。南北两只舰队在九州外海会合后，元军开始登陆作战。日本军队以石墙为掩护，不断击退元军的进攻，激烈的战斗持续五十余日，元军仍然不能有效突破日军防线。元军作战的机动性在于轻装简从，补给主要依靠对征服区的劫掠，而元军迟迟攻不到日本内陆，自备粮草即将告罄。此时无论蒙古人还是日本人都以为这次战争的结局会和上次一样，会以元军撤军收场。8月1日，太平洋上突然刮起飓风，风暴持续四天，南方舰队舰船基本被毁，北方舰队也损失大半。然而在海滩上尚留有十万元军，失去了补给和退路。在日本人随后的反攻中，元军大部被杀，少部分汉人免死后沦为贱民。今天的博多湾有一座"元冠冢"的小山，据说是当年元军将士的集体墓地。日本史称第二次蒙古入侵为"弘安之役"。

忽必烈确实准备第三次大战，然而在准备了几年之后，元军在安南（今越南北部）和占城（今越南南部）等地的失利，终于让他认识到并非普天之下皆为王土，连年征伐必定招致民怨。忽必烈最终降旨，为了体恤民力，征日准备一律停止，士兵和民夫遣散回乡。忽必烈去世后，铁穆尔改变对日敌视政策，恢复中日通商。此后蒙古帝国再也没有跨过这片水域，东部边界划洋而治。

1289年，忽必烈遣使去爪哇，要求爪哇国王归顺。爪哇国王大概还不知道蒙古人的凶悍，挑衅性地在使者脸上黥字后，把他送还忽必烈。之后发生了同日本相似的事情。1293年，蒙古人的舰队掠海而来，杀死了爪哇国王，占领了这个岛国。新国王为蒙古人准备了投降仪式，但蒙古人落入了他们的圈套，许多将领被伏杀，其余部队撤出了岛屿。忽必烈在爪哇的失利划出了蒙古的南部界线。

在1242年至1293年间，蒙古的扩张达到了极限，四场战争标明了蒙古世界的外部边界：波兰、埃及、日本和爪哇。

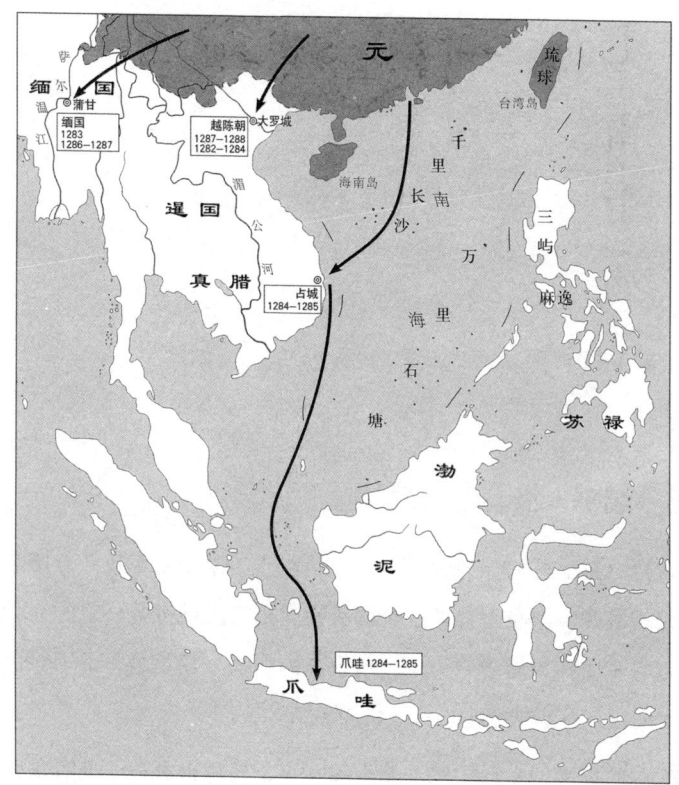

忽必烈对东南亚的经略

蒙古世界的战争 / 185

七 南宋之殇

66　端平入洛，宋蒙战争全面爆发

1234年，宋理宗端平元年的正月初十，宋蒙联军攻破金国最后的都城蔡州，金哀宗自杀，金国灭亡。宋将孟珙将金哀宗的遗骨运回临安，送到太庙告慰先人。南宋全国上下一片欢腾，南宋君臣用盛大的仪式，庆祝宋金世代血仇的了结。

按照事先约定，宋军和蒙古军在灭金后各自撤退。当时宋蒙之间对河南的归属没有做出明确的规定，蒙军北撤后，河南就成了无人占领的地区。南宋宰相郑清之采纳了赵范、赵葵兄弟的建议，北依黄河，西守潼关，收复三京，与蒙古对峙。三京是指东京开封府（今开封），西京河南府（今洛阳），南京应天府（今商丘）。但统率灭金之战的兵部尚书史嵩之等多数大臣反对这一计划，认为这将授人以柄，给蒙古人借口向南宋宣战。从战役方面，中原地区尽遭破坏，荒无人烟，无法保障军需后勤，南宋军队没有成建制的骑兵，机动性十分有限，无法防御漫长的黄河防线。

这一年，年轻的宋理宗刚刚亲政，血气方刚，欲行恢复之计，听到赵氏兄弟"据关守河"的建议，当然主张趁蒙古北撤之机，出兵北伐。赵氏兄弟的建议有着令人信服的历史依据，因为金国就是依靠潼关－黄河防线，拒险而守，与蒙古相持二十多年，如果不是南宋借道给蒙古，让其军队绕到金的后方，金国尚不至于灭亡。而事实上，金国灭亡后，宋蒙双方心照不宣，都知道开战是迟早的事。先下手的一方，如果能够获得重大利益，扼守住地缘上的各个要点，无疑可以在战略上赢得主动。

1234年6月，全子才率宋军先锋直趋汴京，赵葵主力部队后继跟进。简要的战争经过如下。

6月24日占领亳州，6月末收复商丘。7月5日宋军占领汴京，消息传到临安，举国欢腾。然而这时两淮的运粮车队陷入黄河泥潭，作战部队开始缺粮。7月28日，宋军进入洛阳城，洛阳居民登城欢迎宋军收复西京。而此时宋军粮尽，洛阳残破无法补给，宋军的运粮线路被元军截断，宋军败象显露。

宋军北进同时，蒙将塔察儿闻报，故意示弱宋军，退到黄河以北，以引诱宋军深入。当宋军前锋离开汴京往洛阳之后，塔察儿率部渡过黄河，到洛阳东边的龙门设伏，准备放过宋军第一梯队进入洛阳城后，突袭宋军第二梯队，把洛阳和汴京的宋军切断，各个击破。7月29日，宋军第二梯队抵达洛阳郊外的龙门镇，进入蒙古军的伏击圈。龙门之战，是一场蒙古骑兵伏击战。宋军猝不及防，未及列阵便被冲垮，溺死洛水无数，遭到毁灭性打击。洛阳城里宋军无援无粮，空城难守，决定突围回师，而蒙军就扎寨城下，等待猎物的逃窜。宋军突围后，蒙军骑射手在后面追杀，宋军绝大多数是步兵，尽被践踏杀戮。洛东之战，宋军几乎全军覆没。

宋军在洛阳溃败的消息传到汴京后，赵葵和全子才决定撤军。否则，洛阳和黄河以北的蒙古军队一合围，汴京宋军的下场便与洛阳一样。撤军途中人心大乱，虽蒙古大军未到，宋军自行溃散，全部辎重都被遗弃。

端平入洛惨败后，宋蒙联盟公开破裂。同年年底，蒙古使者来到临安，谴责宋廷"败盟"。次年，窝阔台发动全面侵宋战争。

站在蒙古人的立场上，端平入洛是宋朝破坏盟约，导致了持续半个世纪的宋蒙战争。但这种判断基于一个隐含的假设，就是宋军不进河南，蒙古人就不会来。这种想法是天真的。金国灭亡后，蒙古谋臣耶律楚材就向窝阔台汗呈报《平南之策》："先谋犯蜀，顺流而下窥江南。"侵宋计划早在蒙古君臣的战略规划之中。所以端平入洛在战略上是可取的，但是输在战术层面。增加领土面积，加大防

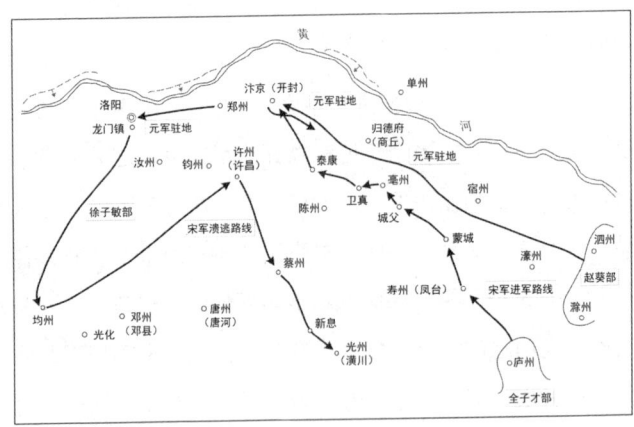

端平入洛之役略图

原图出自〔法〕勒内·格鲁塞《图解草原帝国》，陈大为译，武汉出版社，2012。翟月根据原图绘制。

御纵深，据关守河，阻挡和迟滞蒙军的进攻，一旦建成宋军的主要前沿防线，或许还能保住半壁江山。

67 襄樊之战，南宋长江防线中断

忽必烈称汗之后，前四年他要对付与他同时称汗的阿里不哥，所以他与南宋媾和后，撤回了围攻鄂州的蒙古军和汉军主力，任命汉世侯史天泽为江淮诸翼军马经略使，李璮为江淮大都督，史权为江汉大都督，实施以防御为主的战略。阿里不哥投降后，忽必烈接着又平息了李璮之乱，一举罢黜了汉世侯。至此，忽必烈在中原汉地的统治才渐趋稳固。

阿里不哥投降后，忽必烈改年号为"至元"。降将刘整鼓动忽必烈说："自古帝王，非四海一家，不为正统。圣朝有天下十七八，何置一隅不问，而自弃正统邪！"这时，忽必烈已有平定南宋的图谋。之前，攻蜀是蒙古侵宋战略的固有思维模式，以为从六盘山大本营途经汉中进入蜀地最为直接。但蜀地险厄，易守难攻，蒙古军队数经挫折，连蒙哥汗都战死在钓鱼城下。忽必烈决意暂缓用兵四川，集中兵力从中路突破荆襄防线，然后再向东推进，直逼宋都临安（今杭州）。而最先向忽必烈提出中路争夺荆襄建议的，又是刘整。他向忽必烈献策："攻蜀不如攻襄，无襄则无淮，无淮则江南可唾手下也。"

刘整其人，在抵御蒙哥汗攻蜀战争中立有大功，是四川制置司下的四大主力将领之一。后刘整被吕文德陷害，险遭杀身之祸，于1261年以泸州十五郡、三十万户投降了忽必烈。忽必烈对刘整优礼有加，使其归心。刘整镇守过荆楚，也镇守过四川，对宋军防御体系了如指掌，故忽必烈采纳了刘整的建议，决定先攻襄樊。

忽必烈选定两员大将，一是蒙古军都元帅阿术，一是汉军都元帅刘整和兼汉军都元帅的阿里海牙。阿术是兀良合台之子、速不台之孙。

1268年秋，元军开始实施包围襄樊的军事行动。首先包围了襄阳，包围圈达数十里，1269年又包围了樊城。襄阳和樊城隔汉水相望，两城合称"襄樊"。元军对襄樊实施围城战的次年，宋军将领张世杰、范文虎、夏贵不断由水陆两路实施增援，1270年、1271年，范文虎

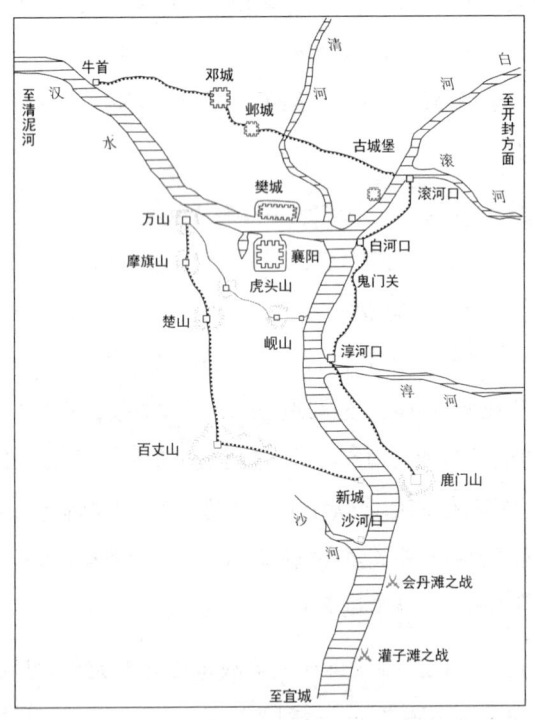

襄阳和樊城隔汉水相望

出自〔日〕杉山正明《忽必烈的挑战：蒙古帝国与世界历史的大转向》，周俊宇译，社会科学文献出版社，2013。

190 / 蒙古历史拼图

两次率舟师大举应援,兵力都在十万上下。由于宋军在水军上占有优势,元军在围城的同时,加紧造船操练水师,此又为刘整的建议。忽必烈下诏训练水师七万人,造舰五千艘,彻底抵消了宋军的优势。

一切准备就绪,1272年,元军对襄樊发起总攻。至1272年秋,元军久攻襄阳不下,决定先夺樊城。元军用巨型的西域抛石机"回回炮"猛砸樊城,同时从四个方向登城作战。1273年2月,樊城守军巷战结束,尚未战死的南宋军民被元军在城南悉数屠戮。

元军攻克樊城后,立即将"回回炮"置于襄阳城下,累日轰击城内,令军心大惊。而守将吕文焕困守襄阳六年,战至兵尽粮竭,内心已经动摇。忽必烈得悉后,立即遣使入城谕降。刘整和吕文焕是宿仇,故竭力主张按拒降惯例,武力屠城。忽必烈心似明镜,并不采纳刘整的建议,派都元帅阿里海牙亲自到城下,再三规劝,并折箭为誓,保证不杀城内军民,并优待吕氏。吕文焕最后一次登上城楼,"向南恸哭",然后出城投降,襄樊之战至此结束。

南宋的江防体系,上游防线是川蜀,中游就是荆襄,下游是淮扬。襄樊战役的失败,破坏了南宋在长江上、中、下游的三段联合防御体系,也使临安都城失去了最后的军事屏障。

68 临安末日,谢太后夜书降表

攻克襄樊之后,元朝高级将领纷纷建议乘此胜机全面攻宋。阿里海牙说:"荆襄自古用武之地。汉水上游已为我有,顺流长驱,宋必可平。"阿术说:"臣略地江淮,备见宋兵弱于往昔。今不取之,时

元军攻克樊城后,立即将"回回炮"置于襄阳城下

不能再。"此时,夺荆襄,顺流而下,在中国历史上一再重演的大历史剧场景,已经在忽必烈眼前展现。

　　襄樊战役的第二年,1274年,元朝开始对南宋大举进攻。正副统帅分别是伯颜和阿术。出征前,忽必烈训谕诸将,要他们取法北宋名将曹彬,攻克南唐都城时,不枉杀一人。

　　襄樊战役后,忽必烈兑现阿里海牙的承诺,重用吕文焕,任命吕文焕为昭勇大将军、荆湖行省参政。廷议攻宋之前,忽必烈召吕文焕面谈,了解宋军江防布置,陡增灭宋信心。而沿江一线将领,多为吕氏旧部,吕文焕跟随伯颜大军东下,一路出面招降,沿江州郡几乎望风归降。

　　1274年9月,伯颜舟师浮汉而下,时宋军集重兵十万于郢州(今湖北钟祥），然伯颜避其锋芒，绕过郢州，渡江后，进逼鄂州。鄂州守军没有抵抗。占领鄂州后，伯颜和阿术统率大军，水陆并进，顺江而下。同时，伯颜命副将阿里海牙进取荆湖，以绝东进之师后顾之忧。1275年，阿里海牙攻克江陵，彻底切断四川与长江中下游的联系，忽必烈忐忑之心终于安定，称"东南之势定矣"，排宴三天志庆。鄂州失陷的消息传到临安，朝廷震动。此时宋度宗刚刚驾崩，幼帝赵㬎四岁，祖母谢太后临朝称制。谢太后诏命丞相贾似道都督诸路兵马抗击元军。

临安太学生纷纷上书要求贾似道出师御敌。迫于朝野压力，贾似道领兵十三万，舰船两千五百艘西行。于是，宋元两军在丁家洲（今安徽铜陵）展开决战。这是宋元两军的最后一场决战，以宋军十三万精锐部队全军覆没而告终。至此，元军在军事上取得了绝对优势，南宋灭亡只需用时间推算。尽管之后还有焦山战役，南宋朝廷已经丧失了大规模的抵抗力量。

1275年夏，谢太后发诏书，向叛将吕文焕、范文虎"招谕"，"要求"他们从中斡旋，促使元廷退兵许和。1276年1月，又遣使往伯颜军营求和，声称除纳岁币外，愿尊元帝为伯，执子侄之礼。如不许，称侄孙也可以。再不许，只求封一小国保存赵家宗庙。哀切、乞怜之状，实让大宋蒙羞，陵寝动摇。

1276年1月，伯颜统率三路大军，包围临安。求和不成，南宋丞相主张南逃。然谢太后反对，她看到钱塘江出海口已被封锁，无法大规模南迁，为保全城内数十万军民，只能选择投降。而此时，朝中各级官员接踵宵遁，正月初五临朝，文官只剩六人，到正月十三日，朝中为之一空。

正月十七日晚，是大宋王朝的最后一夜，赵氏孤儿寡母已经决定向元军奉献国玺求降，求降表也于当夜誊清。十八日，宋奉传国玺及降表至临安城外元军大营，均被退回，因降表"不称臣，仍书宋号"。二十五日，修改后的降表送达伯颜。二十六日，元军进入临安城，宋亡。

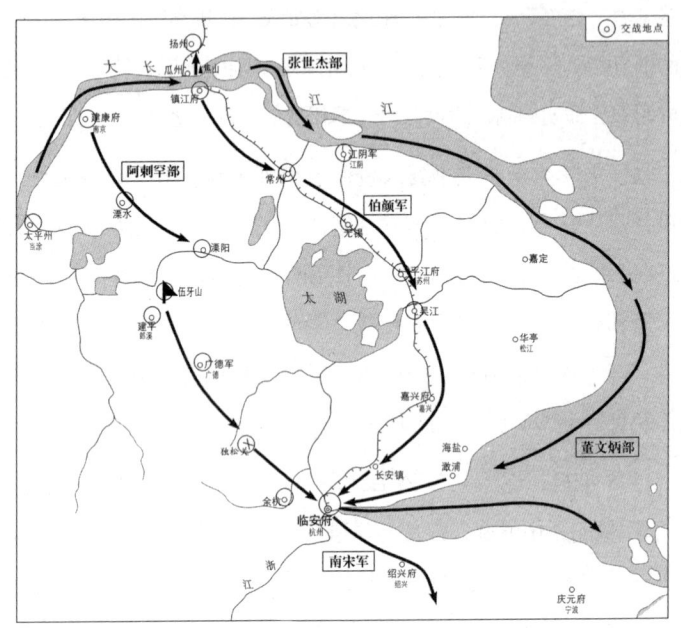

伯颜取临安之战

69 崖山之战，强加美誉于幼主

宋都临安城献降前，宋廷匆忙封幼帝赵㬎的两个庶弟，赵昰为益王，镇福州，赵昺为广王，镇泉州。临安献城次日，二王微服出城，取海道逃往福建。1276年6月，益王赵昰在福州即帝位，再封其弟赵昺为卫王，南宋小朝廷建立。这个流亡政权企图据闽而图浙赣，再谋复国。谢太后曾命前来勤王的文天祥出使元营谋合，被伯颜羁留，北解途中乘隙逃脱，此时也辗转投奔而来。从这时起直到崖山之战的三年里，南宋士大夫为其主，为保国，与元军进行了最后的斗争。

尽管宋军残部此时早已无力对抗元军，还是竭尽全力发动了两次大规模的抗元攻势。闽廷初立，即分遣诸军，企图收复两浙（浙东和浙西的合称）及赣南，降元州官闻闽廷颁诏，重新起兵连军攻元，一时云从景附。但不出两个月，抗元宋军先后失败。元军全线向南推进，福建全境失陷。南宋流亡政府从福州取海道南逃，进入广东。

大约此时，元廷为了调动兵力对付西北诸王之乱，撤调征宋部队北归卫戍中原，宋军残部借机发动第二次抗元攻势，据粤而攻闽、赣。江西的攻势主要由文天祥指挥，乘元军主力北归，文天祥北逾梅岭，进入江西。宋军连下会昌、雩都、兴国，收复赣南大部。元廷见抗元声势稍涨，1277年7月，在江西设立行中书省，专事进讨。8月，元军进攻文天祥设在兴国的指挥部。此时宋军虽号称二十万，多为地方武装的临时聚合，不堪一击，文天祥只身逃脱，妻妾儿子都被俘获，抗元攻势迅速摧败。到此时，元廷不想再让南宋留下残余，元军分两路，一路逾梅岭进击广东，一路由福建扫荡而来。

元军步步紧逼，宋军节节后退，益王政权由潮州到广州的秀山，奔井澳（今澳门南诸小岛），至七洲洋（今湛江外洋面）。1278年4月，益王赵昰受惊吓死于硇洲岛（今湛江东南），张世杰、陆秀夫拥立八岁的卫王赵昺为帝。6月，张世杰进攻雷州（今广东海康），失败后护拥幼帝，退缩到崖山。崖山，距今广东新会城南五十多公里，是潮汐涨退的出入口。崖山之西有瓶山，两山之脉向南延伸入海，合拢似能束住水口，故称崖门。

南宋之殇　/　195

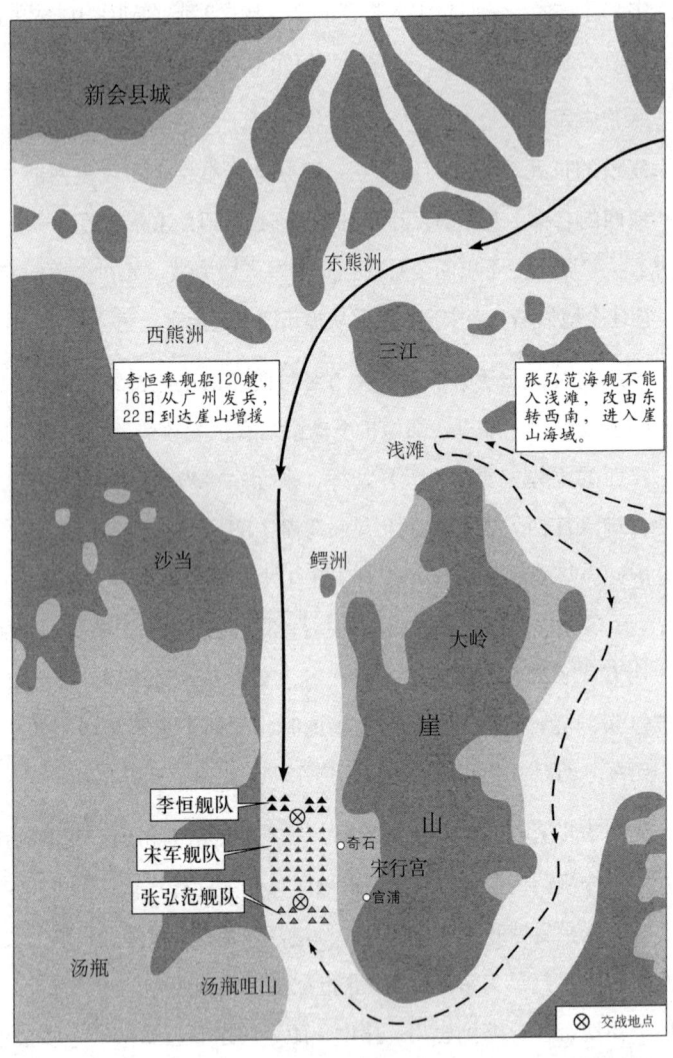

崖山海战示意图

元廷早已不把宋军看作对手，1278年6月，元廷召汉世侯张柔之子张弘范，委以蒙古、汉军都元帅，只给水陆军两万，其中蒙古军仅一千人，命其往歼卫王政权。张弘范率军从潮阳循海路往崖山集结，途中擒获溃走海丰的文天祥。1279年2月初，元军在从容部署后，对南宋的最后一支水师发起总攻。

此时宋军号称二十万，实际其中十几万为文官、宫女、太监和跟随朝廷逃难的普通百姓，各类船只千余艘，多非战船。张世杰心中只有一念杀身成仁，先是否决了占领海湾出口向西撤退的建议，又下令尽焚陆上房屋、据点，宁为玉碒，不为瓦全。元朝水师迅疾封锁海口，又命陆军断绝宋军汲水路线，到此胜负已经了然。最后一战发生在2月6日，激战经日，宋军大败，元军一路打到幼帝赵昺的"龙舟"跟前。左丞相陆秀夫不离幼帝左右，见最后时刻来临，先仗剑逼迫自己的妻子跳海，之后背负赵昺跳入海中，强加美誉于幼主。见皇帝已入海持节，随行十多万军民亦相继跳海殉国！《宋史》记载，战后海面浮尸十多万具，其壮烈，其悲怆，前无古人。

张世杰突围后，望奉杨太后名义，再找赵氏后王为主。但杨太后闻赵昺死讯后，亦赴海自沉，张世杰葬其于海边。而他自己，也因飓风船损溺卒。至此，南宋小朝廷宣告灭亡。

在一般人的认识里，南宋是一个文化兴盛、商业高度发达的朝代，而朝廷却是软弱无能的。殊不知，南宋抵抗外族侵略时间最久，抵抗程度最惨烈。从蒙古1234年灭金开始，到1279年崖山之战宋亡，前后凡四十五年，大小战役无数，为人所知的有端平入洛、钓鱼城之战、襄樊战役、丁家洲之战、火攻焦山，最后的崖山之战。"崖山之后无中华"这句话，常被用来贬损后人乃至今人，说崖山之后的中国人再没有宋人的气节。极端民族主义者认为，宋亡之后华夏文明就此中断。社会达尔文主义解释，每当中原民族衰象显露的时候，就需要塞外游牧民族帮忙"解毒"，相当于把狼放进羊群。姑且不去争论，我们所看到的南宋，仍是一个伟大的王朝，崖山之战是它落幕时的一声巨响。

70　南宋绝笔**文天祥**

1275年，长江上游战事告急，元兵渡江，宋廷诏令天下勤王。文天祥散尽家财，召集吉州的士兵，各路豪杰群起响应，聚集兵众万人。宋廷遂命他以江南西路提刑安抚使的名义卫京师。此时元兵已分三路南下，攻破京城市郊，以他的万余乌合之众，与驱群羊而斗猛虎没有差别，他明知不自量力，但抱定以身殉国的决心。

文天祥（1236~1283），号文山，江西吉州庐陵人，南宋状元，1274年被委任为赣州知州，官至右丞相，封信国公，与陆秀夫、张世杰并称"宋末三杰"，著有《文山诗集》《指南录》《指南后录》《正气歌》等。文天祥生性豁达豪爽，平生衣食丰厚，声伎满堂。宋廷诏令勤王，却没有一人一骑入卫京师，每当与宾客僚属谈到此，便扶案流涕，痛心疾首。

1276年，宋廷委派文天祥赴元营谈判求和，被元朝丞相伯颜拘捕。被押送北方途经镇江时，得以逃脱，当时在扬州守城的李庭芝误以为他来替元军说降，差点杀了他。此时，南宋朝廷已奉表投降，恭帝母子被押往元大都，陆秀夫、张世杰拥立七岁的益王赵昰在福州即位。文天祥奉诏入闽，任枢密使，因与当时的朝臣张世杰和陈宜中意见不合，离开南宋行朝，以同都督的身份在南剑州（今福建南平）开府，指挥抗元。

1277年，在第二次抗元攻势中，移师龙岩、梅州，进入江西，在雩都大败元军，攻取兴国，建立指挥部，收复赣州十县、吉州十县。元廷很快在江西设行中书省，专事进讨，战局逆转。元军攻占兴国大营，文天祥败退庐陵、河州（今福建长汀），几乎是只身逃脱，妻儿皆被元军掳走。

1278年夏，文天祥得知南宋行朝移驻崖山，请求率军前往，被张世杰拒绝。文天祥率军退往潮阳，在海丰遭到元将张弘范袭击，被元军擒获。张弘范要文天祥招降张世杰，乃书《过零丁洋》，写下了"人生自古谁无死？留取丹心照汗青"的著名诗句。崖山战败后，元军酒宴犒军，张弘范说："丞相的忠心孝义都尽到了，若能如此侍奉大元皇上，将不会失去宰相的位置。"文天祥道："国亡不能救，为人臣者死有余罪，况敢逃其死而二心乎？"张弘范感其仁义，遣使护送文天祥至京师。路上绝食八日，不死。在大都，被关押在府学胡同，拘囚四年。

元朝丞相孛罗亲自提审文天祥，文天祥只对孛罗行拱手礼。孛罗喝令左右强按文天祥下跪，文天祥坚决不从。孛罗怒道："我是大元丞相，为何不跪？"文天祥正色道："你是北朝丞相，我是南朝丞相，为何要拜？"

世祖爱其才，感其义，派降元的南宋左丞相留梦炎劝降，文天祥破口大骂，留梦炎悻悻而去。忽必烈又让降元的宋恭帝赵㬎来劝降，赵㬎已被忽必烈封为"瀛国公"。文天祥北跪于地，痛哭流涕，不让赵㬎说话，请"圣驾回驭"。

最后，忽必烈亲自召文天祥至殿中，对他说："汝以事宋者事我，即以汝为中书宰相。"文天祥说："天祥为宋状元宰相，宋亡，惟可死，不可生，愿一死足矣。"忽必烈又说："不为宰相，则为枢密。"文天祥对曰："一死之外，无可为者。"忽必烈见无法改其心志，遂赐之死。

次日，文天祥被押赴柴市口（今北京交道口）就刑。临刑，文天祥对吏卒说："吾事毕矣。"问孰为南北，南面再拜就戮。当此时，忽必烈似有悔意，"俄有诏使止之"，然文天祥已死。忽必烈惋惜说："好男子，不为我用，杀之诚可惜也！"

文天祥的妻子欧阳氏收尸时，在其衣带中发现其绝笔自赞："孔曰成仁，孟曰取义；惟其义尽，所以仁至。读圣贤书，所学何事？而今而后，庶几无愧！"

八 元朝的定制

71 遵用汉法，立**中书省**总领全国政务

窝阔台汗前期，除获得相对独立的术赤兀鲁思外，大汗将蒙古本部以外的统治地区划分为中原汉地和西域两大部分，派驻大断事官署事。后又以阿姆河为界，把西域分为东西两部分治。东部官衙署设在别失八里（今新疆吉木萨尔北），辖有自今新疆西至锡尔、阿姆两河之间的河中地区；西部官衙署设在徒思城（今伊朗境内），辖阿姆河以西地区。蒙古灭金后，在燕京设立官府，时称燕京行尚书省，或燕京行台、中都行台。蒙哥即位后，重新任命三大地区的行政长官，称燕京等处行尚书省、别失八里等处行尚书省和阿姆河等处行尚书省。在汉地称大断事官为"丞相""行省丞相"，穆斯林称大断事官为"大异密"。

忽必烈称汗后，遵用汉法，立中书省总领全国政务，相对弱化了御史台、枢密院的作用。其后，相继于各大地区建立行中书省，以中书省宰执官出领各行省，称行某处中书省事。中书省称都省，行中书省称行省。

行省制度渊源于魏晋时的行台，北朝、隋和唐初，都曾置行台

（或称行台尚书省）于各地行使尚书省职权，如遇有出征、戍边或地方重大事务，皇帝派遣尚书省宰臣前往处置，便宜行事，称行省于某处。"省"，不是现在意义上的地域名，历史上省字是衙门名。行中书省是称为都省的中央宰相府的一个派出机构，行省就是一个行动中的中书省。虽说金朝已经有行省的名称，但正式成为制度是在元代。

元朝时期除首都所在的腹里地区直隶于中书省，吐蕃地区由宣政院管辖外，于诸路重要都会设立十个行中书省，分别是陕西等处行中书省（以下简称行省）、辽阳行省、甘肃行省、河南江北行省、四川行省、云南行省、湖广行省、江浙行省、江西行省、岭北行省。

元代的地方官制，行省是最高一级的行政机构，除"腹里"外，全国划分为十个行省，行省下统路、府、州、县，在边远地区，设立宣慰司或宣政院。宣慰司是行省的下属机构，下有都元帅府、元

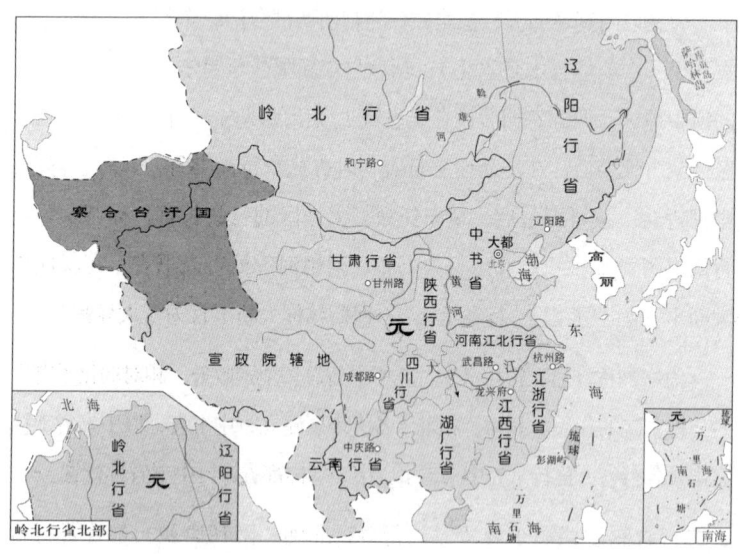

元朝中书省和行省

帅府、宣抚司、招讨司等机构，"行省有政令则布于下，郡县有请则达于省"，"其在远服，又有招讨、安抚、宣抚等使"。元代的社会基层组织，农村为乡都制，城市为隅坊制，农村普遍设立村庄组织。

除行省外，元代还有行枢密院和行御史台官制。行枢密院，简称"行院"，是枢密院在地方上的派出机构，主要是为征伐用兵而设置，多半是临时性指挥机构，战事结束后即撤销。"有大征讨置行枢密院，无则废。"顺帝时为镇压红巾军起义，先后设置了河南、河北、淮南、江浙、陕西、山东、福建、江西等处行枢密院。御史台派驻地方的机构称为行御史台，简称"行台"，亦称"外台"。"举刺之事，则有行御史台。"行台有两个，一是江南行台，设在建康（今南京），另一个是陕西行台，设在奉元路（今西安）。

代行中书省九叠篆书铜官书印（两幅）

72 达鲁花赤，意为"掌印者"

达鲁花赤，是蒙古语，原意为"掌印者"，汉文文献译为"监"，监某路、监某府、监某州,也称少监,是蒙元时期重要的官制之一,为所在地方、军队和官衙的最大监治长官。成吉思汗在被蒙古人征服的城市设置"达鲁花赤",监督当地的军队、民政和司法官员。蒙古军队征服了很多民族和国家,但蒙古民族不过百万众,无力直接进行统治,于是委付给当地的贵族、地主、世侯管理,派出达鲁花赤监临,位于当地官员之上,握有最后的裁定大权。

早在征金战争时,成吉思汗曾任命回回人札八儿火者为黄河以北铁门之南达鲁花赤,任命契丹人耶律阿海为花剌子模国都撒马儿干达鲁花赤。在报达和弗拉基米尔也有达鲁花赤。

入元之后,路、府、州、县和录事司等各级地方政府,都设置达鲁花赤,虽然品秩与路总管、府州县令尹相同,但实权大于同级官员。蒙古军和探马赤军一般不设达鲁花赤,其他各族军队,都要在元帅府、万户府、千户所设达鲁花赤以监军务,品秩与元帅、万户、千户相同,但都要受达鲁花赤节制。

1265年,世祖忽必烈朝中,元廷正式规定,各路达鲁花赤由蒙古人充任,总管、令尹由汉人、回回人担当。汉人做达鲁花赤的,便解除官职。在缺少蒙古人时,允许由"有根脚"的,即有蒙古人背景门第高贵的色目人充任。1309年,武宗海山当政,再次明令禁止汉人、南人、契丹人、女真人和其他少数民族担任达鲁花赤,凡上述人等担任达鲁花赤的,被发现一律追回符牌并撤销职务,而且此人永不叙用。除非蒙古皇帝将蒙古姓氏赐给汉族或其他民族人士,可以担任此职。蒙古人用这一措施,保障蒙古贵族对全国行政、军事、司法系统实行严密监控和最终的裁决。

在有的史书和论文中,把达鲁花赤和札鲁忽赤混为一职,其实这是两个不同的官名，所司其职也大不同。札鲁忽赤是断事官，是司法行政长官，达鲁花赤是掌印者、监军，是军事行政官员；札鲁忽赤是中央官吏，品阶高，也客札鲁忽赤即大断事官品秩为从一品，达鲁花赤为地方官吏，品阶低，最高达正二品；札鲁忽赤处理的多为急务，为一事做临时派遣，公务完成后返回朝廷，达鲁花赤长期派驻地方和职能部门，处理日常事务。

元代铜铁合金达鲁花赤符牌

73　罢黜汉世侯，以防"李璮之乱"

汉世侯是窝阔台时期使用汉人治理汉地的方式，蒙古人不直接统治汉地，而是选用一些投降归附的汉地官僚、地主坐地管理，授予他们世袭的权力，由朝廷派遣达鲁花赤监督。史天泽、李璮都属于汉世侯。

汉世侯因为是汉人，懂得汉人的传统文化、习俗经验，又懂得四时替换、农耕稼穑，对于安定社会、发展生产都有重要作用。如果换成蒙古人自己管理，很可能就会把汉地变成"鬼衙"和"盗区"。忽必烈总领漠南时，就发生过这种情况。窝阔台灭金后，对宗王大臣封赏五户丝食邑，将邢州（今邢台）授予启昔礼和八答两位万户那颜。就是这两人，在克烈部王汗和其子桑昆密谋伏击成吉思汗时，事先通风报信，让成吉思汗躲过一劫。两位那颜委派的达鲁花赤为一介武夫，不懂吏事，肆意聚敛搜刮，当地百姓四散逃亡，本来邢州有一万五千户，最后只剩下七八百户，官府变成"鬼衙"，辖地变成"盗区"。两位那颜看如此下去，也收不到税赋，就请求忽必烈，让其任选官吏代为治理。忽必烈奏请蒙哥汗批准，选用的就是汉人官吏，治理的效果很快就显露出来，一月之内，流民纷纷归返，邢州反成为汉地诸路考绩最好的地方。

有此经验，忽必烈称汗后，依然袭用汉世侯制度。但汉世侯在其辖区内军民兼管，专制一方，且世袭相传，他们手握兵权，掌管财赋，又是万户之主，久而久之，积累起反叛的资本。1262年，山东益州汉世侯李璮，趁忽必烈与阿里不哥争夺汗位军队北调，中原空虚之机，举兵反叛，史称"李璮之乱"。

史天泽是真定万户，也是汉世侯。李璮之乱中，李璮曾以书信邀约史天泽联手反叛。史天泽没有把此书信交给朝廷，而是藏匿起来，说明他对大局把握不定，居间观望。李璮被俘后受审，当面揭露史天泽同谋反叛，史天泽当即拿出身藏的统帅诏旨，杀掉了李璮。毕竟有杀人灭口之嫌，史天泽一面请罪，一面向忽必烈建议："兵民之权，不可并于一门，行之请自臣家始。"此建议立即获准，史天泽等当日被免除军职，金虎符和银符全部撤销，忽必烈迅速收揽纲纪，罢黜汉世侯。

军民分职是罢黜汉世侯一项重要步骤，各路总管就是管民官，不问军事，万户千户，只任军职，不得兼任路、州官职。每个世侯之家，只保留一人任官，或军职或民官，兼任一律解除。

第二项是废除汉世侯的世袭制度，罢世侯，置牧守，官员迁转，三年一移。

还有第三项措施，命令汉世侯交出原先统率的军队，改由其他将领节制。

通过以上三项措施，忽必烈铲除了汉世侯赖以生存的根基，结束了汉世侯间接治理汉地的体制，在国家制度上，完全采用汉地官僚集权模式。

74 八娼九儒十丐

儒指读书人，在中国古代社会，早期的儒是指专门负责办理丧葬事务的神职人员，他们精通当地的丧葬礼俗，成为一种相对独立的职业。他们中许多人懂阴阳，会占卜，有知识和学问，将原来的经验、礼仪，提升、规范为经学和典章，使他们终于成为社会结构中的一个智者阶层。孔子告诫弟子："女（汝）为君子儒，无为小人儒。"期望他们成为助人君、明教化的君子，而不是做它本义上的在丧葬礼仪上吹打揖让的贱民。

"八娼九儒十丐"，是说元代统治者把人分为十等，读书人列在第九，居于末等的乞丐之上，娼妓还比他们靠前一位，就差没有去讨饭了。后来也用来指知识分子受到歧视和苛待。"九儒十丐"之说出处有二。一是宋郑思肖的《心史》："一官、二吏、三僧、四道、五医、六工、七猎、八娼、九儒、十丐。"另一是宋谢枋得的《叠山集》："滑稽之雄，以儒者为戏曰：我大元典制，人有十等：一官、二吏；先之者，贵之也，谓其有益于国也；七匠、八娼、九儒、十丐，后之者，贱之也，谓其无益于国也。"

谢枋得，南宋末官员，曾与文天祥一起率兵抗元。宋亡之后，流落建宁，元廷多次征召，均坚辞不仕。1288年，被福建行省参政强送大都，谢枋得绝食殉节。

郑思肖，南宋儒生，原名不详。宋亡后改名思肖（肖者赵也），心怀故国。其人"坐必南向，闻北音而走，誓不与朔客交往"。朔客指北方边地的将领。画兰不画土，谓："土地尽为番人夺矣。"

此二人都是南宋遗民，均有明显的反元倾向，对元朝制度素无好感，著述自然也会矮化元朝。其实，谢枋得也未说"九儒十丐"乃是元朝典制，而是说"以儒者为戏"的戏谑之语。是与否，既无须证实，也不能证其说法必伪，需要了解一下元代中后期中原儒生进仕的情况。

元代的户籍制度，依照职业和社会职能不同，将全国居民划分为若干户别，《元史》中称为诸色户计。常见的户计有军、站、民、匠、儒、医卜、阴阳、僧、道、船、弓手、商贾、打捕鹰房、也里可温（基督教神职人员）、答失蛮（伊斯兰教神职人员）等，没有将人分为十等之制。儒户是元代诸色户计的一种，和其他宗教户计一样，比一般民户优待，可以免除劳役差发，还可以豁免丁税。但从忽必烈开始，就有一个奇怪的现象，忽必烈在治国过程中任用儒士，用汉法治汉地，兴儒学，办书院，自己也接受了"儒教大宗师"的尊号，却迟迟不开科举，堵塞了儒生登科进仕之道。有一种解释，是因为开科举考试，蒙古人肯定逊于汉人、南人，他们担心军政要职丧失其手。还有一种说法，程朱理学家，如朱熹、许衡，认为唐宋科举禁锢了思想和学术，主张以书院自由讲学的方式传播理学。

元代并非没有仕进之路，元代的官员选拔主要有三条路径：怯薛、吏进和科举。怯薛是以贵族子弟，诸万夫长、千夫长、百夫长的长子组成。在内廷的怯薛，可以附议、陪奏朝中大臣的奏折。终元一代，高级官员一直为开国之初的"九十五千户"所把持。元代科举始于仁宗朝，从1315年始，终于1366年，共取士一千二百人左右，其中汉人、南人约六百人。人数殊少，不足以论。因此，元代官员，特别是中下级官员的甄选，主要途径是吏进。元代大量官员是从吏员中擢升，官、吏之间的流通环节是通畅的。这本来也是蒙古人习惯的实用主义做法。成吉思汗在屠城之前，都要先对俘获的人口进行甄选，工匠、识字的人、医生、商人留下不杀，送回蒙古本土使用。元代虽长期未开科举，然而吏进之门一直向儒生敞开。元代一直将以儒为吏作为既定国策，并长期执行。

75　勾栏瓦舍元杂剧

　　杂剧是一种把歌曲、宾白、舞蹈结合在一起的汉族传统艺术形式。最早见于唐代，与汉代"百戏"差不多，"杂"和"百"皆形容多，"戏"和"剧"也意思相仿，但都没有"戏剧"的意思，泛指歌舞以外的各色节目。到了宋代，"杂剧"逐渐成为一种新的表演形式的专称，是以滑稽搞笑为特点的一种表演形式。元代发展成戏曲形式，故又称元曲。

　　元杂剧又称北杂曲，因是用北曲演唱，形成于宋末，主要代表作家有关汉卿、郑光祖、马致远、白朴等，代表作有《窦娥冤》《汉宫秋》《倩女离魂》《梧桐雨》。四折一楔子是元杂剧最常见的结构形式，每个剧本一般是由四折戏组成，有时再加一个楔子，演述一个完整的故事。折相当于幕，是剧本情节的一个自然阶段。四折即是开端、发展、高潮、结局四个阶段，四折合为一本。在四折戏外，为了交代情节或贯穿线索，往往在全剧之首或折与折之间，加上一小段独立的戏，称为"楔子"。全剧之首的称为"开场楔子"，置于折与折之间的称为"过场楔子"。木工讲究严丝合缝，楔子本意是木器榫卯处为弥缝填裂而楔入的小木片，在剧中起到承前启后、上下呼应的作用。情节过长的戏，可写成多本，如王实甫的《西厢记》共五本二十一折，杨景贤的《西游记》共六本二十四折，每本仍是四折。

　　杂剧的角色分为旦、末、净、杂。正旦是主要女演员，正末是主要男演员，净是喜剧人物，以上三类之外的演员为杂。一人主唱是元杂剧又一特色，主唱的角色不是正末，就是正旦。正旦主唱称旦本，如《窦娥冤》窦娥主唱。正末主唱称末本，如《汉宫秋》汉元帝主唱。

元曲即元代的散曲，元代称为"乐府"或"今乐府"，是继诗、词之后兴起的新诗体。散曲原本来自"蕃曲""胡乐"，被称为"街市小令"或"村坊小调"。元灭宋后入主中原，散曲也随之在大都和临安南北之地流传开来。散曲有严谨的格律，每一个曲牌的句式、字数、平仄都有定式。与律诗、绝句和宋词相比，元曲虽有定格，但也通融，押韵上允许平仄通押，定格上还允许衬字，部分曲牌还可以增句。散曲没有宾白，内容以抒情为主，有小令和散套两种。最著名的散曲是马致远的《天净沙·秋思》："枯藤老树昏鸦，小桥流水人家，古道西风瘦马，夕阳西下，断肠人在天涯。"同一曲牌白朴的《秋》也同样为人所知。

一般来说，元杂剧和散曲合称为元曲，杂剧是戏曲，散曲是诗歌，属于不同的文学体裁。由于元杂剧的成就和影响远远超过散曲，因此也有以"元曲"单指元杂剧之说，意为元代戏曲。

元杂剧的兴盛有几个原因，王国维把它归于元初科举之废。迟迟不开科举，致使元代主流士人没有进仕之道，文人士大夫长期被边缘化。一些失意文人自谋生路，而与传统民间文艺走到一起。从社会发展观分析，更主要的原因还是城市的发展，有了城市，有了大规模的城市人口和稳定的城市经济，就会出现固定的娱乐表演场所，这是戏剧产生的条件。两宋时期，经济已十分发达，先在中原，后到江浙，出现了大量的城市，杂剧就起源于两宋的勾栏。在当时的汴梁和临安，勾栏瓦舍是宋元戏曲在城市中的主要表演场所，是民间艺人向市民观众长期卖艺的地方，而杂剧、散曲已是城市居民不可或缺的生活组成。

勾栏瓦舍

76 塔塔统阿创立**蒙古文字**

蒙古人发迹于斡难河时，是没有自己的文字的，军帅下达一道命令，传令官要记在心里，如果令旨较长，他就要反复记诵，以免遗忘或错讹。随着蒙古人征服的脚步加快，战线越拉越长，黄钺一挥几千公里，前线与后方，各路人马之间的消息或命令，凭口口相传，必然要有问题。1204年，蒙古人灭乃蛮部，俘虏乃蛮国师畏兀儿人塔塔统阿。因他深通回鹘文字，成吉思汗命令他教授太子、诸王，以畏兀儿字书写蒙古语。

历史上蒙古语曾采用以下四种文字：回鹘文；改良自回鹘文字母的传统蒙古文，称旧蒙文；忽必烈时代，由当时的吐蕃国师八思巴所创立的八思巴文；今蒙古国采用的西里尔蒙古文，称新蒙文。

1941 年外蒙古纸币上的新旧蒙古文

840 年，回鹘汗国被黠戛斯人击溃，一部分畏兀儿人西迁高昌一带，史称高昌回鹘，或称西州回鹘、畏兀儿。回鹘、回纥、畏兀儿，是一个民族的多种叫法，唐宋时代的回鹘逐渐由畏兀儿这个名字代替。受粟特文影响，畏兀儿人采用粟特字母来拼写自己的突厥语，渐渐演变为回鹘文，回鹘文又称畏兀儿文。

最早的蒙古文字，就是以回鹘字母拼写蒙古语，而后来的满文，又是借自回鹘式蒙古文字母。早期的蒙古文字与回鹘文非常相像，故称为"回鹘式蒙文"。16 世纪以后，经过文字改革，形成近代蒙古文，即胡都木蒙文，现在是中国内蒙古自治区蒙古语的官方书写方式。

1269 年，元世祖忽必烈颁行"蒙古新字"，不久改称"蒙古字"，今通称"八思巴文"。八思巴字成为通行的官方文字后，回鹘式蒙文的使用受到一定的限制，被称为"畏兀儿文"，与八思巴文相区别。

元朝的定制 / 213

八思巴字，是忽必烈命帝师八思巴创制的新文字，称蒙古新字或国字，它是用藏文字母来拼写畏兀儿体的蒙古字。此时忽必烈已经坐稳了帝位，在他的宏大构想里，要创制一种能代表大元蒙古帝国的新蒙古字，超越塔塔统阿原造的旧蒙文。所以，八思巴字既可以译写旧蒙文，又可以译写汉文、波斯文。从形式上看，它的原形是藏文，但是拼写的最基础文字是蒙古文，目的是要统一所有的文字。

忽必烈推行八思巴字不遗余力，下令设立诸路蒙古字学，专门负责八思巴字的教学和训练。南宋平定后，蒙古字学又推广到江南地区。不少汉人、南人为了找到一条仕进之道，也进入蒙古字学去学习八思巴字。尽管忽必烈推行八思巴字是为了"书同文"的一统思想，但这个使命终难实现，元朝的历史毕竟太短了。元代后期，回鹘式蒙古文又逐渐通行。元朝灭亡以后，连蒙古人都不再使用八思巴文这种生造的文字了，他们又习惯性地回归到回鹘式的旧蒙文。到北元时期，八思巴文在蒙古人中间逐渐失传了。

受苏联影响，蒙古人民共和国即今蒙古国的蒙古人转用西里尔字母为基础的拼音文字，称为"新蒙文"，用来记录蒙古国通用的喀尔喀方言。这样就形成了今天用两种字母书写的蒙古文形式。

在蒙古还未有文字的时代，要记录蒙古语就要采用汉字来标音。其他民族学习蒙古语时，也要采用各自的文字为蒙古语注音。这些注音文献有汉字标音的《至元译语》，阿拉伯字母注音的《伊斯坦布尔蒙古语词汇》等，其中最有名的，就是明初注音翻译的《蒙古秘史》。不过蒙古语原版的《蒙古秘史》全本已失传,仅在《蒙古黄金史》等著作中保存了部分段落。

77 色目人,元代对西域人的统称

元朝将百姓分为四种人:蒙古人、色目人、汉人和南人。色目人是元代对西域人的统称,色目即"各色名目",意指种类繁多。色目人有多少种?说法不一。元人陶宗仪在《南村辍耕录》中列举了三十一种,清人钱大昕在《元史氏族表》里则列了二十三种。常见于记载的色目人,有唐兀、汪古、回回、畏兀儿、康里、钦察、阿速、哈剌鲁、吐蕃等。在色目人中,又以回回人居多,因而有时也用回回人代称色目人。色目人主要分为黄种人来源和白种雅利安人。色目人的黄色人种较少,主要有唐兀即党项人、吐蕃人、汪古人、乃蛮人、畏兀儿人属于黄白混血种,色目人大多是白种人和黄白种人。

哈剌鲁	乃蛮歹	贵赤
钦察	阿儿浑	匣剌鲁
唐兀	合鲁歹	秃鲁花
阿速	火里剌	哈剌吉答歹
秃八	撒里哥	拙儿察歹
康里	秃伯歹	秃鲁入歹
苦里鲁	雍古歹	火里剌
剌乞歹	赛亦思	甘木鲁
赤乞歹	夯力	彻儿哥
畏兀儿	苦鲁丁	乞失迷儿
回回		

色目人三十一种

元朝的定制 / 215

"民族四等级制"是元代社会制度的特征，元朝把治下人民分为四等，并据其所处等级在为官、科考、刑罚、赋役等方面都有相应的规定，这主要也反映了作为统治者的蒙古人对占人口大多数的汉人和南人的防备。这四个等级的顺序，基本上就是蒙古人征服世界的次序。成吉思汗黄金家族首先征服了蒙古诸部，统一漠北草原，建立大蒙古国。蒙古人指的是成吉思汗统一蒙古高原时集合的人群及其后代。然后通过三次西征，征服西域各民族，中亚和西域的归附者大量进入蒙古本土和汉族居住区，受到元朝的重视与使用，被列为全国四等人中的第二等，社会地位仅次于蒙古人。汉人是指原金朝境内的汉族和契丹、女真等族，以及云南人、四川人、高丽人，人口有五千万。最晚被征服的是南宋，南宋人即南人，是居于江浙、湖广及河南南部的各族，人口有六千万，地位最低。

蒙古人比较信任色目人还有另一个原因，他们或许认为与色目人在人种上有较远的相似性。中亚和西域人大多是突厥人种，他们所居的西域又被称作突厥斯坦。而蒙古人起初并不是一个独立的人种，他们与突厥人一样，都属于北亚亚种。在蒙古崛起之前，匈奴人、鲜卑人、突厥人、回鹘人被汉族或其他民族灭亡后，他们逃亡的路线都一致朝西，在西域圈划领地，重新建立民族国家。西迁的匈奴人一部分成为今匈牙利人的祖先，定居于高昌的回鹘人称"高昌回鹘"，是今维吾尔人的祖先。东西突厥分裂后，西突厥迁王廷于今中亚的塔什干，是现代土耳其人的祖先，而他们留在蒙古高原上的人，又在那里创立新的民族。

色目官员在元朝各级政府中占有一定比例，他们可以担任汉族官员不能担任的职务。如蒙古人不够时，他们可以担任地方政府的达鲁花赤，汉人只能做到总管。1265年忽必烈规定，各路达鲁花赤必须由蒙古人或个别出身高贵的即"有根脚的"色目人担任，汉人、南人一律不能出任此职。

元朝虽然是第一个由少数民族建立的大一统王朝，但在人口数量上远远少于汉人和南人，并且在文化发展的程度上，也远不及汉民族，因此从蒙古高原和西域进入中原汉地的蒙古人、色目人，必然要面临汉化和儒化的问题。对非汉人族群的汉化，元廷政策并不压制，忽必烈经略漠南汉地时，采取的方法就是以汉法治汉地，"为治之道宜各从本俗"，这也是出于实用的目的。

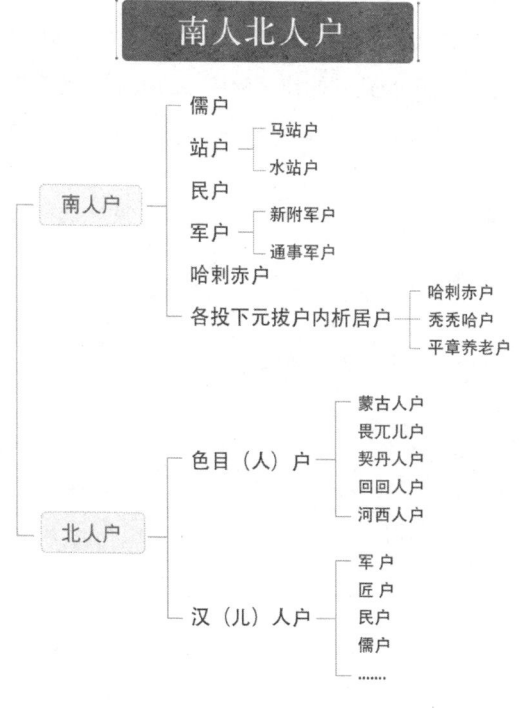

元朝的户籍

1315年，仁宗朝恢复科举，采取的方法是分榜取士，蒙古人和色目人一榜，汉人和南人一榜。会试时，人口较少的蒙古人和色目人与汉人、南人一样，各取二十五名，一直到元朝灭亡，历次会试大都是这个录取比例。这看似是一个不平等和歧视汉族人的政策，却是一个非常重要的政策导向。如果不给予蒙古人、色目人政策上的扶持，他们在考场上必处弱势，这是人所共知的，那么仁宗朝能否恢复科考就是个疑问，即便恢复科考，也会像权相伯颜一样，执意废除科举。

在汉化的色目人和蒙古人中，儒化程度较深的，逐渐成为士人，在与汉人的交往中，形成了一个超越族群的多族士人圈。在元中后期，出现了一批汉语言文学造诣颇深的色目文人，如回回诗人萨都剌、丁鹤年，汉诗已经达到同代汉族诗人的水平。畏兀儿人贯云石，他的祖父是平灭南宋的主将阿里海牙，而他自己，已是著名的元曲作家了。

九 诸神的信仰

78 长生天，蒙语读作"腾格里"

古代蒙古人把自然世界分成两部分，即天与地。蒙古人观念中的"天下"乃是位于"有星的天""有草皮的地"之间的没有中心的无限空间。与草原上其他部落所信奉的有经典教义和神职人员的宗教如佛教、基督教（景教）、伊斯兰教不同，蒙古人相信万物有灵，他们尊崇"长生天"，崇拜"太阳金光"，崇拜大自然的精神力量。他们认为，人的灵魂不只包含在身体的静止部分里，也包含在流动的河川里。成吉思汗的家族所在的怯绿连河、斡难河、土拉河，作为三河之源，不儿罕·合勒敦山是蒙古人心中的圣山。不儿罕山是这一带高原上最高的山，他们认为这是世界上最接近"长生天"的地方。

蒙古民族以"苍天"为永恒最高神，故谓"长生"，长生天蒙语读作"腾格里"。蒙古人的权力概念，像许多欧亚国家民族一样，植根于神圣的王权观念，至高无上的权力由长生天授予一位地上首领。

蒙古人相信万物有灵，尊崇"长生天"，崇拜太阳金光

　　成吉思汗注意到称汗的合法性这一问题，他不仅需要得到蒙古贵族的推举，还必须接受天神的暗示，所谓君权神授。豁儿赤是札木合部落的一位萨满，他对铁木真说：我与札木合有一腹同胞之缘，本不应脱离札木合来投奔你。但我做梦看到一头母牛绕着札木合的车帐冲顶，折断了一只犄角，说明他大势已去。还有一只公牛拉着一辆大帐车，紧跟在铁木真你的后面，大声吼着："天地相商已定，立铁木真为国主，令我前来传言！"这样的解释对一个即将登上大位的部落首领是必需的，不管这真是豁儿赤的预言，还是铁木真要借这位萨满之口。作为天神选定的代表，成吉思汗受到长生天的保护

和扶植，护佑他的一切政治谋划和军事冒险。

成吉思汗在向世界传达一个简单的讯息：上天只有一个，即长生天，地上只有一主，就是成吉思汗及其子孙。一旦所有人都服从了蒙古人的宽容统治，那么长生天便会金光普照，从日出之处到日落之地的整个世界，都将沉浸在欢乐的海洋里。如果有谁对长生天的训示充耳不闻，对它的关怀敬而远之，自以为"我们的国家遥远，我们的山脉坚固，我们的海洋辽阔"，拒我们于城门之外，甚至还信心十足地率军攻打我们，那么好吧，蒙古人的宣战方式是相同的一句话："你选择了战争，唯有长生天知道我们二者如何结局。"

如果认为蒙古人对神的崇拜只是出于实用的目的，那一定不对。尽管蒙古人不善于思辨，但他们已经有了朴素的天地阴阳的观念。在他们看来，岩石、山脉构成大地的骨骼，是雄性元素，而水赋予大地以生命，是雌性部分。他们用石头堆成敖包，挂满灵旗，如展示男人的阳具，而蒙古包则是母亲的子宫，不管它是如何简易甚至破败，那都是蒙古人的朝拜之所。蒙古可汗的妻子死后，她们的斡耳朵会被当作最重要的遗物，送到三河之源的曲雕阿兰，在不儿罕·合勒敦山的俯瞰下被供奉起来。

蒙古人把最高的山称作汗，而把永不干涸的河流和广大无边的湖泊称作哈敦，即王后，蒙古人把自己民族诞生地的斡难河口称为母亲。成吉思汗一直依靠着山神的力量，而被水神滋养。他的父亲也速该，他所在的孛儿只斤氏以及他的黄金氏族，都没有给他确实的帮助，只赋予了他一些虚幻的观念，帮助他走出险境成就帝业的，是他的母亲诃额仑、妻子孛儿帖，还有他的女儿们。成吉思汗描述

诸神的信仰 / 221

他成功的秘诀在于"长生天的气力",他的灵感来源于"全能的长生天的召唤",而他的命运却是由大地母亲帮他实现的。

79　萨满的神告

萨满教是上亚细亚游牧民族、狩猎民族共同的信仰,他们相信万物有灵,崇拜自然,崇拜祖先。萨满教没有教名,没有教义,没有组织,没有教堂,属于一种自然崇拜,长生天是萨满教思想的核心内容。萨满教神职人员一般就叫萨满,蒙古人称其为"孛额",最高的"孛额"叫"帖卜腾格里",即通天巫。

在13世纪的蒙古人心中,对图腾的崇拜、对偶像的崇拜以及对祖先的崇拜是混为一体的,在他们信仰的诸神灵中,既包括家族的祖先、死者的亡灵,又包括氏族和部落的领袖,他们的图腾始祖,可能既是他们的先辈,又是传说中的兽祖。所以,蒙古人明知道把他们的先祖孛儿帖赤那和豁埃马阑勒强译成苍色的狼和惨白色的鹿,他们也愿意将错就错,以讹传讹,似乎这契合他们心灵的需求,认苍狼白鹿作自己的祖先,更能证明内心的神性。

萨满信仰的产生,跟许多原始宗教一样,在很大程度上是基于原始人类无法理解自然界的各种现象,特别是这些现象与他们生活中的一些灾难和喜福巧合的时候,当这种巧合重复出现的时候,更让他们深信不疑。萨满巫师自称能飞上天,能预言未来,他们念着咒文,呼唤鬼神,让人们相信他们得到鬼神的回答。

蒙古人需要的是一种可以从中得到政治好处的宗教。偶像教神仙"能掐会算"这个事实,使得忽必烈终于放弃了成吉思汗的宗教放任原则,自己皈依了喇嘛教。听起来他的理由很幼稚,他向基督徒追问道:"我坐在桌边,你们能使盛满酒的酒杯自己飞到我面前,不需要动手而让我任意喝吗?你们也亲眼看到,偶像教的术士有呼风唤雨的能量。假使我成了基督徒,我皇族的王公问我,基督教教士拥有什么灵异之处呢?我将无法回答。"

成吉思汗在统一蒙古诸部和对外征服的过程中,利用萨满对自己进行了神化活动。在蒙古人建立国家的过程中,萨满仍然像在氏族部落中一样,享有崇高的威望。豁儿赤早在1189年成吉思汗首次称汗前,向他预告了上天选定铁木真当国主的神告,作为回报,铁木真答应封他为万户长。然而豁儿赤不知足,说:"我预言了如此重要的天下大事,封个万户长算什么,还要再授我挑选三十美女为妻的权利,再者,凡我所言,你必须倾听!"铁木真都——答应。后来,豁儿赤强抢美女引起民变,按大札撒必当受到严惩,成吉思汗还是赦免了他。蒙力克的儿子——通天巫阔阔出是继豁儿赤后又一个大萨满。1206年,成吉思汗即大蒙古国汗位时,就是这位阔阔出代表天神,当众宣布铁木真为成吉思汗。萨满的领袖已经不是普通的神职人员,他们掌握各种祭祀仪式,占卜吉凶,预告成败,是部落联盟的神权代表。

成吉思汗如此听从、信奉萨满,也可能在他母亲那里受到影响。他的母亲诃额仑,改嫁给了一个萨满大主教,他就是阔阔出的父亲蒙力克。蒙力克是也速该的托孤人。也速该死后,他把铁木真从德薛禅家接回。后因形势所迫,离开铁木真一家,依附札木合。铁木真与札木合决裂后,蒙力克率其七个儿子重归铁木真阵营,深受铁木真敬重。他被视为天神的心腹,他的名望使得铁木真的联盟有了宗教的根基。

阔阔出利用自己的独特地位，使自己和六个兄弟获得好处，形成一个势力强大的派系，企图以不切实际的神权挑战成吉思汗家族的皇权。在部落联盟中，他的权力地位仅次于成吉思汗，由于他具有神的权力，没有他的允许，蒙古人就不能调集军队或进行战争。成吉思汗宁愿听信阔阔出，也不愿与自己的家族结盟。一种说法是，他的母亲因此离开了他，回到怯绿连河他们家族的发祥地，在那里死去。后来成吉思汗还是听从了他的妻子孛儿帖的劝告，意识到这七个强大的兄弟所形成的威胁，最终将他们铲除。阔阔出之死标志着萨满教在蒙古帝国神圣地位的动摇。

80 四大汗国的**伊斯兰化**

木速蛮是元代伊斯兰教的译名，元代汉文文献通常将西域各族木速蛮称作回回。木速蛮商人素以经商而闻名，早在蒙古兴起之前，他们就往来于蒙古高原和西域、中原各地，操纵了两头的贸易，蒙古的一些宗王、贵族也利用他们替自己经商、放债牟利。1218年，成吉思汗组成一支四百五十人的大商队，派往花剌子模通商交好，成员全是木速蛮。

元朝管辖伊斯兰教事务的专门机构回回哈的司，与管理佛教的宣政院、管理基督教的崇福司各司其职，分别掌管本教事务。

窝阔台汗的都城哈剌和林有两个城区，一个是回回人居住区，另一个是契丹人居住区。城内的十二座寺庙，其中两座是清真寺，伊斯兰教徒在这里做礼拜，念诵伊斯兰教的经卷。

元朝境内的回回人，大部分是蒙古军队西征以来从中亚、波斯地区俘虏的工匠和平民，有一些是经商而留居汉地的回回商人。从成吉思汗到窝阔台时期，战后处理一直采取屠城政策，但蒙古人西征期间，每攻克一座城市，首先要把工匠、技师、医生等技术之人甄别出来，再行屠戮，这部分人被带回蒙古本土，为其效力。后来在进攻南宋时使用的攻城利器"回回炮"，便是木速蛮的发明。

木速蛮移民入居元朝后，世代保持伊斯兰教的信仰和习俗，成吉思汗的"札撒"，保证了木速蛮的宗教活动和生活习俗不受限制。木速蛮散居中国各地，编入当地户籍时，另为一类，通称回回户，区别于其他民族的居民，后来形成中国的回族。

蒙古三次西征后，在中亚、波斯建立了四大汗国，这些地区经过阿拉伯人的长期统治已经伊斯兰化，蒙古人一开始即面临着伊斯兰教的文化环境，不论是信仰的认同、习俗的改变，还是蒙古贵族利用伊斯兰教统治国家的需要，蒙古人只能走上伊斯兰化的道路。从中世纪至今，现在留在中亚、中东、东欧的蒙古人的后裔已经完全被同化，他们与现在的蒙古人虽然可以上溯到同一个种属，但已是具有不同语言、不同习俗、不同信仰的另一个民族了。

首先踏上伊斯兰化道路的是钦察汗国。第一任大汗拔都执行的是各民族信仰自由的政策，继别儿哥后的两位大汗蒙哥帖木儿和脱脱即位后都皈依了伊斯兰教，而脱脱之后的大汗月即别，即位之前已经是伊斯兰教徒。钦察汗国在14世纪之初基本上完成了伊斯兰化的过程。

伊利汗国的建立者旭烈兀信奉基督教，敌视伊斯兰教。他在1258年攻破伊斯兰教中心报达后，处死哈里发，焚毁大清真寺和伊斯兰教堂。但伊斯兰的势力依然紧紧包围着这些蒙古人。旭烈兀的儿子阿合马即位后，立即改信伊斯兰教，下令归还所有善堂物品，遵行伊斯兰法令。1295 年，旭烈兀曾孙合赞汗登上汗位，不久他改宗伊斯兰教，得到了穆斯林的有力支持，他从这个皈依中看到了实质性的政治利益。即位后，他将伊斯兰教定为国教，对不改宗伊斯兰教的人进行打击，他用伊斯兰教的仪式替代原有的草原风俗，并且，他也不再使用蒙古的"汗"号，改称伊斯兰君主的称号"算端"。

13 世纪后半期，察合台的后裔逐渐走上伊斯兰化的道路。察合台的曾孙——木八剌沙改信伊斯兰教，他是察合台汗国中第一位信仰伊斯兰教的大汗。14 世纪初，窝阔台后王海都死后，察合台后王笃哇控制了窝阔台汗国，最终吞并了它。笃哇之子宽阇、答儿麻失里先后继位，都改信伊斯兰教，并要求所辖地区的蒙古人也皈依伊斯兰教，因此蒙古人都皈依了伊斯兰教。

蒙古人在中亚、波斯建立了四大汗国，这些地区已经伊斯兰化

81　信奉**景教**的女人们

蒙古人第一次接触的西方宗教，是基督教的一个分支，蒙古文献称基督教为"也里可温"，意为信奉上帝的人。汉文文献所称的"景教"，是被正统的基督教派视为异端的聂思脱里教派。该派创始人为君士坦丁堡主教聂思脱里，由于对基督教教义认识不同，被判为异端邪说。该派信徒逃避迫害，大批逃往波斯，5世纪或6世纪传入新疆，12世纪在喀什噶尔（今喀什）建立了总教区。西辽灭亡后，有大批景教徒投奔蒙古地区。克烈部、乃蛮部和汪古部都是信奉景教的部族。1206年，汪古部归附蒙古，基督教开始进入蒙古人的生活。克烈部札合敢不的女儿、四汗之母唆鲁禾帖尼是聂思脱里教基督徒，她的儿子蒙哥、忽必烈和旭烈兀都娶了基督徒的女子为妻。在基督徒和穆斯林发生争论时，阿里不哥不由分说地站在基督徒一边。旭烈兀攻陷报达城后大肆杀掠，唯独不杀基督徒。

蒙古诸汗的家人和宫廷里，多有基督教的信奉者。窝阔台汗的妻子乃蛮人脱列哥那，就是一个景教徒。贵由汗为她所生，故从小就受到该教的培育，有比喻说："其印象绘于他的心胸，犹如刻在石头上的图画。"

尽管有可汗的母亲和妻子的影响，但在整个蒙古国时期，基督教没有使任何一位可汗归化，更没有任何一位可汗宣布其为国教。比之忽必烈皈依了佛教，西域诸汗国先后皈依了伊斯兰教而言，这是一个很奇怪的现象。1246年，罗马教皇派遣使者柏朗嘉宾参加贵由的即位大典，试图使蒙古改宗基督教，被贵由断然拒绝。他的使命只是带回了一封用波斯文写的回信，信中贵由汗居高临下地叫教皇归顺蒙古，带领欧洲诸王来朝听其宣谕。1254年，天主教方济各会教士卢布鲁克受法兰西国王路易九世派遣，在蒙古本土觐见蒙哥汗，而使其归化的目的仍是徒劳。贵由汗允许在其幕帐前设置一个小教堂，教徒们聚集在这里大唱圣歌，蒙哥汗可以陪伴他的景教徒的妃子们出席教堂里的祈祷礼，但他们都是忠实的萨满教徒。

前四汗时期，蒙古人依然遵守着成吉思汗的札撒，各民族宗教共存，个人信教自由，蒙古人固有的信仰仍然是诸神崇拜的萨满教。随着蒙古人征服步伐的加快，所接触的外来宗教也愈多。尽管蒙古人对这些外来宗教的教义不甚了了，相比自己原始、简单的宗教，其深刻的哲理、隆重的法仪，更能满足这些世界征服者精神上的需求。而且，蒙古人认为，不能为了自己崇拜的神灵，去迫害其他诸神灵，各个教派的教徒都为他们的功业和长寿祈祷，这对蒙古人来说，是有百利而无一害的事情。

82　忽必烈师从八思巴

萨斯迦班智达1251年在凉州去世，临终前，他将法王之位传给了他十七岁的侄子八思巴。八思巴成为萨斯迦第五任教主。此时，当政不到三年的贵由汗已死，汗位从窝阔台系转到了拖雷系。阔端没有公开反对蒙哥，免遭杀身之祸，但由他支持的萨斯迦派，也不再具有垄断藏地各教派的领袖地位了。

蒙古建国后，佛教通过两条途径与蒙古人接触，一条是西夏国，另一条是金国。蒙古的邻国西夏是佛教盛行的国家。藏传佛教正式

八思巴像

传入蒙古地区，肇始于窝阔台汗之子阔端对西藏的军事占领。阔端与萨斯迦班智达所达成的是一项政治协议，目的是利用萨班在整个藏区的影响力使西藏归顺。

　　蒙古人一旦接触到了佛教，其内心特别容易接受。藏传佛教与蒙古人固有的宗教萨满信仰有着某些契合之处，身为游牧和狩猎民族的蒙古族和半游牧、半农耕的吐蕃人在习俗上比较接近，萨满教与吐蕃人的原始宗教苯教或有相通，文化亲和力颇多。尤其是佛教的密宗，依赖师徒口耳相传，个体差别性极大，所以更具神秘性。

　　忽必烈早在1240年就曾将中原的名僧海云禅师召赴漠北问对。蒙哥汗时，忽必烈奉命远征大理，1253年抵达六盘山驻营，他已久仰萨班之名，当使者驰至凉州时，才知萨班已经死去，于是就把新教主八思巴召请到军营。随行军中的忽必烈王妃察必先请八思巴传

八思巴（左）与忽必烈（右）

授喜金刚灌顶，受其影响，忽必烈也要求接受灌顶。灌顶后，八思巴被奉为忽必烈的上师。"上师"就要坐于弟子的上座，这使忽必烈十分为难。经察必调解，双方约定：今后八思巴讲授佛法时，可以坐上座，吐蕃之事先征求八思巴意见再下令旨；忽必烈处理政务时坐上座，八思巴不得干预朝政。

忽必烈师从八思巴，接受密宗灌顶，这对后来元朝的宗教政策和对西藏的政策都有十分重大的影响。1254年，忽必烈颁布《优礼僧人诏书》，表明自己皈依佛法，尊礼上师，对萨斯迦派僧人及寺院做了不损害之保证，还免除了僧人的兵差税役。

1260年，忽必烈开平称汗，立即封八思巴为国师，授玉印，任中原法主，统天下教门。1270年，八思巴晋封"帝师"，另赐玉印。确立藏传佛教为国教，被认为是改变了成吉思汗确立的多教并存、自由信仰的国策，其弊端在未来的数十年中逐渐显示出来。1258年，忽必烈亲自主持"佛道之争"，明显倾向和袒护了佛教，即位后又对全真道教进行了打压，而且从心理上，与先后皈依伊斯兰教的四大汗国愈行愈远。

1264年，忽必烈迁都大都，设置了管理全国佛教事务的总制院，后改名宣政院，由八思巴领院使，忽必烈命其返回萨斯迦建立西藏行政体制。总制院下属三个互不统属的宣慰使司，直接管理西藏地区的一切事务。忽必烈颁给八思巴一道诏书，史称《珍珠诏书》。与十年前的《优礼僧人诏书》不同，这是蒙古大汗对西藏各教派下达的诏书。这道诏书奠定了元朝所执行的"政教并行"的原则，忽必烈在国家世俗事务和宗教事务之间划定了明确的界限。这不仅是元朝一代的国家定制，也为元之后历代王朝所遵行。

83 全真道教由盛而衰

全真道教、太一教和真大教在金元时期被称为"新道教"。所谓新，是因为它们吸收了佛学和儒学的一些思想和法戒。比如全真道教教授以苦修奇行，戒酒、戒色、戒财、戒气，深得佛学要领。而正一道教是传统的道教，即"符箓派"，画符念咒、驱邪降魔、祈福消灾，继承自东汉以来的道教传统。正一道教活动的区域在南宋地区，"新道教"的传播区域在北方。

全真派能够盛行于北方汉地，取得压倒儒学和佛教的地位，多是因为其教主丘处机应诏西行觐见成吉思汗，得到了他的器重和礼遇。丘处机，号长春子，道教全真派的创始人之一。13世纪初，全真道教在北方已经广为传播。金朝和南宋几次发出邀请，他概不应诏。然而他看到蒙古势力的发展，大概认定成吉思汗将一统天下，果断应诏，前往成吉思汗的大雪山行宫传道。1220年，丘处机率弟子十八人从燕京出发，历时两年，行程数万里，终于在1222年的4月到达兴都库什山（今阿富汗境内），在八鲁湾行宫谒见成吉思汗。

本来成吉思汗不远万里诏请丘处机是为了取长生之术，因此丘处机甫一入见，便被问有无长生之药，丘处机答曰："有卫生之道，而无长生之药。"这个回答令成吉思汗失望，但他的道行还是令成吉思汗叹服，不称其名，唯曰"神仙"。

丘处机凡三次向成吉思汗谈道，史称"雪山谈道"。谈话内容，当时遵照成吉思汗的旨意没有外传，基本要点不外乎有二：一是"修身养病之方"，二是"治国保民之术"。全真道内修的基本要领是外修阴德，内固精神，成吉思汗不管能听懂多少，但多少也能听得进去。但如何让黔黎获苏息之安，生灵免涂炭之坠，还须循循善诱。一次，成吉思汗打猎，射中了一头野猪，他的马受了惊，把他从马背上摔了下来，丘处机借机入谏："上天之道，好生恶杀。从马上摔下来，是上天的告诫。野猪不敢上前，是上天对圣上的庇护。"成吉思汗说："我们蒙古人骑马涉猎从小就习以为常，所以不能一下子停止。尽管如此，神仙的话我将牢记在心。"据说，在丘处机的影响下，成吉思汗曾下过"止杀"命令。

1223年春，经丘处机再三恳求，许其东还，成吉思汗馈赠的牛马金银，"师皆不受"。最后，成吉思汗赐以玺书，亦称《重阳宫圣旨碑》，这道圣旨明令，保护丘处机及其门人，免除全真道的差役、赋税，使道教全真派获得了特殊地位。1224年，丘处机回到燕京，住天长观（今白云观），奉旨掌管天下道教，自此，全真派盛极一时。

中国的佛、道两教之间素有矛盾，往往依靠政治势力打击甚至消灭对方。中国佛教史上，因佛道之争而灭佛就有四次，即北魏太武帝灭佛、北周武帝灭佛、唐武宗灭佛、后周世宗灭佛，史称"三武一宗灭法"。丘处机回到燕京后，利用特权，与其门徒大力发展道教势力，全真道一尊独霸，欺压佛教和儒学，改寺为观，引起了汉地佛僧的恐惧，也遭到了蒙廷的猜忌。到蒙哥汗时期，佛教与道教全真派的冲突愈加激烈。蒙哥汗开始改变成吉思汗对全真派一味支持和庇护的政策，他前后召集了两次佛道两教辩论会。

第一次是在1254年，蒙哥汗在和林亲自主持了这次辩论。参加辩论的双方是佛教少林寺福裕长老和全真派掌教李志常。李志常是随丘处机西行的十八弟子之一，在丘处机死后，接任全真道教主。此次辩论所涉及的问题是，道家所散布的《老子化胡经》真伪和道家破坏佛寺、改寺为观等事，结果李志常受挫，不得不归还寺产，还观为寺。这是全真教由盛及衰的一个转折。

1258年，蒙哥汗在亲征川蜀前夕，命赋闲在营的忽必烈在开平主持第二次佛道辩论。佛教方有萨斯迦派领袖八思巴、那摩国师、少林寺福裕长老，还有忽必烈幕府近臣刘秉忠、姚枢、窦默等，道教方是全真道新任掌教张志敬等。这是中国历史上规模最大的宗教论战，参加人数多达七百人，直接参与辩论的每方十七人。辩论结果全真派惨败，八思巴以其满腹经纶和善说能辩，使道家代表无言以对。十七名道士当场被勒令削发为僧，焚道经四十五部，令其归还侵占佛寺二百余所，随即押解燕京，遍散诸寺。本来主持辩论的忽必烈就尊崇藏传佛教，辩论结果早有分晓，中原道教和汉地佛教受到压制是必然的政治趋势。

1281年，忽必烈又主持了一次佛道辩论，史称第三次佛道大辩论，起因是大都长春宫的道士和僧人为争夺观院发生冲突。佛教界趁机上奏，称往年所焚道家伪经版本，多隐匿未销，其《道藏》诸书也多有剽窃佛语，诋毁释教，宜加甄别。此次辩论，忽必烈倾向更加明显，甚至逼迫道教首领亲赴火场，检验其是否不惧水火。道士自然不敢自试其术，结果是将《道德经》外的所有经书焚毁一空，以保全性命。全真教遭到沉重打击，转而向南发展。

十　蒙元与诸汗

84　阿鲁忽背叛阿里不哥

忽必烈和阿里不哥称汗后，都认识到察合台汗国在他们争夺汗位斗争中的作用，两位大汗分别发出圣旨，指派自己的代理人前往察合台汗国即位。

本来合剌旭烈兀死后，蒙哥已命木八剌沙继其父之位，因其年幼，将权柄授予其母兀鲁忽乃妃子。而忽必烈命察合台曾孙阿必失哈归国即位，实际上就是要木八剌沙母子交出政权。但他刚进入唐兀惕界，就被阿里不哥之党捕获，阿必失哈是宗王，正统黄金家族血脉，于是交由蒙哥之子阿速带行刑处死。阿必失哈被杀，使忽必烈失去了左右察合台汗国的机会。在另一边，1260年阿鲁忽奉阿里不哥旨意登上察合台汗国汗位。阿鲁忽是察合台之孙，跟随阿里不哥为时已久，被视为心腹，在汗位之争中站在阿里不哥一边。即位后，阿鲁忽娶其堂嫂兀鲁忽乃为妻，维持汗国稳定。

阿里不哥兵败忽必烈，从和林出走，退至吉利吉思他自己的封地。成吉思汗死后，吉利吉思和谦州（今叶尼塞河上游唐努山北麓）成为幼子拖雷的领地，唆鲁禾帖尼死后，又传给拖雷幼子阿里不哥。在此之前，和林和漠北所需的粮食、物质都由汉地车载转运。两汗战争开始后，忽必烈下令禁绝粮道，阿里不哥军队马上就陷入了饥馑，军心发生动摇。谦州地处高寒，所获有限，难以维持大量军队的消耗，依靠汉地粮秣不行，阿里不哥遂转而求诸西方。阿里不哥不仅希望阿鲁忽送来给养，而且还要他沿阿姆河布防，阻止旭烈兀东援与其兄忽必烈合军，形成夹攻之势。这样，阿里不哥交给阿鲁忽的，就不仅是察合台的封地，而是忽阐河以东、阿姆河以北的整个中亚地区。这是一块既可载畜又可农耕的优良之地，阿鲁忽控制了察合台兀鲁思后，有了发展的资本，心理也发生了变化。

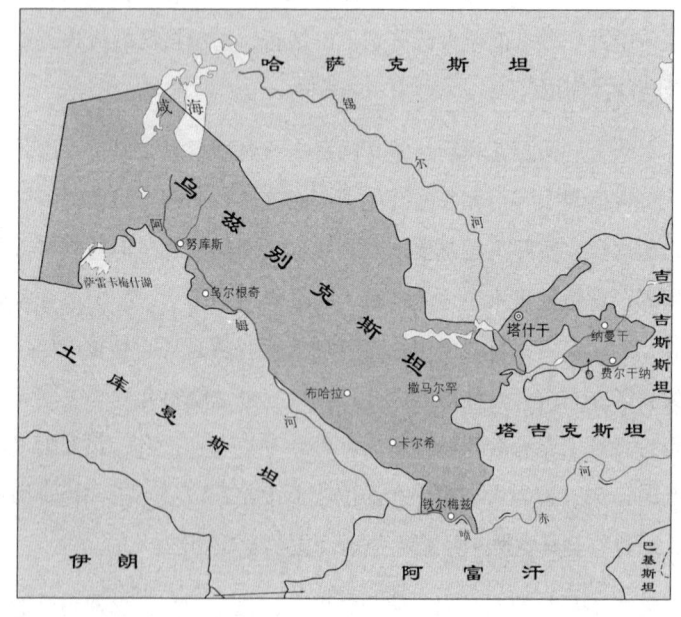

中亚河中地区

阿鲁忽从察合台封地忽阐河以东草原进入阿姆河以北地区，本来只是阿里不哥的权宜之计，而当别失八里等处行尚书省控制的土地、军队、部众和物质一下都落到阿鲁忽手上时，他与阿里不哥的实力对比发生了根本性的变化。忽必烈称汗以前，由于蒙哥的镇压，察合台汗国已经逼仄一隅，在大蒙古国政治中无足轻重。借两汗之乱，阿鲁忽奉旨登位，察合台汗国迅速膨胀，成为一个真正的政治实体。但察合台汗国能否强大和独立，关键在于它能否削弱阿里不哥在中亚的势力。双方力量此消彼长，阿里不哥在漠北败于忽必烈，不仅实力大损，威信也大为跌落，使阿鲁忽敢于公然跟他争夺阿姆河以北地区。

阿鲁忽背叛阿里不哥的事件，是他纵容属下拘捕了阿里不哥征集军需的使臣。阿鲁忽作为心腹被派往阿姆河以北和忽阐河以东的主要使命，就是要为阿里不哥提供军需物资。他把阿里不哥使臣征集到的物资据为己有，以此表明现在他才是这片广大区域的新主人。

但阿鲁忽统治下的察合台汗国，尽管迅速强大起来，但其力量还不足以划地自守，它仍然是大蒙古国的一个藩国，他还是一个藩王，只是他起初受命于阿里不哥，现在他必须归附忽必烈。阿鲁忽是察合台汗国的实际创立者，是察合台汗国历史上著名的可汗，阿鲁忽在特定的条件下获得了成功。

阿鲁忽的归附，使忽必烈的势力从东到西连成一片，阿里不哥再没有取胜的机会。忽必烈授予阿鲁忽的圣旨，承认阿鲁忽对阿姆河以北地区的统治权，使阿鲁忽坚定地选择重新站队，回头与阿里不哥作战。究其原因，就是因为阿里不哥不承认阿鲁忽对这块原属于大汗的土地的所有权。

85 海都，最后一位伟大王子

海都是合失之子、窝阔台之孙。合失是窝阔台第五子，是贵由大汗、阔端、阔出太子的弟弟，窝阔台有意让他承继汗位，可惜他因为酗酒死得很早。蒙古起初称西夏为"河西"，即黄河以西的政权。合失与河西音近，及合失卒，左右讳言河西，窝阔台下令改其名为"唐兀惕"，也因此，他对海都异常宠爱。

至蒙哥即位之前，蒙古国的汗位都在窝阔台家族传继。定宗贵由死后，在拔都的力挺下，汗位转移到拖雷家族。蒙哥即位后，对反对他登基的窝阔台、察合台二系宗王无情镇压，大加处罚，设燕京、别失八里和阿姆河等处行尚书省，加强对华北、西域和阿姆河以南地区的控制。蒙哥即位时海都十六岁，因年幼而未参与脑忽、失烈门和也速蒙哥一伙的抵制活动，因此受赐海押立份地。随着年龄的增长，海都对拖雷系从自己家族中夺走汗位的敌意越来越重。

海都敌视忽必烈是有根由的。成吉思汗在他的札撒中明确说到，只要窝阔台家族还有一个吃奶的后代存在，他在承继祖先汗位、统率帝国军队方面，就有优先于其他各宗支的权力。这种安排，并不是因为成吉思汗过于偏爱窝阔台和他的子孙，而是为了他们的子孙不至为了争夺汗位流血厮杀。

成吉思汗的原话是，只要是从窝阔台子孙中生出来的，哪怕是一块臭肉，如果将它裹上草，牛也不吃，如果将它涂上油脂，狗也不去瞧上一眼，你们还是要尊奉他为合罕，任何别的人不得登上宝座。蒙哥夺位后，为使其篡权合法化，在钦定《蒙古秘史》时，对成吉思汗的原话进行了一番精心修改，使其意变得完全相反，其意是：当窝阔台问，今后他的子孙如果不肖，汗位怎么传袭时，成吉思汗答道，难道其他儿孙中就没有合适的吗？而海都正因为这一点，认为拖雷家族夺权是非法的。

在忽必烈与阿里不哥争位战争中，海都站在阿里不哥一边。阿里不哥投降后，他仍然拒不从命。在察合台后王阿鲁忽背叛阿里不哥、归附忽必烈之后，海都继续支持阿里不哥，海都与阿鲁忽的敌对关系由此而来。阿里不哥失败后，阿鲁忽转而与术赤后王别儿哥争雄，海都站在别儿哥一边。别儿哥允诺以人力和财物援助海都，还许诺在海都战胜阿鲁忽之后，承认他为察合台汗国之主。不论是站在阿里不哥一边反对忽必烈，还是站在别儿哥一边打击阿鲁忽，海都都是在利用他们之间的矛盾发展自己的势力。阿里不哥失败后，拖雷家族在漠北的势力严重受损，窝阔台家族的力量乘机崛起。海都创建窝阔台汗国，统辖叶密立一带原窝阔台和贵由的封地，他是这一时代窝阔台系宗王的主要代表。

1266年阿鲁忽死，兀鲁忽乃复立木八剌沙为可汗，但未经大汗忽必烈批准，忽必烈速派察合台后嗣八剌返察合台汗国争夺汗位。这时，忽必烈正集中兵力与南宋作战，他希望西北诸王内乱，以八剌钳制海都，不要把战火引到蒙古本土。令忽必烈意外的是，八剌起初与海都开战，但旋即和好，甚至在1269年，海都、八剌和钦察汗国君王蒙哥帖木儿的代表别儿哥察儿在塔剌思会盟，公开反对忽必烈和伊利汗国君王阿八哈，并商议以海都为盟主。就在这一年，海都建立了窝阔台汗国。

1269年，忽必烈以幼子那木罕为将，在别失八里击败海都。从此，双方不断发生战争，元军始终占据上风，却无法彻底击败海都。1274年，忽必烈再遣安童辅佐那木罕西征。西征途中，那木罕部将、蒙哥之子昔里吉发动兵变，将安童抓获交予海都。尽管如此，海都也没有与昔里吉会兵一处，而是挑唆昔里吉东攻蒙古本土，自己坐收渔翁之利。八剌死后，海都扶立笃哇上位察合台汗国大宝，笃哇实际成了海都的附庸。

1289年，海都、笃哇两汗率领大军进犯蒙古本土，首先攻占了吉利吉思，接着攻向和林。那木罕见海都攻势猛烈，弃城南走。危急之下，忽必烈以七十四岁之高龄御驾亲征，才把海都赶出和林。

忽必烈看到在漠北与海都的情势，决定改变在那里的军事部署。他将漠北分为和林和称海两个军事镇戍区，东西互成掎角之势，两个战区相互策应，以防一军战败而全线溃退。至此，甘麻剌、铁穆尔二皇孙并镇漠北的格局正式形成。

1301年，海都纠合诸王，率军再度进犯蒙古，在和林被铁穆尔之侄海山击败，于归途中，伤重不治，死去，其子察八儿继位。

海都是唯一一个能够左右忽必烈命运的人，即使在忽必烈最鼎盛的时期也没有战胜他。海都聪明而狡诈，审时度势，左右利用，他只有一个目的，就是与忽必烈争夺蒙古帝国大汗宝座，让它重归窝阔台家族。尽管他生不逢时，但海都是窝阔台家族的最后一位伟大王子。

忽必烈七十四岁亲征海都

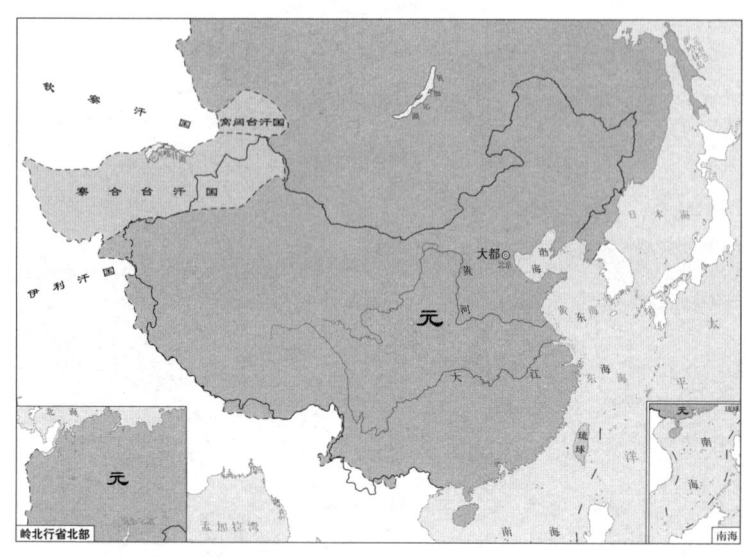

窝阔台汗国疆域图

86 塔剌思忽里台大会召开，蒙古帝国分裂

成吉思汗于1206年统一漠北各部，在斡难河畔召开忽里台大会，建立大蒙古国。数十年后，蒙古国分裂。忽必烈建立的元朝，统治着蒙古本土和汉地，在它的西北，是成吉思汗诸子先后建立的四大汗国。蒙古分裂的时间，被认为是蒙哥死后，阿里不哥和忽必烈两汗争位期间，在1260年之前，地域辽阔的大蒙古国基本上还是一个整体。但两汗争位的数年，回溯到之前的种种分离迹象，以及延伸到之后的结盟与背叛，蒙古国在这个过程中四分五裂，如果要把它定位于一个时间节点上，就是塔剌思忽里台大会。

1269年，西北诸王在塔剌思举行了一次既没有蒙古大汗参加，也未经其批准的忽里台大会。在这次会议上，诸王达成了共同反对

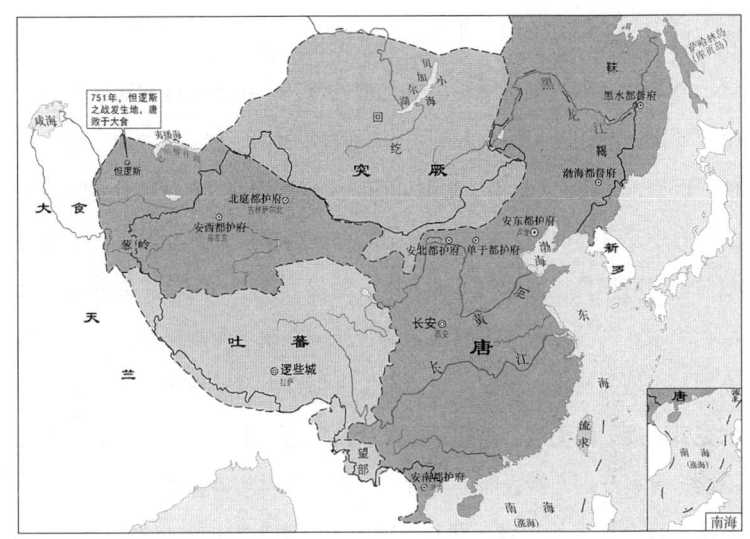

唐朝疆域图

拖雷家族、重新划分阿姆河以北地区势力范围的协议,将河中地区分成三份,分归八剌汗、海都汗和蒙哥帖木儿汗管辖。塔剌思大会是大蒙古国解体过程中的重要事件,是蒙古由统一走向分裂的分界线,从此察合台汗国和窝阔台汗国脱离了蒙古大汗的直接控制,大蒙古国正式分裂成大汗之国和四大汗国。四大汗国名义上承认蒙古大汗及后来的元朝皇帝的宗主权,实际上都处于独立状态。

1251年蒙哥称汗后,设立别失八里和阿姆河等处行尚书省控制西域局面。当时,察合台、窝阔台两汗国许多宗王因反对蒙哥受到惩处,势力转衰,不构成威胁。蒙哥登基依赖拔都举荐和护驾,即位后对拔都在忽阐河以东和阿姆河以北地区的利益不加触动。为了扩大帝国的版图,他让两个弟弟一个经略漠南汉地,一个西征波斯。这样,雄踞钦察草原的术赤家族和控制皇位的拖雷家族,就成为大蒙古国中两个强大的政治集团。

随着忽必烈与阿里不哥争位之战的爆发，中亚地区的地缘政治发生了变化。受命阿里不哥登上汗位的阿鲁忽背叛了他，把原属大汗的军队、臣僚、部众收为己有，短时间内就变得强大起来，使察合台汗国成为左右中亚政局的政治势力。海都始终支持阿里不哥，但阿里不哥失败对他没有损失，他乘机填补了中亚的权力真空。阿鲁忽去世后，海都利用木八剌沙复位之机，从察合台汗国夺取了忽阐河以东的大片草原。忽必烈为回报阿鲁忽，对他乘机占据金山至阿姆河之间的土地暂取宽容态度，因为这已是朝廷鞭长莫及之地。但这对术赤后王意义则不同，钦察汗别儿哥表面上支持忽必烈，但对阿鲁忽怀有敌意，为了对抗察合台汗国的扩张，别儿哥以人力、物力支持海都打击阿鲁忽。阿鲁忽死后，忽必烈指派八剌前去察合台属地抢夺汗位，目的是扶植一支抗衡西北叛王的力量。别儿哥大约与阿鲁忽、旭烈兀死于同一年，蒙哥帖木儿继钦察国汗位，仍沿袭旧策与海都结盟。因为如果察合台汗国膨胀起来，就会吞没术赤兀鲁思在阿姆河以北地区的利益。但八剌继位后，马上认识到不能再与钦察汗国和窝阔台汗国为敌。这时八剌已不再考虑他受命忽必烈与海都对抗的旨意，他最关心的事，已转为替自己争夺一块地盘，使他统治的察合台汗国与其他兀鲁思一样，有广阔的土地、众多的人口和丰沛的财源。

谁都不是因为好玩而打仗，战争都是利益之争。如果可以妥协，对既得利益重新进行分配，相互仇杀是可以避免的，这才是塔剌思大会举行的背景。三方接近相同的立场，就为形成一个脱离大蒙古国统属的中亚诸王的联盟创造了条件。

在塔剌思大会上，八剌为他的国家和人民说了一段十分感人的话，大意是这样的：我们光荣的祖先成吉思汗，以他的明智、胆略和弓箭征服了世界，然后用札撒将它束缚好交给我们。从父系血统来说，我们都是宗亲，为什么我们不能结成同盟，而要互相残杀呢？情况是这样的，拖雷家族占据皇位，除了蒙古本土，还占有了东侧的汉地和西侧的波斯，钦察草原早已为术赤家族所有，忽阐河以东控制在海都手中。成吉思汗长后孛儿帖夫人所生四子，犹如一棵树上的四个果子，要知道我也是这棵树上的一个果实，为了生存，我也应有一定的禹儿惕（领地）和生活资料。

看起来，这些都是合理的利益诉求，而各方妥协的结果，是和平的诞生。但回过头来看历史，一些事件之所以比其他事件重要，是因为它规定了历史的走向。塔剌思忽里台大会标志着蒙古帝国分裂。

87　笃哇吞并**窝阔台汗国**

成吉思汗在分封时，将窝阔台和察合台兀鲁思指定在阿勒泰山和天山之间。因反对蒙哥称汗，两系宗王遭到严厉的镇压，份地也被切割分离，版图大大缩小，这种情况一直延续到忽必烈称汗之前。1260年，忽必烈开始了与阿里不哥长达四年的争位战，为了争取西道诸王的支持，忽必烈宁可放弃对西域的直接统治，他承诺把阿勒泰以西直至阿姆河广阔之地交给察合台后王阿鲁忽治理，成功策反了阿鲁忽。但察合台汗国的势力，立即受到了窝阔台后王海都的挑战。海都利用两汗争位，顾此失彼，在西域迅速崛起。

1269年，海都邀约察合台后王八剌、钦察汗蒙哥帖木儿在塔剌思举行忽里台大会,三王达成妥协,将目标对准忽必烈和伊利汗国。八剌并没有得到他想要的阿姆河以北的牧地,只是得到海都的承诺,支援他越过阿姆河攻击伊利汗国,从那里得到他想要的地块。在海都时期,察合台汗国实际上是窝阔台汗国的附庸。八剌死后,海都把汗位交给了八剌的儿子笃哇。

从1270年直到1301年,海都与元朝为争夺畏兀儿及塔里木盆地反复交战,海都多次攻入岭北(又称漠北)的蒙古草原,逼迫元朝收缩在西部的战线。1301年,海都亲率两系大军在哈剌和林以西的帖坚古之地,与铁穆尔率领的元军发生战争,海都可能是因为受伤,在归途中死去。

海都死后,中亚形势遂发生三方面的重大变化。其一,笃哇在海都临终前受托扶助其子察八儿,元成宗借机拉拢笃哇,怂恿他从海都家族手中夺取对中亚的控制权。笃哇得到元成宗的授意后,便公开向窝阔台家族提出领土要求,使两汗国的长期联盟开始破裂。其二,两汗国改变对元立场,以元朝承认他们在西北地区的特权为条件,与元朝约和,笃哇、察八儿与元朝的和议,是在1303年达成的。其三,元朝与两系汗国的约和,真正起决定作用的是察合台汗国的笃哇,而元朝与笃哇约和,是基于共同削弱窝阔台汗国这一目的。这时,笃哇已经产生吞并窝阔台汗国的心念。

笃哇为了把元成宗许诺给他的土地从窝阔台汗国的控制下夺到手,于是发生了两系宗王间的武装冲突。元朝与窝阔台汗国对立数十年,心有余悸,乘两系宗王争端,帮助察合台汗国削弱窝阔台汗国。也儿的石河战役后,察八儿穷途末路,被迫向笃哇投降。笃哇收容了察八儿随后废黜了他,扶立海都另一子仰吉察儿。

从海都死，到废黜察八儿，笃哇只用了五年的时间，在元成宗的支持下，搞垮了窝阔台汗国。察八儿被废后，窝阔台汗国沦为笃哇的附庸，但它作为一个政治实体还存在，由仰吉察儿管辖，元廷仍视其为窝阔台兀鲁思汗。

但仰吉察儿最终感到无法在强邻察合台汗国之侧立足，唯一的出路是归降元廷，然后寻机复国。1309年，仰吉察儿率近臣、近亲和七千骑投奔元朝。仰吉察儿的下场可谓悲惨，当他们一行抵达大都时，仰吉察儿即被鸩杀。察八儿投奔元朝，窝阔台汗国灭亡。

88　察合台和他的子子孙孙

成吉思汗分封时，察合台得到的封地是原哈剌契丹国所在的草原，也就是从回鹘地区到不花剌和撒马儿干，基本上包括了伊犁河流域、伊塞克湖、楚河上游和怛罗斯河流域，还有喀什噶尔和河中地区。察合台的常驻地在伊犁河南岸。从1227年到1242年，察合台统治着这块广大的地域。遵照成吉思汗的授命，他管理着札撒和蒙古人的纪律，是成吉思汗法典的严谨执行者。当成吉思汗决定把汗位交给他的弟弟窝阔台时，他没有任何异议，因为那是他父亲的决定。有一次，他和已是大汗的弟弟赛马，没想到察合台获胜了，第二天，他像一个罪犯一样乞求窝阔台宽恕他。但察合台是一个旧式的蒙古人，他不懂得以中国和波斯的模式建立起一个正规的国家。在中国，忽必烈成了皇帝；在波斯，旭烈兀成了苏丹；而察合台的后裔仍旧是草原王子，他们仍然逐水草而居，王国的疆域也是不固定的。

窝阔台汗国世系

窝阔台汗国并非以封地形成,而是海都依靠武力扩张建立的,势力范围东起伊犁河上游,西止阿姆河东岸,南疆喀什、和田一带也被其控制。1309年,海都的儿子察八儿与察合台汗国内争失败,领地尽归察合台汗,窝阔台汗国亡。

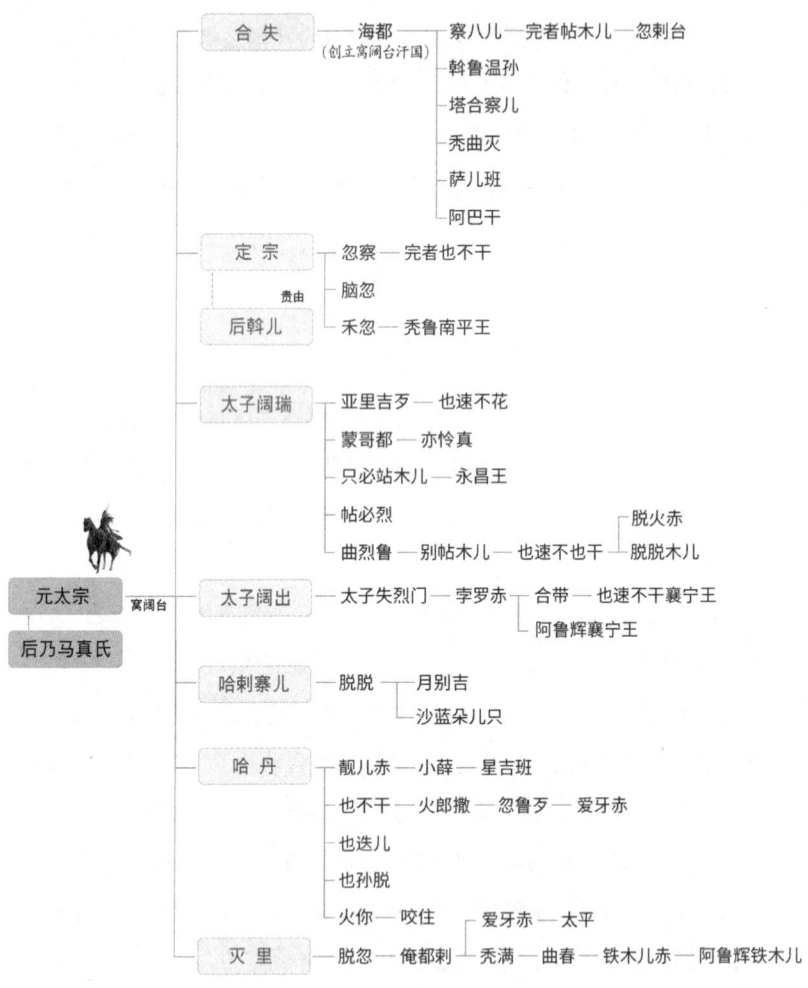

窝阔台汗国世系图

察合台把王位留给了孙子合剌旭烈兀，1246年，新大汗贵由让自己的私友、察合台的儿子也速蒙哥取代了他。但也速蒙哥站在窝阔台家族一方，反对蒙哥称汗，蒙哥即位之后，即剥夺了他的汗位，把它重新交给合剌旭烈兀，并授命合剌旭烈兀将他的叔叔处死。从这一系列宫廷政变可以看出，这时的察合台汗国还没有自治，只是哈剌和林的一个属地。

这种情况在阿鲁忽时期发生了变化。合剌旭烈兀死后，他的遗孀一直控制着察合台汗国。1260年，忽必烈和阿里不哥发生争夺汗位的斗争，为了控制西域，他们二人先后以蒙古大汗的身份，派出自己身边的察合台后裔去察合台汗国争夺权力。忽必烈派出的阿必失哈在就位途中被阿里不哥的军队捕杀，阿里不哥派出的阿鲁忽到达阿力麻里，宣布即位。阿鲁忽利用阿里不哥的授权，到阿姆河以北地区征集人马，筹办粮饷，乘势吞并了大片原属朝廷管辖的土地，夺得中亚的控制权。阿鲁忽在坐大后，就背叛了阿里不哥，将征收到的赋税、马匹和武器据为己有。1262年，阿鲁忽宣布归顺忽必烈。而忽必烈把金山至阿姆河之间的土地交给阿鲁忽防守，并承认了察合台汗国控制阿姆河以北地区的事实。事实上，自此以后，元廷便不再过问阿姆河以北之地的政务。

阿鲁忽死后，忽必烈把汗位交给了身边的察合台后裔八剌，但此时，中亚进入了"海都时代"。海都是窝阔台的嫡孙，对蒙古汗位从自己家族转移到拖雷家族耿耿于怀，与忽必烈争斗数十年，直到他自己死为止。忽必烈委命八剌也是为了在中亚打进一个楔子，钳制住海都。但八剌即位不久，便向海都妥协了，沦为海都的附庸。标志大蒙古国与察合台汗国关系变化的另一个重要事件，是八剌、海都和钦察汗蒙哥帖木儿召开的塔剌思忽里台大会。这是蒙古历史上第一次没有得到大汗批准的忽里台会议，西北三王划分了各自在阿姆河以北地区和突厥斯坦的势力范围。

八剌死后，他的四个儿子和阿鲁忽的两个儿子联合起来，企图摆脱海都的控制。海都打败他们后，把汗位给了八剌的儿子笃哇。笃哇接受了他兄弟们的教训，向海都输诚。帖坚古之战后，海都伤重去世，临死前把自己汗国诸事托付给笃哇。可能海都没有来得及指定继位人，笃哇提议海都的长子察八儿继位。但察八儿缺乏维持海都一手创建的帝国的能力，在笃哇的指引下，一步步走向末路。笃哇向察八儿提议承认铁穆尔皇帝的宗主权，西北诸王与元廷之间的战事已持续四十余年，元成宗也早有结束战争的意图。元朝和笃哇的约和，是基于共同削弱窝阔台汗国这一目标。成宗铁穆尔怂恿笃哇从海都家族手中夺取了对中亚的控制权。1303年8月，笃哇和察八儿承认归顺元朝。这样，持续四十余年的内战结束了，蒙古又重归统一。

察合台汗国的衰落经历了两个过程，首先是笃哇家族内部为争夺汗位，使笃哇后裔的势力逐渐衰败。笃哇是察合台汗国的第九任大汗，从他死时的1306年，到第二十六任汗即位的1362年，短短五十六年中，出现了十七位汗，平均三年换一任汗。在诸王争夺汗位的过程中，诸侯势力得以做大，这些诸侯大都出自非成吉思汗家系的蒙古贵族，他们的祖先随察合台出征西域后，成为蒙古镇戍军留驻当地。在第二十二任汗合赞算端死后，统一的察合台汗国陷于分裂，各部诸侯纷纷独立，自择察合台后裔立为汗。

合赞算端是最后一位享有权威的察合台兀鲁思汗。1346年合赞被弑杀后，原察合台王室在不同支派的统治下分裂成东、西两部分，河中地区为西察合台汗国，怛罗斯河与玛纳斯河之间的伊塞克湖地区，又称蒙兀儿斯坦，为东察合台汗国，被认为是正统察合台汗位的延续。察合台汗国东、西两部以忽阐河为界，察赤（今塔什干）和忽毡以西为"西部"。

元末明初西域最重要的政治变动，是在西察合台汗国的地面产生了帖木儿帝国。帖木儿的祖先做过察合台汗国的大臣。1362年，帖木儿起义，与蒙古人作战时被打伤致瘸，被称为跛子帖木儿。帖木儿为赢得察合台后王信任，将其公主纳为妻妾，又被称作驸马帖木儿。1364年，他用武力扶持忽辛称汗，又在1369年将他杀死，建立帖木儿帝国，西察合台汗国灭亡。帖木儿在短时间内征服了西察合台汗国和伊利汗国、钦察汗国的大部分领土，它是继成吉思汗之后的又一个草原帝国，也是最后一个草原帝国。

1570年，东察合台汗国时为吐鲁番汗国，它的最后一任可汗在与同是察合台系的叶尔羌汗国交战时被俘，东察合台汗国正支汗统结束。但叶尔羌汗国还可认为是东察合台汗国的延续，至1680年被准格尔汗国灭亡，东察合台汗国的历史彻底结束。

89 笃哇约和，蒙古重归统一

帖坚古之战后，海都死去。此战也再次证明，元朝与海都、笃哇任何一方都不具备压倒优势，都无法通过武力消灭对方。海都死后，笃哇成了中亚蒙古诸王中最有势力的人物，他清楚地看到自己

察合台汗国世系

察合台汗国受蒙古可汗更替的影响，一直是蒙古的附属汗国，宗主的任免不能自主。这种情况一直到笃哇时才获得鼎盛，但在随后的政局混乱中，汗国分裂为马维兰纳儿和蒙兀儿斯坦，即西、东察合台汗国。

察合台汗国世系图

所处的地位，只能是拥兵割据，但还存在一个可能，就是以承认元成宗铁穆尔的大汗地位为条件，换取元朝不再对西北用兵，同时谋求同钦察汗国、伊利汗国的和平，促使战争结束。忽必烈和海都的去世，使元朝与西北诸王之间有了一个消除积怨的机会。

笃哇倡议约和，他背着察八儿，暗中向安西王阿难答递讯，愿意归顺和臣服铁穆尔合罕。笃哇表示："诸王海都已死，我不再触犯合罕陛下。"阿难答是忽必烈之孙、元成宗的堂兄弟。成宗死后，阿难答在帝位之争中被杀。

阿难答得讯后，迅速遣使向朝廷奏报。也有说，元军亦厌战久矣，遂在向元成宗呈报之前，已允其归降。

自阿里不哥反对忽必烈继位至此，西北诸王与朝廷之间的战争已持续了四十余年，元成宗也早有结束战争的意图，笃哇请和与他不谋而合。同时，元成宗敏锐地觉察到，海都死后，察合台汗国和窝阔台汗国实力对比发生变化，遂怂恿笃哇从海都家族手中夺回对中亚的控制权。背景情况是，阿鲁忽借阿里不哥之乱，夺取了整个阿姆河以北和忽阐河以东的辽阔地域，海都兴起后，把这块辽阔的草原变为两家分占。元成宗利用笃哇请和之际，重提海都侵夺察合台汗国领地旧事，许诺笃哇收回之地，全部归其管辖。元朝和笃哇的约和，是基于共同削弱窝阔台汗国这一目标的。笃哇为利益所驱动，旨在筹办一次有朝廷代表及察合台、窝阔台汗国诸王参加的忽里台大会。笃哇为这次大会做了长时间的准备，这样由大汗批准、诸王参加的忽里台会议已经有四十年没有开过了。笃哇在整个突厥斯坦和阿姆河以北之地设置了欢宴花园，安排了筵宴用具、伊朗酒和大量的肉。史无明文记载这次大会是否举行，但元朝终与笃哇和察八儿达成了停战协议，这一合约也确实生效了。议和后，元朝与察合台汗国间保持了约十年和平，笃哇不断向元成宗遣使表示忠顺，元廷也经常赐赏之，以示优渥。

笃哇与元廷约和后，三方商定，遣使伊利汗、钦察汗，使西北诸蕃之间也约和罢兵。元成宗同时要求伊利汗完者都、钦察汗脱脱之间也依例约和。1304年，蒙元与诸汗之间的和约最后达成。

1304年蒙古诸兀鲁思间的约和，是世界历史上的一件大事，蒙古重新成为一个整体。

90　合赞汗后，**伊利汗国**只有苏丹

伊利汗国在西道兀鲁思中建国最晚，它的疆域，东北到阿姆河，西北到太和岭（今高加索山脉），南临波斯湾，西面到幼发拉底河。国都先后在篾剌合（今伊朗马腊格）、桃里寺（今伊朗大不里士）、逊丹尼牙（今伊朗苏丹尼耶）。

1251年，蒙哥汗决定把波斯总督的职位交给他的弟弟旭烈兀，指令他从阿姆河两岸到埃及尽头的土地，必须都要遵循成吉思汗的习惯和法令。在征服了阿拔斯王朝后，旭烈兀攻陷阿勒坡、大马士革，整个伊斯兰世界为之恐惧。然而蒙哥的死让旭烈兀停止了西进的脚步，他留下怯的不花镇守大马士革，自己率部返回波斯。旭烈兀回到波斯后，得悉忽必烈已经即位，并与幼弟阿里不哥发生了汗位之争，遂止步不再东返。他向争位双方派出使者，表达拥护忽必烈，指责阿不里哥。本来蒙哥旨意，要求旭烈兀征服阿拔斯王朝后即行东返，很明确被征服的波斯也是大汗的土地。而忽必烈遣使传旨，将阿姆河以西直到埃及边界的波斯国土划归旭烈兀统治。于是，原来应由大汗直接管辖的波斯地区，实际上成了旭烈兀的领地，从而建立了一个新王朝。

旭烈兀及其继承者自称伊利汗国，伊利，突厥语从属之意，表

明他从属于忽必烈的中央汗国，因所居之地为古波斯，又称波斯汗国。伊利汗国一直尊元朝为其宗主国，直到忽必烈去世为止。旭烈兀死后，其长子阿八哈继位，但阿八哈说："忽必烈合罕是长支，怎么能不经他的诏赐就即位呢？"由于国事急促，他在众人推戴下登位治事，但在忽必烈的委命到达时，他还是郑重其事地举行了第二次即位仪式。阿八哈以后，夺得汗位的人，也都会立即向元朝要求册封，将其视为合法性的最重要的依据。

1260年，怯的不花留守的蒙古军被埃及的玛木鲁克联军彻底击败，旭烈兀再也没有实现征服埃及和叙利亚的企图。钦察汗别儿哥信奉伊斯兰教，旭烈兀信奉佛教，但受其母唆鲁禾帖尼和其妻脱古思可敦的影响，他偏袒基督教，对所过之地的穆斯林加大杀戮，处死他们的哈里发，遭到别儿哥的严厉指责。从一开始，伊利汗国就受到钦察可汗的敌视。1262年，别儿哥为争夺旭烈兀控制下的阿塞拜疆，发兵来攻，双方激战两年。1269年，塔剌思忽里台大会三汗决议的内容，也是针对伊利汗国的。到了诸汗时代，蒙古人对世界的征服最终转变为成吉思汗后裔之间的内战。

阿八哈死后，伊利汗国经历了帖古迭儿、阿鲁浑、海合都、拜都时代，到了合赞汗时代。合赞汗使终年以游牧为生的波斯蒙古人开始了定居生活，他御强敌于外，发展生产于内，开创了伊利汗国的强盛时代。有一种说法，尽管伊利汗国的汗位传到十七任，但合赞汗是伊利汗国最后一任大汗，是所有有才能的君主中最光耀的面孔。伊利汗国从旭烈兀始，到第九任汗不赛因时已经四分五裂。其间有重要影响的当属旭烈兀和合赞，旭烈兀对波斯穆斯林进行了征服，合赞则与穆斯林文化相融合。合赞汗与他的家族所信奉的佛教决裂，强迫喇嘛或

伊利汗国世系

伊利汗国自拖雷之子旭烈兀始,至不赛因时已经四分五裂。其间有重要影响的当属旭烈兀、合赞汗,前者对波斯穆斯林进行了征服,后者则与波斯穆斯林文化融合,对整个穆斯林都产生了巨大的影响。

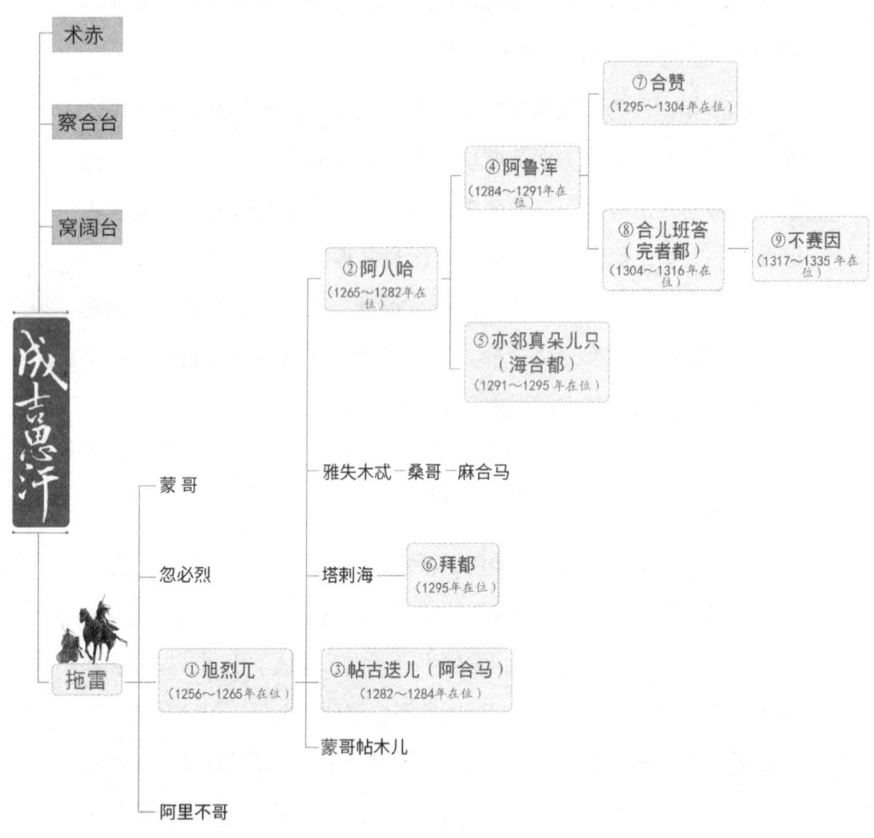

伊利汗国世系图

者放弃佛教，或者离开这个国家。同时他摒弃由母妻一系带来的对基督教的偏好，改信伊斯兰教，并尊奉为国教。当初的征服者终于被同化，伊斯兰教的传播因其武力而迅速扩大。此后，蒙古三大汗国都开始奉伊斯兰教为国教，与其宗主国元朝愈行愈远。

1295年，合赞起兵，从他的庶叔拜都手中夺得伊利汗国汗位。起兵前，合赞汗和全体异密宣读了"除安拉外没有别的神"的祷告，他们宣誓成为伊斯兰教徒。合赞汗即位后以苏丹之称取代大汗称号，自命穆罕默德。尽管此后仍然把旭烈兀的兀鲁思叫作伊利汗国，但自合赞以后已经没有伊利汗了。

但伊利汗国形式上的消亡，还是在其第九任大汗去世以后。不赛因死后，蒙古贵族没有从旭烈兀家族中挑选出新的大汗，而是选择了阿里不哥的后裔。此后，两派擅权的宗王大臣各自利用自己的傀儡争夺权力，再也没有一位领袖能够把蒙古人和波斯人团结在一起。伊利汗国瓦解了。

91　钦察汗国最终融入俄罗斯

钦察人，古代欧亚以游牧为主业的民族，俄国人称其波洛维赤人，拜占庭人称其科马洛伊人，阿拉伯人称其库蛮，匈牙利人称其昆人。直到1222年成吉思汗入侵，钦察人一直是斡罗斯草原上的主人。钦察人是乌拉–阿尔泰人种，与蒙古人有着种属关系，从前是匈奴帝国和突厥帝国的一部分，居于西伯利亚额尔齐斯河中游，大约11世纪迁徙到东欧平原。

1219年至1224年，蒙古第一次西征，消灭花剌子模，占领了中亚细亚、里海、黑海北岸，并占领乌拉河、亦的勒河流域。1224年，蒙古军还师后，成吉思汗分封诸子，术赤得到花剌子模海（咸海）、宽田吉思海（里海）以北的钦察故地。1236年至1242年，蒙古第二次西征，称"长子出征"，术赤之子拔都作为长支宗王，是远征军的统帅。这次远征大大扩张了术赤兀鲁思在亦的勒河以西的领地，蒙古人的马蹄印在了从也儿的石河到德涅斯特河下游之间的土地，甚至到达了多瑙河口。拔都就在这一辽阔的疆域上建立了钦察汗国，在历史上，拔都被称为"钦察汗"。

由于钦察汗大都住在金色的帐篷里，故而又叫金帐汗国。拔都继位后，将西北亚之地分封给其长兄斡儿答，建立白帐汗国，帐篷只能用白色，又将南乌拉尔之地分封给其弟昔班，建立蓝帐汗国。1255年，拔都去世，其弟别儿哥成为钦察汗。1261年，为了争夺阿塞拜疆之地，别儿哥与其堂弟旭烈兀的伊利汗国交战。1266年，别儿哥去世，拔都的曾孙蒙哥帖木儿继位。他统治到1280年。但就在即位后的1267年，他与窝阔台后王海都、察合台后王八剌在塔剌思召开三王忽里台大会，重新划分势力范围，唆使八剌进攻伊利汗国，由钦察汗国提供后援。塔剌思大会标志着蒙古帝国的分裂，西道诸王事实上分治，窝阔台和察合台兀鲁思分别建立了汗国。

西道诸王中最有雄心和才干的是窝阔台后王海都，他至死也不向元朝妥协。1301年海都死后情况发生变化，察合台、窝阔台两汗国决意与元朝约和，钦察汗国也参加了1304年举行的元朝与蒙古诸汗国的约和行动。元朝皇帝又以大汗的身份恢复行使对钦察汗的册封手续。

钦察汗国世系

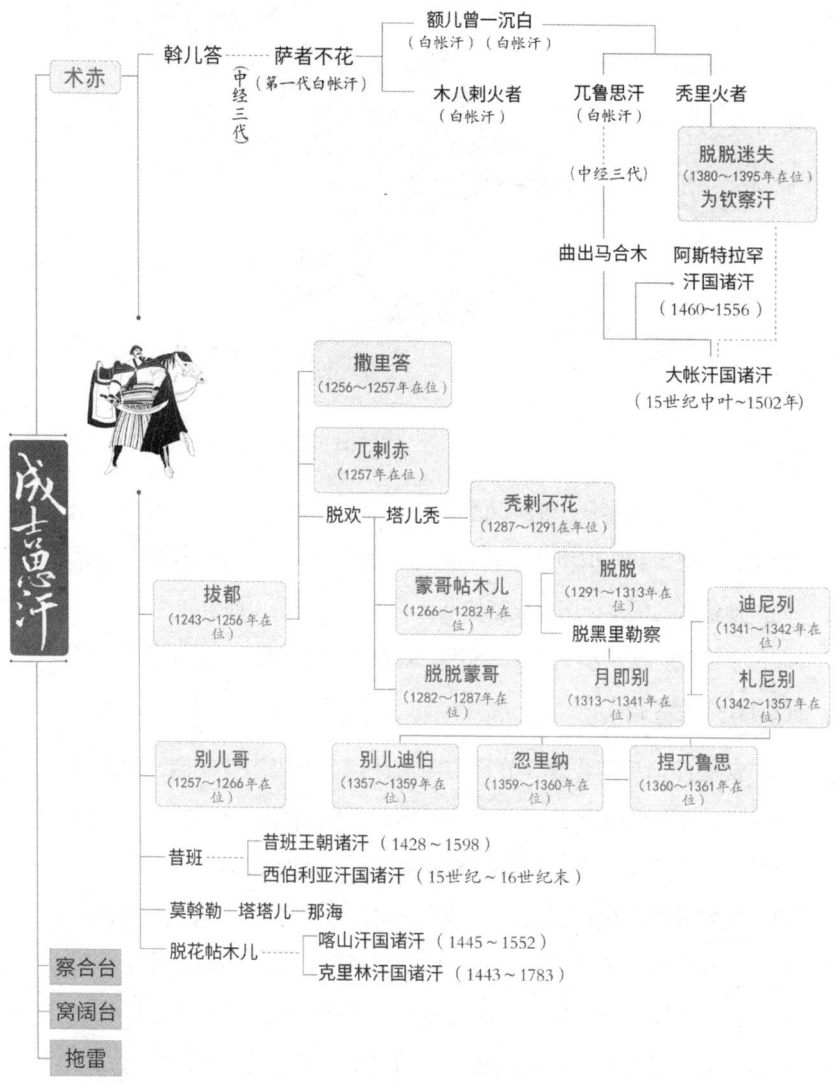

钦察汗国世系图

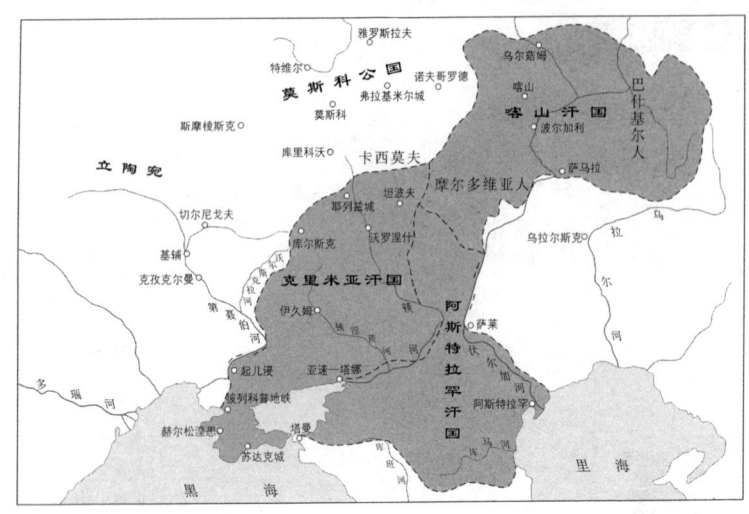

钦察汗国后期势衰,分裂为几个小汗国

月即别是钦察汗国的第九任大汗,是蒙哥帖木儿之孙。在他统治时期,国势大盛,但伊斯兰教的信仰冲淡了他们对黄金家族的身份认同。他治下的钦察汗国完成了伊斯兰化,沙里亚法(即伊斯兰宗教法)取代了传统的成吉思汗法典。此后,钦察汗国的盛衰,与蒙古帝国已经没有什么关系了。

钦察汗国后期势衰,分裂为喀山汗国、克里米亚汗国、西伯利亚汗国、阿斯特拉罕汗国几个小汗国。与此同时,以莫斯科大公国为核心,出现了一个强大的国家俄罗斯。1472年,莫斯科大公国抗税,钦察汗国末代可汗阿合马率军征讨,结果失败。1480年阿合马再次兴兵征讨,又失败,并死于内乱。莫斯科大公国宣告独立。至此,钦察汗国二百多年的统治宣告结束。1502年,同为术赤后代的克里米亚汗孟雷吉雷攻入钦察汗国的国都,即已是孤城的萨莱,将其彻底破坏,钦察汗国灭亡。

1547年，莫斯科大公国更名为俄罗斯沙皇国，伊凡四世加冕为俄罗斯沙皇，史称"伊凡雷帝"。1550年，沙皇俄国先后攻打喀山汗国、阿斯特拉罕汗国和克里米亚汗国。克里米亚汗国得到奥斯曼土耳其帝国的保护，又存在了二百多年，直到1783年，已经衰弱的奥斯曼土耳其帝国与奥地利开战，无暇东顾，克里米亚才被沙俄吞并。

92　帖木儿帝国，《蒙古史诗》的续篇

巴鲁剌思氏合札罕在1346年击杀了合赞算端，自此，察合台汗国分裂为东西两部，东部为朵豁剌惕家族所控制，西部被合札罕家族控制。在合赞汗死后的十几年，东、西察合台汗国大臣擅权是一个普遍现象，它所反映的本质是，成吉思汗对西域突厥斯坦之地的统治就要结束了，将代之以一个新的朝代。

合札罕虽然敢弑君，但不敢称汗，他能做到的是把汗位操纵在自己手里。他先是将窝阔台后裔答失蛮察立为汗，两年后处死了他，又把察合台后裔笃哇之孙拜延忽里推上汗位。合札罕任情废旧立新、操纵朝政的做法，引起其他贵族愤恨，最终被他部下所杀。他的儿子乌巴都剌刺杀死了拜延忽里，另立帖木儿沙为汗。之后，帖木儿沙和乌巴都剌又一起被杀。频繁地弑君，表明黄金家族统治地位的终结，而帖木儿沙被杀后形成的汗位空缺，将西察合台地区引向混乱。

东部的朵豁剌惕家族也自择察合台后裔为汗，他们从阿克苏找到脱忽鲁帖木儿，说他是笃哇之孙、也先不花之子。尽管史证这一

传嗣出于杜撰，但说明东部贵族仍需要察合台家族的威望。

脱忽鲁帖木儿是一位有作为的可汗，他利用朵豁剌惕氏首领播鲁只死去的机会，把汗国的大权控制在自己手里，建立起对东部地区的统治。并且，他要利用西察合台汗国一时无主的局面，决心扫平群雄，重新统一察合台汗国。脱忽鲁帖木儿的两次西征，基本上将西部地区纳入自己的统治之下，但他没有在西部地区建立起有效的统治。脱忽鲁帖木儿死后，其子亦剌思火者继续对西部征伐。而在抵抗东察合台军队的进攻中，西察合台驸马、跛子将军帖木儿显示出他的军事才能。

自脱忽鲁帖木儿父子两代人统一察合台汗国的努力失败之后，就进入了帖木儿时代。西察合台汗国逐渐演变为帖木儿帝国，汉地的元朝被大明帝国取代后，东察合台汗国则演变为明代西域的辖地，察合台汗国也就终结了。

帖木儿是一个突厥化的蒙古人，其祖先做过察合台汗国的大臣，他的父亲是碣石（今乌兹别克斯坦沙赫里萨布兹）的一个领主。帖木儿极力扮演自己是成吉思汗的继承人。在获得权力的过程中，帖木儿表现得深谋远虑，他可以屈服，可以逃亡，娶西察合台汗国后王的公主为妻，暗中培植势力，一旦机会降临，他可以背信弃义，可以不择手段。他是一个勇敢和坚定的人。在实际控制了河中地区之后，1364年，他将忽辛扶上了汗位，当他发现忽辛当真要与他争夺实际控制权时，又打败了他，并将他处死，然后再扶植一个傀儡上位。

纵观帖木儿从臣属到西察合台汗国的统治者，到他的帖木儿帝国，与铁木真从效忠王汗到统一蒙古，到征服世界，两者的发展经历惊人地相似，所以说帖木儿是另一个成吉思汗实不为过。帖木儿：河中地区突厥贵族之子；臣属西察合台汗忽辛；败逃呼罗珊；与忽辛决裂，并打败忽辛，征服巴里黑（今阿富汗巴尔赫），成为整个河中地区的王；远征中亚、欧洲、远东。成吉思汗：蒙古孛儿只斤部落首领之子；效忠克烈部首领王汗；溃逃班朱尼河流域；与王汗决裂，并打败王汗，征服克烈部，成为整个蒙古草原的汗；征服西夏，三次西征中亚、南俄。

与合札罕一样，帖木儿虽敢于弑君，但不敢称汗。1370年，帖木儿征服巴里黑之后，自称为王，宣布自己是成吉思汗和察合台的继承人和接续者。他不敢彻底废除自己扶植的傀儡可汗，以及成吉思汗制定的札撒，而在合法形式的背后行使权力。他的帝国已经突厥化、波斯化，但他不敢重新制定一套全新的法律，只是用权力掩盖内在的矛盾，注定了他的帝国不能稳固和长久。他甘愿造成这样一个局面，用突厥统治取代蒙古统治，用帖木儿帝国取代成吉思汗帝国，他乐于以成吉思汗的继承人自居。14世纪末，帖木儿在塔什干和阿姆河之间，建立了一个短暂而可怕的军事政权。从1370年帖木儿自称为王，到1405年死的三十五年时间里，他先后征服了花剌子模、东伊朗和西伊朗，远征蒙兀斯坦和回鹘地区，他扶植成吉思汗的后裔统一了金帐汗国和白帐汗国，并把它变成自己的附属国，在征服了德里苏丹、玛木鲁克王朝和奥斯曼帝国后，帖木儿开始考虑征服中国。此时的中国正处于明朝永乐皇帝的统治下，尽管朱棣也很好战，但如果帖木儿不死，中国会不会又被摧毁一次，也未可知。《草原帝国》作者格鲁塞说，帖木儿王朝的史诗，虽然在种族上是突厥的，但它仍然是蒙古史诗的一部分。

帖木儿帝国疆域图

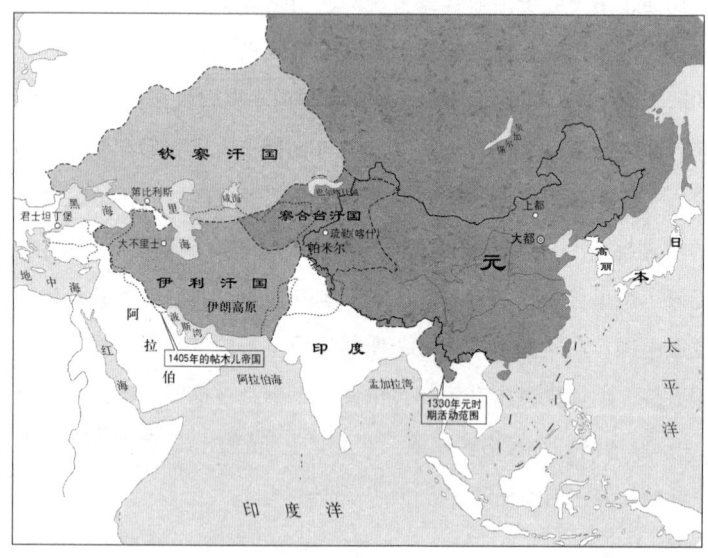

蒙古帝国的构成图

十一 重回金莲川

93 金莲川幕府，大元的官僚班底

1251年，蒙哥继大汗位，命令其弟忽必烈总领漠南汉地军国庶事。在接受委任的翌月，忽必烈就由漠北南下，驻帐于桓州（今黑城子）、抚州之间的金莲川。此地原名曷里浒东川，因为夏季盛开金莲花，颜色堪比黄菊，金世宗时改名为"金莲川"。忽必烈在金莲川开府后，招罗汉地军政精英，延请四方文学之士，"征天下名士而用之"，逐渐形成了一个"金莲川幕府"的侍从臣僚集团。

选择金莲川作为驻牧开府地点，是忽必烈与札剌亦儿家族的默契。札剌亦儿是迭列列斤蒙古的部落，分十部，最著名的是木华黎的札阿惕部。忽必烈的正妻察必，是成吉思汗正后孛儿帖出身的弘吉剌驸马家的女儿，察必的姐姐则嫁给了木华黎的孙子霸都鲁。而察必姐妹的父亲按陈，是弘吉剌驸马家的现任首领。这是蒙古帝国的最高姻亲集团。霸都鲁不仅与忽必烈连襟，还是他的副将和最高级的参谋，向忽必烈进言须在"燕云之地"建都的就是他。霸都鲁是札剌亦儿王族国王的叔父，所以，没有霸都鲁的邀请，忽必烈无法把军队开进金莲川这个游牧地。也可以理解为，代表五投下两大势力集团的札剌亦儿国王家和弘吉剌驸马家都将未来赌在忽必烈身上。

忽必烈之所以进入"桓抚之间"的金莲川，有着长久的历史背景。成吉思汗侵略金国期间，正是将大本营置于"桓抚"之间，之后，获命攻略中原的木华黎家族，也一直驻营于此。这里距离中都很近，是游牧世界和农耕世界的接壤处，是连接两个世界的要冲。忽必烈的构想是，先在金莲川建立他的游牧军事基地，让其影响波及政治中心中都，然后将燕京和桓抚连为一体，形成一个有战略纵深、前后支持的进攻基地，再图南进。

忽必烈出猎图

在金莲川幕府中，有许多人来自汉地或西域，习惯于城居，难以适应草原营帐生活方式。1256年，忽必烈命汉人谋臣刘秉忠选址于金莲川北营造宫城。1259年宫城竣工后，命名为开平府。1260年，忽必烈开平称汗。1264年，诏令改为上都。从忽必烈到元顺帝，元朝十一帝中，有六位皇帝在元上都登基。

由于英国诗人柯勒律治的著名诗篇，元上都在英语世界中声名不小，它的英文名称"Xanadu"，是美丽宫殿和"世外桃源"的意思，与"香格里拉"的意思一样：

忽必烈汗在上都曾经

下令造一座堂皇的安乐宫殿

从建筑学的角度来看，元上都体现了建筑学上民族融合的特征，汇聚了草原游牧民族的生态理念、中原汉民族的亭台楼阁，以及西域波斯人的材料和工艺。2012年，俄罗斯圣彼得堡第三十六届申遗大会讨论并通过了将中国元上都遗址列入《世界遗产目录》。

忽必烈的幕府，网罗了一大批中州和西域的精英，可以考见的有六十多人，他们地域种族各异，学术派别林立，各有专长，身藏锦囊。大致可以把他们分为术数家群、理学家群、文学家群、经邦理财群、宗教僧侣群。

术数家群以邢州人刘秉忠为首，主要成员有王恂、张文谦、郭守敬等。刘秉忠是最早进入藩邸幕府圈的，深得忽必烈信任，学贯儒、佛、道三教，精通阴阳术数。郭守敬是刘秉忠的学生，擅长天文、水利，他和王恂协作编制了《授时历》。

理学家群，主要包括窦默、姚枢、许衡三位北方理学家。窦默最早进入幕府，受命教授太子真金，还举荐了姚枢和许衡。"自请唯掌军事"，就是姚枢所谏言。

文学家群，又称金源文学群。金源指金朝。金朝沿袭唐制，以辞赋取士。最有名的是王鹗和徐世隆，王鹗是金末状元，徐世隆也是进士。征伐云南之前，徐世隆曾以孟子"不嗜杀者能一之"劝诫忽必烈。

经邦理财群代表人物是郝经和赵璧，大多是理财会计，在经济上出谋划策，襄助帝王治国经邦。回回人权臣阿合马，也可划入这一群体。

宗教僧侣群代表人物有吐蕃萨迦派的僧师八思巴，忽必烈日后皈依了佛教，对元朝的宗教政策和治理吐蕃有直接的影响。

金莲川开府对忽必烈和元朝的统治，有着重要的奠基意义，它是以忽必烈为代表的蒙古贵族与汉族士大夫二者的政治联合。它使蒙古贵族逐渐接受了以汉法治汉地的政策方略。忽必烈建立元朝后，金莲川幕府成员又直接成为大元政权的官僚班底。

94　两汗并立，阿里不哥穷途末日

1259年秋，忽必烈指挥东路军突破宋军淮西防线，直逼长江。战事正紧之际，传来蒙哥汗猝死于钓鱼城下的消息。身边的谋士建议忽必烈立即北还，忽必烈虽然心急，还是说："吾奉命前来，岂可无功遽还？"

这时候忽必烈的心里必然已经觊觎汗位，但作为成吉思汗的嫡孙，如想继承大统，在军事上建功立业，不可或缺。忽必烈果断决定，迅速渡江进攻鄂州（今武昌），以期速战速决，拿下鄂州，带功北归。

但鄂州守军誓死坚守，死伤一万人以上，鄂州仍岿然不动。就在忽必烈攻打鄂州之时，阿里不哥已经遣使邀请他速回漠北，议定汗位继承事宜。眼看与阿里不哥争夺汗位的事态越发紧迫，忽必烈只得改变初衷，迅速与南宋丞相贾似道议和班师。1260年初，忽必烈的军队全部撤回长江北岸。忽必烈轻车简从，日夜兼程，赶回开平府。

忽必烈很清楚，漠北没有自己的军队，也鲜有宗王支持自己，一回漠北必定受制于人，且凶险莫测。从蒙哥汗开始，忽必烈的职务就是总领漠南军事，其驻牧地，已南移到开平和燕京一带。忽必烈妻子察必传来消息说，阿里不哥在漠北调集兵马，已经着手准备推举新大汗的忽里台大会。

忽必烈担心的是，阿里不哥利用留守和林的优势和蒙古人幼子守产的习俗，如阿里不哥先行称汗，会使自己陷于被动。1260年3月，忽必烈大集诸侯、贵族、臣僚于开平，宣布即大汗位，史称"开平称汗"。一个月后，阿里不哥在仓促之中，于和林召开忽里台大会，也被拥立为大汗。这样，在大蒙古国的历史上，出现了南北两汗并立的局面。

蒙古时期的汗位继承，一个非常重要的程序是忽里台贵族大会的推选，忽必烈和阿里不哥都是拖雷正妻唆鲁禾帖尼所生，都是成吉思汗的嫡孙，都经过忽里台会议的推选。尽管帝位归属是以武力所决定，但正统与否另当别论。第一，阿里不哥奉旨留守和林，蒙哥死后，应是合法的监国者，可以调动军队，主持朝政。第二，参与漠北忽里台大会和拥立阿里不哥的蒙古诸王，从数量和身份上都远超开平的忽里台会议，拖雷系宗亲和西道诸王的几个王储都参加了。第三，拥戴阿里不哥的忽里台会议是在大蒙古国的首都举行的，从迁都以后，历任大汗均在此即位；而忽必烈在漠南的开平即位，另立山头，违背祖宗旧规。所以，所谓"阿里不哥之乱"，实际应是"忽必烈之乱"。当然，忽必烈称汗也不是没有合法性，他不仅得到东道诸王、五投下军事集团的支持，在西道窝阔台、察合台的王储中，也有一些支持者。

不管怎样，忽必烈成功地驾驭了汉地的军队，更重要的是，他控制了通往和林的物资通道。1260年秋冬，忽必烈亲率大军，征讨阿里不哥。忽必烈封锁了通往和林的粮道，和林马上就发生了粮荒，于是阿里不哥弃城西逃。不久阿里不哥卷土重来，收复了和林，紧接着南下直逼开平。1261年11月，忽必烈再次亲征，率军北上，在和林以南的昔木土与阿里不哥展开激战。此战又是忽必烈获胜，阿里不哥率众西逃吉利吉思。阿里不哥继承拖雷的封地在吉利吉思。

忽必烈在漠南经营多年，用汉法治理，得到宗王、贵戚、汉世侯、士大夫的支持，财政根基雄厚，粮食充足，战争物质齐备，综合实力远超漠北，所以优势在忽必烈这一边。苦撑三四年后，阿里不哥已是穷途末路。

阿里不哥势力远在朔漠，所以忽必烈和阿里不哥都明白察合台汗国的向背对自己十分重要。忽必烈称汗后,发圣旨要察合台曾孙阿必失哈返其兀鲁思主事,半道被阿里不哥扑杀。另一边,阿里不哥旨意察合台之孙阿鲁忽登上汗位。阿里不哥逃到吉利吉思后,本想从察合台汗国获得财赋支持,结果,阿鲁忽非但没有提供物资帮助,还与阿里不哥兵戎相见,转而归附了忽必烈,阿里不哥终于自食其果。

与阿鲁忽的战争,使随从阿里不哥的蒙古军再也看不到希望,士兵不愿再战,军将离心离德,加之1264年严重的饥荒,军民四散而逃。最后,1264年7月,阿里不哥亲自来到忽必烈军前,向他的哥哥投降,表示臣服。至此,历时四年的内战终于结束,忽必烈也终于成为大蒙古国的唯一可汗。

忽必烈宽恕了幼弟阿里不哥,处死了他手下的一些官员。忽必烈接受汉臣的建议,改年号为至元元年,以庆贺蒙古帝国重新归于一统。

忽必烈与阿里不哥之争,给大蒙古国的政治、地理带来重大影响。争位战争之初,术赤、察合台、窝阔台系后王都支持阿里不哥,就连旭烈兀之子药木忽儿也站在阿里不哥一边。为了争取西道诸王支持,忽必烈宣布自阿姆河以西直到玛木鲁克疆界的全部"塔吉克地面"归旭烈兀守卫,阿姆河以东直到阿勒泰山之地归阿鲁忽镇守,加之术赤后王早已分治于钦察草原,蒙元政府实际放弃了对西域的直接统治。西部诸王先后建国,从蒙古大汗直接领有的国土中分离出来,成为中央汗廷的守藩之国。1260年因此成为蒙古国行政体制和地理结构发生重大变化的一年。

哈剌和林故址，1260 年，阿里不哥在和林召开忽里台宣布即大汗位，与其兄忽必烈两汗并立

95 两都巡幸，保守蒙古，经略汉地

1263 年，忽必烈将他称汗即位之地的开平府定为上都，第二年又将燕京定为中都，后改称大都，即通常所说的元大都。原大蒙古国的首都哈剌和林即告废罢，上都和大都被正式确定为新都城。此时忽必烈尚未建元，但大蒙古国的政治中心已经从漠北迁到漠南汉地。

上都开平，位于今内蒙古正蓝旗的闪电河畔，宫城的主体建筑是大安阁。大安阁为汉地式的宫殿，原本是宋金故都汴梁的熙春阁，经整体拆卸，运抵千里之外的金莲川，照原样装置。大安阁是忽必烈朝会的主要场所，上都还沿袭漠北草原和林都城的一些旧例，设置了被称作"失剌斡耳朵"的金色宫帐，可容纳数千人，大汗在这里朝会燕食，分封颁赏。宫城北部设置豹房鹿苑，袭用草原贵族的射猎习俗。上都地处漠北草原与漠南汉地的交通要冲，一方面牵制草原贵族，一方面震慑汉地世侯，对元廷控制大漠南北，意义非凡。

大都燕京，突厥语"汗八里"。"八里"是城的意思，意为"大汗之城"。大都宫城的主要建筑有大明殿和延春阁，还有广寒殿和隆福宫，后两座建筑在《马可·波罗游记》中有仔细的描绘。虽都是汉地式的宫殿建筑，但内设多有不同。大明殿有皇帝和皇后并坐的御榻，这来自草原宫帐内大汗和哈敦并坐听政的习俗。殿内还有一只涂金镶银的大木桶，用来盛装马奶酒，饮马奶酒是草原贵族的共同嗜好。据说，忽必烈还从成吉思汗肇基的曲雕阿兰草原移植了一株青草，称其为"誓俭草"，意在提醒后世子孙不忘祖宗创业之艰。

忽必烈建造两都，体现了他保守蒙古本部和经略汉地的战略构想，又兼容了汉地式都城和草原"行国"的双重文化特征。两都制确定之后，忽必烈就在上都和大都间岁时巡幸。元朝皇帝每年春季三四月间，从大都燕京出发，北赴上都避暑，秋季八九月，再从上都返回大都过冬。两都巡幸，朝廷官员分为扈从和留守两部分，中书省、枢密院和御史台的主要官员要扈从皇帝北上，他们陪侍皇帝左右，不离权力中心。随同皇帝巡幸的官员及机构称作"都省"，留守大都的称作"留省"，等到秋冬，扈从随皇帝返回大都后，就没有"都省""留省"之分了。准确地说，上都是元朝的夏都，大都是冬都。巡幸的路线有三条，第一条是驿路。这是两都间最重要的交通干线，军民北上，运送粮食物资，多经这条驿路，共有驿站

十八个，全长八百公里。第二条是东道，含黑谷路和古北口路。黑谷路俗称"辇路"，是专供皇帝赴上都的路线，全长七百五十多公

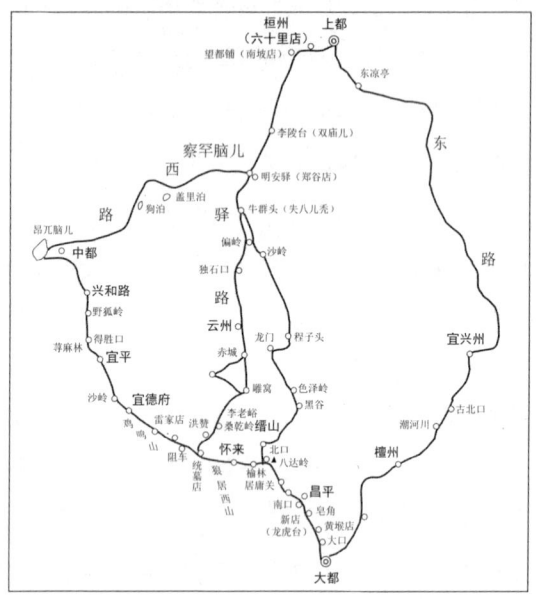

元代两都交通路线图

元上都遗址

里。第三条是西道，全长一千一百公里。元朝皇帝两都巡幸，"东出西还"，通常由东道辇路赴上都，由西道返回大都。

96　元大都，世界之都

　　1260 年忽必烈即位以后，蒙古帝国事实上已经分裂，演变为忽必烈的大蒙古国，以及位于西部的四大汗国。忽必烈的大元大蒙古国，名义上是四大汗国的宗主国，但所能管辖的仅是蒙古本土及中原地区。忽必烈登基之后，以上都为都城，但是上都位置偏北，不利于控制中原，因此在 1264 年忽必烈下诏改燕京为中都，定为陪都。1265 年蒙古攻占金中都后改名燕京。1267 年又迁都至中都。1272 年将中都改为大都，将上都作为陪都。大都突厥语"汗八里"，意为"大汗之城"。

　　燕京当时尚有金中都故城，然而此城历经金朝末年战争，城内宫殿多被拆毁，道路废弛，水系断绝。忽必烈迁都燕京后，乃居住于城外的金代离宫大宁宫内。1267 年，忽必烈下令兴建都城和新宫殿，命中书省官员刘秉忠为营建都城的总负责人，命阿拉伯人也黑迭儿为总设计师，建造宫殿，命郭守敬担任水监，修治元大都至通州的运河，引西郊各泉至通惠河，保证城市日常生活用水。通惠河的终点也是南北大运河的终点码头，沿海子（积水潭）一带形成了繁荣的商业区。被称作"斜街市"的北岸一带，官营市集鳞次栉比。大都新城的平面呈南北略长的矩形，城壁由宫城、皇城、外郭的三重围郭组成，外郭的周长 28.6 公里，面积相当于唐长安城的五分之三，与宋开封城相当。元大都道路规划经纬分明，中轴线上的大街宽度为 28 米，其他主要街道宽 25 米，小街宽度为大街的一半，火巷（胡同）又是小街的一半。城墙用土夯筑而城，外表敷以苇帘。

元大都因系择址新建，设计规划不受旧格局约束，城市布局全部为开放式街巷，按照方位，将大都街道分为五十坊。坊皆以街道为界线，虽有坊门，但无坊墙。城市轮廓方正，街道砥直规则，相对的城门之间一般都有大道相通，一个人若登城，从城门上朝正前方望去，即可看到对面城门。公共街道的两侧，商店和货摊构成市井。整个城市按四方形布置如同一张棋盘。

元大都也体现了多种文化交融的特点。都城四周共有十一座城门，取自"三头六臂两足"的哪吒太子的解释。西南隅的"释迦舍利灵通之塔"即今妙应寺白塔，塔身取净瓶之像，白塔内外摆布依照密宗仪轨安排，这是受藏地佛教影响，在汉地建造的第一座喇嘛塔。

在都城的中心，忽必烈建造了一处皇室家族生活的"紫禁城"。宫城内构成了一个微型草原，里面布满了宫帐，大汗的妻妾们坚持要让她们的孩子在毡帐中出生。忽必烈的御厩饲养着数千匹白马，律例规定只有可汗才可拥有白马。大明殿上并设帝、后坐榻，这是依循了蒙古旧制，大汗理政时，他所在斡耳朵的当家妻子要陪坐在他的身边。在大殿的一隅，种植着一片"誓俭草"，是忽必烈令从漠北移植而来，告诫子孙勿忘父祖创业之艰。大明殿上又有一樽贮酒大瓮，高一丈七尺，可贮酒五十石，称为"酒海"。蒙古人爱酒到了酗酒的程度，成吉思汗的四个儿子都早死，据说，都是酗酒所致。

大都是大元的都城，也是世界之都。作为巨大帝都，兼具水陆机能，使欧亚人流、物流有计划地汇集而来。

过去以哈剌和林为中心的驿传网，现在都与大都连接，经过亚洲内陆的所有路径，都设计以大都为中心，向四方辐射。在通州，有一道名为"御河"的运河,在金朝时就是华北内陆水运网,后因金都南迁而荒废,忽必烈使之再度恢复。御河从通州向东,又连接到海港直沽(天津的前身),从这里再与南宋都城临安相连。从这个海洋窗口远望东南亚、印度洋和西亚,大都是这个超大型循环的起始点。

1368年春,朱元璋遣将徐达、常遇春率军北伐,7月抵达通州,元末帝妥懽帖睦尔自健德门出城北逃,前往上都避难,至此元亡。明太祖遂将大都改名为北平,意为北方平定。

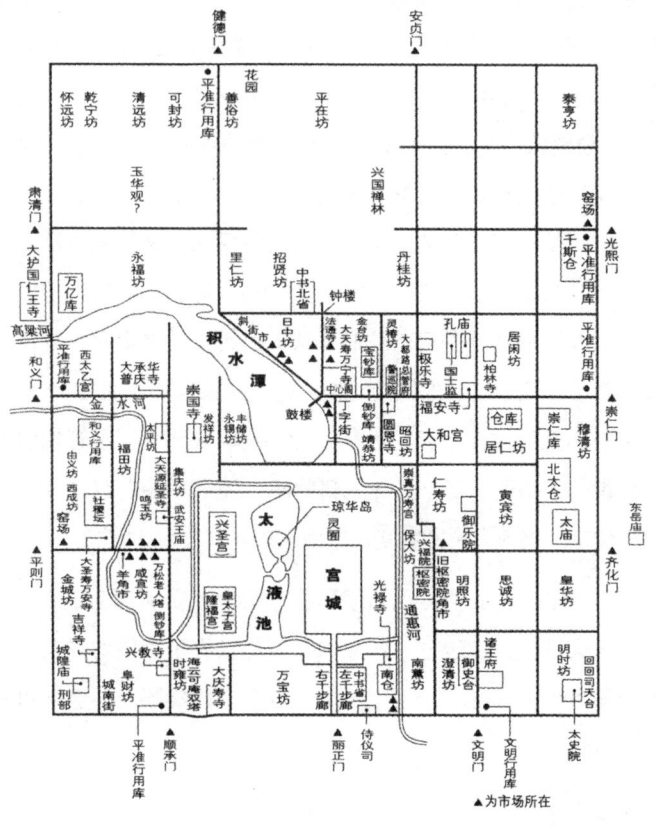

忽必烈时期的元大都

97　大元不是元朝

1271年，忽必烈把新帝国命名为"大元"，大蒙古国换了一个国号成为"大元大蒙古国"。"大元"取自《易经》"大哉乾元"。在宣布新国号的诏书中，也写明是基于"乾元之义"。"乾元"是指天或宇宙，这就又溯源到突厥－蒙古系的人们所共同崇敬的"腾格里"，也就是天。

需要厘清的一个概念是，大元不是元朝，忽必烈帝国的本质是重新改造过的蒙古世界帝国。忽必烈帝国本身绝未成为中华王朝。从蒙哥汗起，忽必烈就开始经略汉地，对他来说，汉地是他的"腹里"，他要统治好这里的人民，使其成为财赋的来源，就必须施行汉法，以汉法治汉地。但不等于说他放弃了蒙古的札撒。忽必烈即位后，实行"祖述变通"的治国方略，既行汉法，又行蒙古法，蒙古语言文字是法定的官方文字，汉语文字仍然通用，形成了中原传统政体和漠北旧俗共存的行政体制。从人类历史发展上看，野蛮的征服者，都会在征服之后的统治时期，适应和采取文明人的管理方法，甚至不得不采用被征服者的语言，直至他们被同化。尽管他们不情愿这样做，元初西北藩王遣使入朝质问："本朝旧俗与汉法异，今留汉地，建都邑城郭，仪文制度，遵用汉法，其故何如？"

蒙古帝国是一个"大可汗的汗国"，以忽必烈帝国为中心，它的西面是四大汗国。由于分封各地的汗国都具有了帝国的规模，因此这种结构可以看作在一个宗主国下的数个帝国集团，其整体构成蒙古的世界联邦。

在建立国号"大元"以后，元政权并没有放弃原先的"大蒙古国"的蒙语国号。汉文"大元",蒙语应译作大元的大蒙古国,正式的官方语言是"大元大蒙古国",简称还是"大蒙古国"。元代纪年方式也是汉、蒙两种形式并用。元朝历代皇帝的尊号,也有汉、蒙两种名号。如忽必烈的汉式尊号为"宪天述道仁文义武大光孝皇帝",蒙语尊号为"薛禅合罕",意即贤明的大汗,两种名号之间不能对译,因是出于两个互不相关的统领属关系,对汉族臣民,他是皇帝,而对蒙古民众,他还是一个大汗。

这一点很重要,和中国历史上其他征服王朝不同,元朝只是蒙古帝国的一部分。为了保卫"大元"在蒙古帝国的宗主地位,证明自己是唯一的大可汗,忽必烈就不能以元朝的皇帝自居,立政施法时还必须考虑到"大汗"的角色,否则会引起严重的政治问题。即使统一的蒙古解体后,元朝皇帝仍被尊为宗主,称为合罕,地位最高,其余汗国则称为西北宗藩,其首领称为汗,地位次之。因此,在事实上陆续独立的伊利汗国、钦察汗国、察合台汗国、窝阔台汗国,仍都是大元大蒙古国的组成部分。作为蒙古帝国至高无上的大汗和蒙哥统治的继承人,忽必烈坚持不懈地要求各个封地对他的服从,除了钦察汗国,他只是名义上的宗主,但伊利汗国他是事实上的宗主,那里由他的弟弟统治。伊利汗,不论是他的弟弟,还是之后的阿八哈、阿鲁浑,都是由他任命的高级总督。为了强制窝阔台家族和察合台家族臣服,他的一生都在与他们作战。

这就是马可·波罗看到的大元帝国。在同一时代,他的祖国还处在中世纪时代的混沌状态,那些裂土专制的王侯将欧洲弄得小国林立,而东亚细亚在蒙古的统治下,建立了一个统一的世界帝国。忽必烈实现了历朝历代精英、士大夫一个无法实现的梦想,所有人民都在一个政府的统治之下。在蒙古入主中原之前，也有很多游牧民族的政权与汉族政权南北对峙，如匈奴、鲜卑、突厥、契丹、女真等，但都未能统治中原。

忽必烈的成就超过了他的祖父成吉思汗，他把不同民族的人民组合成一个有内聚力的单一政治实体，这才是忽必烈留给中华民族的最重要、最实惠的遗产。

98 《马可·波罗游记》的真实性

波罗兄弟尼古拉和马弗是长驻君士坦丁堡的威尼斯商人。1260年，他们前往钦察汗国进行长途贸易，在亦的勒河下游的萨莱城，受到钦察汗、拔都的弟弟和继承人别儿哥的接见。接着，他们来到察合台汗国的不花剌城，在那里居留了三年。最后，他们随同伊利汗旭烈兀的使臣一起，去觐见旭烈兀的哥哥、元朝皇帝忽必烈。在大都，忽必烈热情接待了他们。离开大都时，忽必烈通过他们传话，希望教皇派遣一百名精通七艺的传教士和学者到他的国家来。1271年，这兄弟俩又一次来到大都，他们没有带来忽必烈想要的传教士和学者，而是带来了尼古拉的儿子马可·波罗。

十七岁的马可·波罗跟随父亲和叔叔的商队从威尼斯出发，渡过地中海、黑海，由霍尔木兹向东，越过伊朗沙漠、帕米尔高原、塔克拉玛干沙漠，经过敦煌，向元大都行进。本来他们打算由海路前往大都，可是当时沿海的广州、泉州、福州、杭州这些大港口仍然在南宋的控制下，蒙古人还没有征服这些地方。所以他们只能选择北上，经过呼罗珊，进入中亚，并途经尼沙布尔、沙普尔和巴里黑，沿着古代丝绸之路进入了中国。马可·波罗在中国游历了十七年，将所目睹的忽必烈元朝时期的中国生活写在了《马可·波罗游记》中，欧洲人从书中了解到了灿烂的东方文明，甚至怀疑马可·波罗记录的真实性。

经过漫长的旅程，波罗兄弟的商队在1275年5月到达了忽必烈的夏季驻地上都，他们向忽必烈递交了教皇格列高利十世的信函。马可·波罗记述："他们跪在他的面前，向他讲述一路的冒险经历，并回复之前的任务。可汗与贵族们都极为安静地听着，对他们的跋涉冒险深感惊讶。"忽必烈好像很喜欢马可·波罗，把他带回了大都，并给他委派一些差使。据说他曾在扬州的盐税部门做过长官的助理，而且一做三年。

在《马可·波罗游记》中，记载了两条游历线路：一条是从北京到云南的线路；另二条线路从北向南贯穿，与中国的海岸线平行。他用热情而又夸张的笔调记述了他在东方最富有国家的见闻，激起了欧洲人对东方的热烈向往。1291年春，马可·波罗和他的家人乘船返回欧洲，返回时取道海路，从刺桐（今泉州）出发，经由厦门、占婆、苏门答腊和君士坦丁堡，然后回到威尼斯。他们从东方带回无数奇珍异宝，一夜之间成为威尼斯的巨富，而他在中国的经历，被欧洲人当作传奇。

《马可·波罗游记》成书于文艺复兴前的1299年，是欧洲人撰写的第一部详尽记述和描绘中国历史、地理、文化、艺术的游记，它是一部启蒙式作品，为闭塞的欧洲人展示了全新的知识领域和全球化视野。此书是16世纪耶稣会传教士东来之前，欧洲人了解中国

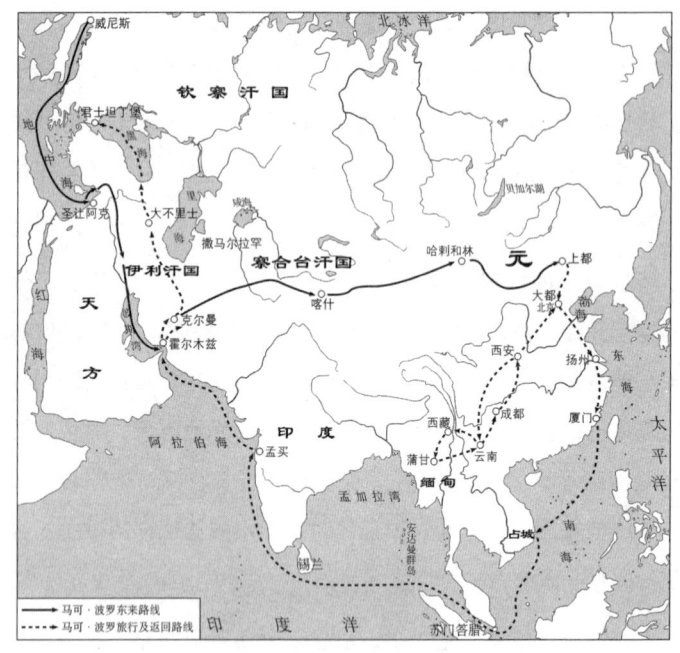

马可·波罗记载的两条游历线路

的必读书目。

然而,就是这本《马可·波罗游记》,在问世之初,其真实性就遭到过怀疑,因书中有太多夸张性的描述,如百万人口、百万房舍、百万马匹等,马可·波罗因此也成了"百万先生"。德国著名的蒙古史学者傅海波认为,马可·波罗很可能没有到过中国,他书中关于中国的描写,或许是从当时流行于伊斯兰世界的那些旅行手册中抄来的。在忽必烈时代,横贯欧亚的贸易大通道已经打通,了解中国已不是难事。大英图书馆中国部主任吴芳思也支持这一观点,她为此写了一本书,书名就是《马可·波罗到过中国吗?》

99 丝绸之路，横跨欧亚的商贸之路

丝绸之路通常是指欧亚大陆北部的商路，形成于公元前 2 世纪，直至 16 世纪之后海运发达，逐渐被废弃。汉武帝派张骞出使西域，本来是为绕道匈奴身后，联合大月氏人，共同抗击匈奴，结果途中张骞被匈奴俘获，滞留了十年后，才寻机逃脱。此次西行十余年，虽未达到构建联盟、抗击匈奴的目的，但获得大量西域的资料，司马迁称张骞此行为"凿空之旅"，从此开通了西汉与西北诸国的商旅之途。

张骞出使西域形成了丝绸之路的基本干道，它以西汉时期的长安为起点，东汉时起点为洛阳，经河西走廊到敦煌，从敦煌起分为南北两路：南路从敦煌经楼兰、于阗、莎车，穿越葱岭（古代对今帕米尔高原及昆仑山、喀喇昆仑山西部诸山的统称）到大月氏、安息（今伊朗），往西到达条支（波斯湾）、大秦（罗马帝国）；北路从敦煌到交河、龟兹、疏勒，穿越葱岭到大宛，往西经安息到达大秦。19 世纪 70 年代，德国地理学家李希霍芬把这条将中国与中亚的阿姆河－锡尔河地区以及印度连接起来的丝绸贸易道路命名为丝绸之路，将西汉大臣张骞出使西域作为丝绸之路的发端。但最初丝绸之路的开辟，倒不是为了进行丝绸交易。

蒙古人基本上处在这条商贸路线之外。虽然蒙古人的世界孤立隔绝，但在成吉思汗出生前的数个世纪，中原的汉文明，西域的穆斯林文明、基督教文明和更南方的印度文明已经渗透到蒙古本土。他们看到南方和西域的奇珍异物和生活用品，都是通过一条沙漠驼队进行输送，只是在蒙古崛起之前，他们没有能力控制这条通路，也分不到由此带来的红利。

丝绸之路把中国、印度和地中海诸国连接起来，处在这三者中间的是中亚的伊斯兰国家。丝绸之路进入中国的地方，有两个天然的障碍——天山山脉和塔克拉玛干沙漠，再向东行进，是蒙古高原和青藏高原，在两座高原之间有一条狭长的通道叫作河西走廊，所有的货物就在这样一条巨大的渠道中流动。谁控制了这个通道，就等于控制了这条贸易线路，因为从最东端的敦煌经长安进入中国腹地，已经变成一条单一的道路。当成吉思汗崛起的时候，西夏国占领着河西走廊，卡在丝绸之路的咽喉地带。所以，在成吉思汗降服了畏兀儿和哈剌鲁人，消灭了西辽和花剌子模之后，势必要搬掉西夏这块压路的巨石，把丝绸之路从头到尾端在自己手上。

在成吉思汗时期发生的情况，是数千年来的第一次。一千年来，丝绸之路第一次被一个强权国家所控制，从中国北部，穿过中亚，南到印度河，西到东欧诸国，所有贸易都落入蒙古人之手。从13世纪到14世纪，蒙古人维持着横跨欧亚的商贸线路，每隔四十公里左右就设有一个驿站，提供包括食宿、水源、可换乘的牲畜、邮政、货币等服务。贸易未必由蒙古人直接去做，回回人比他们更精明，但他们通过开放贸易路线，创造贸易体系，从中获得丰厚的利益。蒙古人创造了一个新的世界性贸易体系。信息的传递和货物的流动，因为有了这条贯通始终的丝绸之路而全线提速。这个军事帝国的另一面，更像一个全球性的贸易公司。

100　京杭大运河的变迁

今天说的大运河是北起北京，南至杭州的京杭运河，是世界上

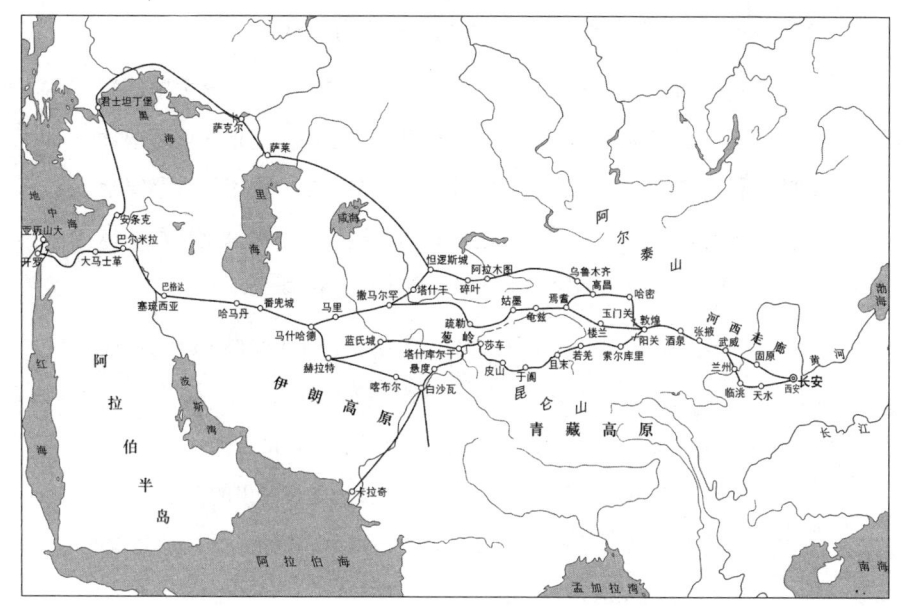

丝绸之路

开凿最早、流域最长的人工河道，是我国历代漕运要道。运河全长 1782 公里，沟通了海河、黄河、淮河、长江和钱塘江五大水系。元代以前通钱塘江，现仅通至杭州，全长 1747 公里。

大运河始凿于春秋末期，经隋朝和元朝两次大规模扩展，利用天然河道疏浚、修凿连接而成。从公元前 486 年始凿到 1855 年南北断航，前后历时 2341 年，主要经历了几个大的变迁过程。

周敬王三十四年，即公元前 486 年，吴王夫差为了北上伐齐，利用长江三角洲的天然河道，连通了由今苏州至无锡、常州北入长江再到扬州的"古故水道"，并开挖自扬州至江水，东北通过射阳湖，再向西北至淮安入淮河的"里运河"，因途经邗城，故得名"邗沟"。它全长170公里，成为大运河最早修建的一段。

隋炀帝即位后，迁都洛阳。此时中原人口膨胀，光靠关中的物藏已不能满足军队和百姓之需，须从财富集中的江南地区调运粮食和物资供应京师，而陆路运输常因雨雪道路阻断，终不如水路安全快捷，于是着手修建大运河。这个时期的运河还不叫京杭运河，称"隋唐大运河"，分为四段：永济渠、通济渠、邗沟、江南运河。

603年，隋炀帝下令开凿从洛阳经山东至河北涿郡（今北京西南）长约1000公里的永济渠；再于605年下令开凿洛阳到江苏清江（今淮安）约1000公里的通济渠，直接沟通了黄河和淮河；又于610年开凿京口（今镇江）至余杭（今杭州）长约400公里的江南运河，并对邗沟进行改造。至此，以洛阳为中心，南通杭州、北达北京的大运河凿通，全长2700多公里。

元朝定都北京后，要把粮食、物资从南方运到北方，不必再绕道洛阳。为此，忽必烈下令开凿了三段河道，把原来以洛阳为中心的隋代横向运河，修筑成以大都为中心，南下直达杭州的纵向大运河。元朝用了十年时间，先后开挖了"洛州河"和"会通河"，把天津至清江之间的河湖港汊连接起来，清江以南接邗沟和江南运河，直达杭州。北京和天津之间，新修"通惠河"。1293年，世祖忽必烈去世前一年，元代大运河全线通航，漕船可由杭州直达大都，始称京杭大运河。这样，京杭运河比绕道洛阳的隋唐大运河缩短了900多公里。

京杭大运河按地理位置分为七段：北京到通州区称通惠河，长82公里；通州区到临清称南运河，长400公里；临清到台儿庄称鲁运河，长约500公里；台儿庄到淮安称中运河，长186公里；淮安

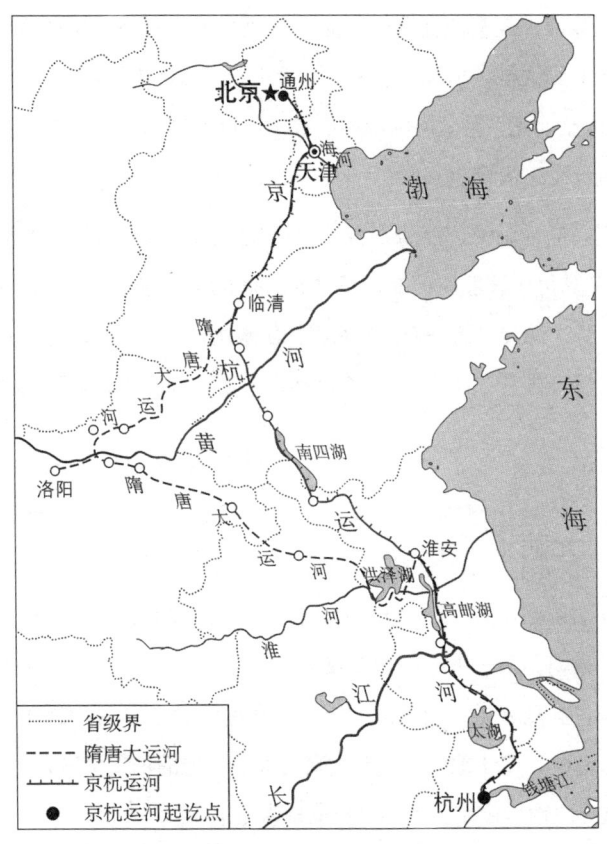

京杭运河比绕道洛阳的隋唐大运河缩短了900多公里

到镇江称里运河，长约180公里；镇江到杭州称江南运河，长约330公里。

会通河和通惠河开通后，京杭运河完成，明代又进行了大规模的整修，建立了完善的漕运管理制度。六百年间，运河成为真正意义上的南北交通要道，每年几百万石的漕粮、东南的贡赋和商品都要过江渡淮，经会通而北运。元代开通海运，海外商品过境之后也是经运河到大都，所谓"会通"，意即"江淮之漕"，"商旅贸迁"，"莫不由是而达"。运河两岸兴起数十座商业城镇。它对古代经济的贡献简直无法估量。

北京的什刹海、后海一带，包括积水潭，正是当年行船漕运的终点。《马可·波罗游记》记载："最热闹的景象应集中在离鼓楼最近的银锭桥、烟袋斜街一带，积水潭舳舻蔽水，盛况空前。""元代最著名的大都杂剧主要活跃在积水潭周围，一批著名杂剧家聚集于此。"

101　元朝十一帝

自1206年成吉思汗创建大蒙古国，到1368年妥懽帖睦尔退出中原，元朝共历十五帝。按照汉法称皇帝的，是从大蒙古国的第五位大汗忽必烈开始，前面的四位大汗合称大蒙古国的前四汗。忽必烈庙号世祖，追认他的祖父铁木真为太祖，他的伯父窝阔台为太宗，他的堂兄贵由为定宗，他的兄长蒙哥为宪宗。

从忽必烈改国号为"大元"开始，元朝共历十一帝。由于元朝皇帝同时又是蒙古大汗，所以皇位的继承和汗位的更迭是一致的。

继承忽必烈皇位的本来应该是太子真金，但他死在忽必烈的前面。真金三十岁时，被册立为太子，这是元初政治的一件大事。蒙古汗位的继承不是在位大汗的遗嘱指定，而是要通过忽里台贵族大会的推举。册立太子的做法，被认为是附会汉法的开始。真金去世时只有四十三岁，所以忽必烈将皇位传给了真金的幼子铁穆尔，也就是成宗。从元朝第二帝开始，皇位传承都在真金系内传续。

1307年，成宗铁穆尔去世，代行大元大蒙古国实权的是卜鲁罕皇后。铁穆尔只有一个儿子，但是夭折了，若是从近亲中挑选继承人，只有铁穆尔次兄答剌麻八剌的嫡子海山和爱育黎拔力八达兄弟二人。但卜鲁罕皇后为了保全自己的权势，立即决定拥立安西王阿难答，阿难答是真金之弟忙哥剌之子。爱育黎拔力八达先发制人，在阿难答即位的前一日，在宫中将卜鲁罕皇后、阿难答及左丞相阿忽台全部扑杀。这时，其兄海山接到朝内通报，从阿勒泰山前线率军东返。爱育黎拔力八达虽见皇位已触手可及，但慑于海山的兵威，只好以兄终弟及为条件，推戴名分上"以嫡以长"的海山做了皇帝，是为武宗。还规定，叔叔死后再传位给侄子，皇位再回海山系内。四年后，海山去世，爱育黎拔力八达即位于大都，是为仁宗。这就是所谓的"武仁授受"。武宗具有蒙古军事贵族的气质，而仁宗要遵行儒术来改变朝政。仁宗朝最重要的事件是恢复科举，史称"延祐复科"。自灭金后科举废弃已达八十一年，至此汉族士人重获正常的晋升途径。

仁宗即位之后，渐萌改储之心，要改变叔侄相继的先约，把皇位传给自己的儿子。本应立为皇储的武宗长子和世㻋被封为周王，去云南就藩。和世㻋行至陕西时发动叛乱，失败后投靠了察合台后王。1320年，仁宗去世，其子硕德八剌继承皇位，是为英宗。英宗随其父，接受儒家教育，推行以儒治国，亲政后实行"至治改革"。1323年8月，英宗从上都南返途中驻跸南坡店，被御史大夫铁失刺杀，史称"南坡之变"。

这时，和世㻋在察合台汗国避难，他的弟弟图帖睦尔被谪放江宁府（今南京）。因此，握有蒙古本土的甘麻剌之子也孙铁木儿被拥立为帝，是为泰定帝。甘麻剌是真金长子，成宗铁穆尔长兄，武宗、仁宗伯父。1328年8月，也孙铁木儿在上都去世。9月，钦察军团首领燕铁木儿在大都发动政变，迎立武宗之子图帖睦尔即位，是为文宗。同月，九岁的皇太子阿速吉八在上都登基，是为天顺帝，于是爆发了"两都之战"。一个月后，上都一方战败，阿速吉八被杀，一说失踪，汉文史料无载。泰定帝、天顺帝在蒙古史中不被承认为合法的皇帝，无汉文庙号、谥号和蒙古汗号，只好用他们的年号作帝号。

就在图帖睦尔胜利后不久，和世㻋在察合台后王的武力护卫下突然东进，于1329年2月在哈剌和林宣布即位大汗，是为明宗。这样，刚刚结束了两都之战，又形成了两都对峙。但掌握文宗实权的燕铁木儿认为与上都交战没有胜算，遂让图帖睦尔将玉玺送交和世㻋，表面上拥戴和世㻋为汗。是年8月，燕铁木儿在旺忽察都行营制造兄弟相见的机会，在宴会上毒杀元明宗和世㻋，图帖睦尔遂复位元文宗，第二次登基。

1332年8月，元文宗图帖睦尔病死，临终前自悔谋害兄长之事，吐露真情。他不顾反对，坚决要把皇位传回和世㻋族系，遗诏立明宗之子以自赎。文宗死后，把持朝政的燕铁木儿为了继续专权，请求文宗皇后卜答失里立她自己的儿子为帝。卜答失里忠实于丈夫的遗诏，予以拒绝。当时和世㻋的长子妥懽帖睦尔远在广西静远，卜答失里皇后遂奉文宗遗命，拥立年仅七岁的懿璘质班在大都登基，是为元宁宗。因为皇帝年幼，卜答失里太后临朝称制。

仅仅五十三天后，元宁宗在大都病逝。卜答失里太后下令迎回宁宗长兄妥懽帖睦尔，1333年6月即位于上都。妥懽帖睦尔的庙号

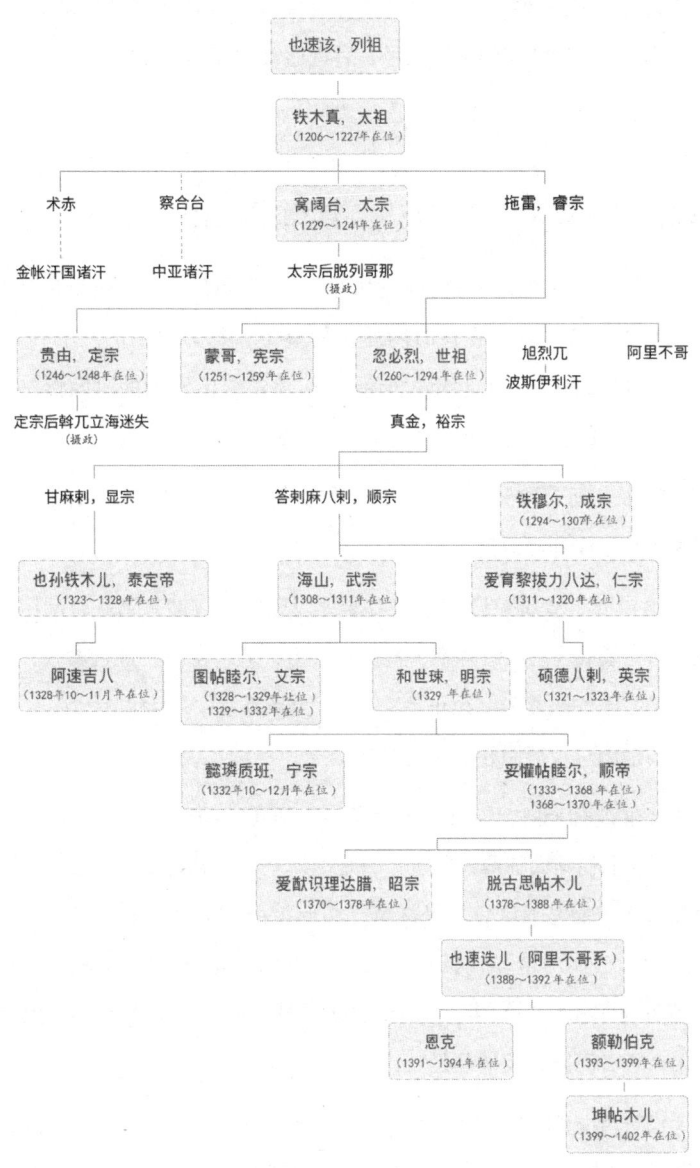

蒙古帝国汗位继承图

本为惠宗，因元朝在他手中灭亡，明太祖朱元璋念其"知顺天命，退避而去"，特加"顺帝"之号，后世通常称其为"元顺帝"。

102 "挑动黄河天下反"，红巾军起义

元顺帝妥懽帖睦尔是忽必烈的四世孙，元朝最后一位皇帝。他与忽必烈一样，都是在位时间最长的皇帝，忽必烈在位三十五年，妥懽帖睦尔在位三十七年，但妥懽帖睦尔统治元朝的时间恰好是三十五年。但忽必烈开创的大元朝，在妥懽帖睦尔手中覆亡。

顺帝一朝大致分为三个时期，伯颜擅权时期、脱脱"更化"时期和与红巾军作战时期。

1340年，妥懽帖睦尔采用政变手段废黜伯颜迎来亲政，起用脱脱实行"更化"。亲政初期，他勤于政事，颁行法典，加强廉政，举荐逸隐之士，改年号"至正"，史称"至正新政"。但社会积弊已久，这一切措施也没能阻止农民起义的爆发。

凡事都有来由，引发农民起义的是朝廷的两项措施："开河与变钞"。元末朝廷面临两大危机：一是国库空虚，朝廷不是想发展生产增加收入，而是靠印钞填补缺额，引起持续的通货膨胀，市面上伪钞流行，法律对造印伪钞惩处虽重，但仍阻止不住人们铤而走险；二是黄河水患，1244年、1248年黄河两次决口，水患所至，生计全无，死者满路，疫情蔓延。

1251年，脱脱甘冒风险，同时实施变钞和开河两大行动。按脱脱所说，"事有难为，犹疾有难治"，但"必欲去其疾"。如果说开

河还是为了民生的话,变钞则是饮鸩止渴,向社会转嫁朝廷财政危机。元廷发行"至正中统交钞",以新钞对折贬抑"至元宝钞"价值,以弥补入不敷出的财政收入。这无疑是朝廷对人民的一次暴力抢劫。新钞发行之后,立即引起恶性通货膨胀,民怨沸腾,元朝的合法性开始动摇。而同时开始的治河工程,征用民工二十万人,民间负担沉重,白莲教徒以"挑动黄河天下反"为借口,发起暴力反抗的动员。

白莲教渊源于中国佛教净土宗,多称白莲社或莲社。这是一个大众化的教派,它的方便法门是,只要在世时常念"阿弥陀佛",死后便可由阿弥陀佛"接引",到他掌管的净土世界去。

韩山童就出生在一个白莲教世家,元廷要治河的消息传来,他决定利用这个时机武装暴动。1251年4月,韩山童纠合杜遵道、罗文素、刘福通,聚众三千人在颍州颍上(今安徽境内)杀黑牛白马,誓告天地,宣布起义。韩山童被前来征剿的元地方武装擒获处死,其妻携子韩林儿随杜遵道、刘福通突围,然后重新聚集,攻占颍州(今阜阳)。起义军头裹红布,号称"红巾军"。

韩山童部颍州首难成功,各地群起响应,揭竿而起,虽彼此互不统属,但都以"红巾军"为号,互为呼应。在各支起义队伍中,比较大的、一时成势的有:邳州(今江苏邳县)的李二,拥众十万,攻占徐州;罗田(今湖北境内)的徐寿辉,自立为帝,国号"天完";淮西的南方白莲教"祖师"彭莹玉,后并入徐寿辉部;河南西部的王权,占领河南府路(今洛阳),称"北锁红军";占据襄阳路的孟海马,称"南锁红军";定远(今属安徽)的郭子兴,占领濠州(今凤阳),称濠州节制元帅;泰州的张士诚称雄苏北,称诚王,国号大周；还有台州黄岩的方国珍，较早被官府逼反，在红巾军起义前两三年就自霸一方，与元朝分庭抗礼。

面对这些乌合之众，元廷调兵遣将，分头进剿，到1254年，在各个战场差不多将红巾军逼入绝境。是年11月，脱脱总兵百万，将张士诚围死在高邮城中，攻陷苏北所有城池。史书记载，张士诚在高邮城中意志消退，"日议附降"。到12月，元廷内争升级，朝中政敌担心脱脱拥兵自重，突然削去他的兵权，将他革职流放云南。后中书平章政事哈麻假传元惠宗诏令迫其自尽。一俟脱脱奉诏，百万大军顿时四散，张士诚绝处逢生，红巾军死灰复燃，成燎原之势。

1355年2月，杜遵道、刘福通迎请韩山童之子韩林儿在亳州（今安徽亳县）建国，国号宋，年号龙凤。韩林儿称帝，又号"小明王"。韩林儿始终是一个傀儡，开始听命于杜遵道，刘福通杀杜遵道后，自命丞相，又加封太保。自龙凤三年（1356），刘福通不再消极应战，遣兵外线，组成东、中、西三路红巾军北伐，而刘福通自率中央红巾军巩固河南地盘。1357年，攻克汴梁，小明王移都于此。三路红巾军与河淮之间的中央红巾军中心开花，辐射四方，形容为"巴蜀、荆楚、江淮、齐鲁、辽海，西至甘肃，所在兵起，势相联结"，龙凤政权盛极一时。

1359年，三路北伐兵马由盛转衰，元军主力对龙凤政权的"都城"汴梁实施合围，至8月，汴梁城破。刘福通护韩林儿突围，退守安丰（今安徽寿县）。之后两年，刘福通已无力号令在外诸将，红巾军各支也开始内讧、火并。

1363年3月，张士诚遣将围攻安丰，刘福通困守孤城。安丰旦夕之际，刘福通向坐镇应天府的朱元璋求救。自此，历史进入朱元璋时代，大明的序幕渐渐拉开。

103　朱元璋"驱逐胡虏，恢复中华"

朱元璋，安徽濠州人。1352年，朱元璋参加郭子兴起义部队，由士兵提升为军官。1355年，郭子兴病死，所部由其子郭天叙、妻弟张天佑和朱元璋统领。7月攻打集庆（今南京）失败。9月，郭天叙和张天佑再攻集庆，参加此役的还有被擒伪降的元军将领陈野先。陈野先在集庆城下倒戈，献郭天叙和张天佑于元将，从此郭子兴部变为朱元璋部。

1256年，朱元璋三攻集庆而下，改集庆为应天府。这时候，在他的东面有平江（今苏州）的张士诚，西面有以汉阳为都城的天完政权徐寿辉，后徐寿辉被部将陈友谅所杀，陈自称为帝，改国号为汉，正南是元朝控制区。朱元璋以应天府为军政中心，巩固江南根据地，像当年铁木真一样，开始了统一诸部的战争。

1263年，安丰告急，刘福通向朱元璋求救。此时，朱元璋早已独霸于一方，但名义上还是韩林儿的臣下，用的是龙凤年号。谋士刘基（刘伯温）主张见死不救，借张士诚手剪灭之。朱元璋考虑再三，或出于君臣之义，或出于利用，还是发兵去救。朱元璋黄伞銮驾，将韩林儿接到滁州（今安徽境内）供养起来，龙凤政权名义上维持到1366年。

1364年4月，陈友谅乘朱元璋救小明王于安丰，发兵六十万，战船数百艘，围攻洪都（今南昌）。洪都被围八十余日。7月，朱元璋安顿好小明王后，率二十万军往援，在鄱阳湖展开大战。陈友谅败退，中矢而死。朱元璋乘势追到武昌，陈友谅之子献城请降，汉政权灭亡。

1365年8月，朱元璋派徐达、常遇春领兵二十万攻打张士诚部，到1366年11月，已把张士诚军全部赶入平江城内。张士诚困守平江十一个月，1367年9月城破，张士诚被俘，命自缢而死。

消灭了陈友谅和张士诚，南方割据势力基本铲平，其他小股力量无法与之对抗，定鼎形势越来越清晰。在攻伐张士诚期间，朱元璋想到要做一件事，就是处理小明王和刘福通这一对君臣，如果龙凤政权还在，朱元璋无法称王。于是他借心腹廖永忠之手，将韩林儿的舟船沉于长江口的瓜步，再陷廖永忠于不义，将其赐死。

1367年9月，平定张士诚后，朱元璋两路南下进攻方国珍，方国珍被追到海上，走投无路，纳款献降。10月，南下征伐陈友定，将其诛杀。至此，南方全部平定。与此同时，朱元璋命徐达、常遇春统率大军二十五万北伐，讨元檄文称："蒙古夷狄不足抚御中国，其得国也非人力，实乃天授。今乃为天所厌，天将降罚其身，而眷佑吾人。""胡虏无百年之运。"因而在《谕中原檄》中提出"驱逐胡虏，恢复中华，立纲陈纪，救济斯民"的口号，史称"明师北伐"。

从1367年10月开始北伐，经三个月，山东大体平定，朱元璋决定正式称帝。1368年正月，朱元璋在应天府即皇帝位，改国号为明，年号洪武。这一年便是洪武元年。

1368年7月底，徐达兵至通州。闰七月二十八日，元末帝妥懽帖睦尔率三宫六妃北奔上都。8月2日，徐达率军占领大都，元朝灭亡。1369年,明军进逼上都,顺帝奔应昌(今内蒙古达里诺尔),翌年病死。其子爱猷识理达腊嗣位,他的政权,史称"北元"。

明朝将元朝首都改名北平,意思是北方平定了。但这时元朝的许多地区还没有纳入明朝的统治,明朝军队直到1371年才占领四川,1382年占领云南,还有蒙古本土、东北、新疆、西藏,也尚未在明朝的控制之下。

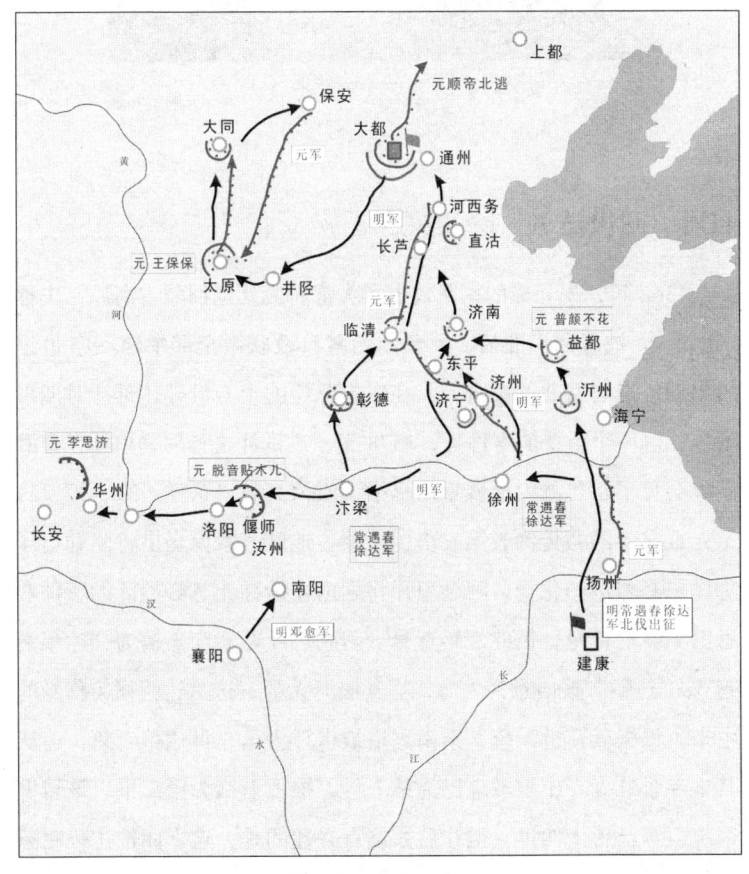

明师北伐线路图

元顺帝北逃

104 四世达赖,降生蒙古王族

1368年,朱元璋的军队攻占了大都,元廷退回蒙古高原,史称"北元"。被赶回漠北后,元廷与西藏政教联系全部中断。15世纪后半期,退居塞北的蒙古人,在成吉思汗的十五世孙达延汗时期再度统一。一个重要的事件是,1578年,达延汗之孙阿勒坦汗在青海湖畔会见了格鲁派大活佛索南嘉措,皈依其教,这样一来,被遗忘了二百多年的藏传佛教第二次传入蒙古地区。索南嘉措将阿勒坦汗称作忽必烈汗的化身,阿勒坦汗将索南嘉措称作忽必烈汗的帝师八思巴喇嘛的化身,彼此互赠尊号。阿勒坦汗尊索南嘉措为"达赖喇嘛","达赖"蒙语意为大海,喻其法海无疆,这是达赖喇嘛称号的由来。根据其转世系统,索南嘉措被推算为第三世达赖喇嘛,追认其主寺哲蚌寺寺主根敦珠巴为第一世,根敦嘉措为第二世。该转世系统至今已历十四世。但让后人饶有兴趣的是,这十四位达赖喇嘛中,竟有一位蒙古人,他就是阿勒坦汗的曾孙四世达赖云丹嘉措。

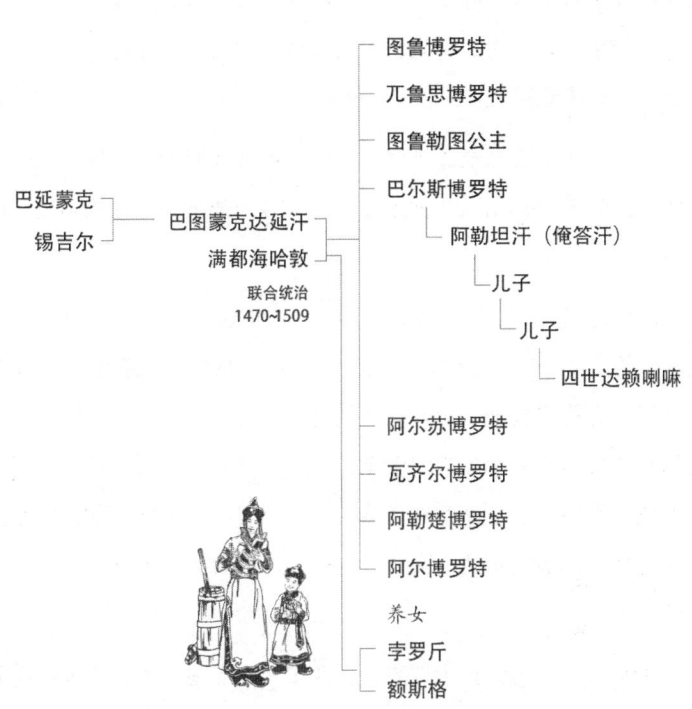

达延汗和满都海哈敦家族

四世达赖是根据三世达赖的遗嘱认定的。三世达赖生前对自己的转世做了精心的安排，这种安排包含了深刻但又显见的政治含义，为使佛法在蒙古地面传播，必须掌握政教合一的权力，所以需要达赖喇嘛在蒙古王族中降生。三世达赖执教时，西藏红教和黄教的斗争尚未结束。黄教为了得到蒙古的支持，索南嘉措在他圆寂时，预言三世达赖转世将在蒙古地方出现。

三世达赖生前已经安排好了自己转世将在何处，在何人家，果然四世达赖于1589年正月初一，降生在成吉思汗黄金家族阿勒坦汗的后裔中。

四世达赖法名"云丹嘉措"，意为"功德海"。史书中甚至没有他本名的记载，只知道他是达延汗的曾孙。1592年，经色拉、哲蚌、甘丹三大寺代表验证，正式确认其为三世达赖转世灵童。同年，明朝加封四世达赖云丹嘉措"金刚持"这一封号，表明明廷确认了他的地位。明朝继承了元朝对西藏的统治，按历史规制，藏传佛教大活佛的认定，必须受到中央代表的监督，最后必须经过中央政府的批准。

1602年，云丹嘉措十四岁，在西藏三大寺迎请团和蒙古骑兵的护送下离开土默特草原，前往西藏。1603年先在藏北热振寺举行坐床典礼，后在拉萨哲蚌寺举行出家仪式，受沙弥戒。1607年，云丹嘉措赴后藏扎什伦布寺，向四世班禅罗桑却吉坚赞学法，拜四世班禅为师，受比丘戒。云丹嘉措应哲蚌寺众僧之请，继任了哲蚌寺第十三任赤巴，并兼任了色拉寺第十五任赤巴。这一僧职，负责掌管全寺一切宗教活动和事务，具有佛学渊识、德高望重的高僧才有资格出任这一职务，不少寺院的赤巴由寺主活佛兼任。

1616年12月15日,四世达赖喇嘛云丹嘉措在哲蚌寺突然去世,时年二十八岁。云丹嘉措之死,一说是藏巴汗派人刺死的。当时后藏地区完全被藏巴汗控制,黄教和藏巴汗相互敌视。云丹嘉措的死,反映的是西藏政教之间的权力斗争。

105 北元灭亡,蒙古依然存在

徐达"明师北伐",攻陷元大都后,元顺帝逃往上都,国号仍称大元,以其地处塞北,被称北元,也称残元。北元长期与明朝并存,互有攻伐,是明朝势力所不及的大中华的另一部分。与辽、金、西夏等国覆灭后不同的是,末代皇帝妥懽帖睦尔没有投降,没有自杀,也没有被擒获,而且率领王族和身边的亲军撤退到祖先兴起的故地蒙古高原,完成了一次被覆灭政权全身而退的奇迹。这要归功于成吉思汗的疯狂扩张,使得蒙古帝国幅员辽阔,汗国林立,即使是元朝,也是蒙古帝国的一部分。元朝的全称是大元大蒙古国,元朝的皇帝首先是蒙古的大汗,他们现在失去的,仅仅是大元的汉地版图,蒙古帝国依然存在。

此时,除了元惠宗(顺帝)据有漠南漠北的蒙古本土,关中还有元将脱廓帖木儿(汉名王保保)驻守甘肃,元廷还有辽阳行省和云南行省。更北的地方,大兴安岭东南山麓,还盘踞着元宗室阿札失里。

1369年,明军出喜峰口,进逼上都,顺帝逃奔应昌,1370年在那里死去。顺帝的儿子爱猷识里达腊在哈剌和林继位。1372年,明朝大将徐达率军攻向和林，这是蒙古的大本营，也是权力和荣耀的象征。蒙古人的抵抗十分顽强，最后明军因后援不继，受阻于土拉河畔。

1371年，元朝辽阳行省平章刘益降明，明朝控制辽宁南部。1372年，明朝将领冯胜大败元军，从元朝治下收取甘肃行省。1388年，明将沐英和傅友德攻入云南，梁王把匝剌瓦尔密自杀，明军征服云南。1390年，辽王阿札失里见大势所趋，遂降附明朝。至此，漠南的元朝版图，全部交由明朝收纳。

1378年，爱猷识里达腊去世，其子脱古思帖木儿继位，第三位残元皇帝所能控制的领土已经缩小到蒙古帝国最初兴起时的那一小块地域。1388年，明军大将蓝玉率军十万，在捕鱼儿海南岸大败脱古思帖木儿。在逃跑的途中，脱古思帖木儿被其部将也速迭儿所杀。这次失败使黄金家族丧失了在蒙古人心中至高无上的地位，各个部落纷纷脱离残元政权而自立。1399年，吉利吉思首领鬼力赤否认了最后一任残元皇帝额勒伯克的宗主权，将其打败并杀死了他。1402年，鬼力赤杀死叛臣也速迭儿，称卓里克图汗，北元正式灭亡。北元共历七帝，历时三十五年。元臣鬼力赤篡位建国称鞑靼。北元灭亡后，蒙古本土分裂为鞑靼和瓦剌。

北元仅指大蒙古国的一个阶段，从脱古思帖木儿败亡后，蒙语文献中不再使用"大元"国号。北元仅代表一个时期的结束，其后进入《明史》所称鞑靼时期。但蒙古人一直以蒙古自称，大蒙古国政权依然在延续，之后出现过也先汗、达延汗、林丹汗这些著名的大汗。在达延汗时期，蒙古重归统一，直至1635年察哈尔部为满洲的后金所灭亡。按照中国史划分，大蒙古国分为蒙古、元朝和鞑靼三个阶段。

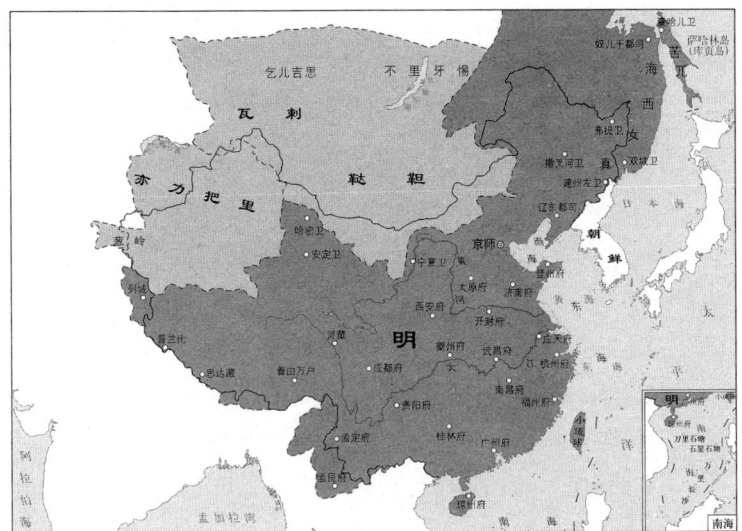

明朝疆域

后记

到此为止，我已经写完105个关键词。历史是一个过程，但也是由若干人物和事件构成，如果把每一个人物和事件都用一段文字写清楚，再把它们用时间先后串联起来，或按照主题关联起来，应该就能把这段历史讲清楚。大多数人都跟我一样，只想了解历史，并不去研究历史，在一个碎片化和快餐式的时代，我的这种写作方法，或许可以创造一种新的阅读方式和阅读体验。

故而我也没把这本书当作一部论著，而是当成105篇作业，每天坚持写作至少一个关键词，不管工作有多忙，都必须写完作业才睡觉。而且，我怕自己偷懒，为此还注册了一个微信公众号，从大年初一开始每天发表一个关键词，让几百个朋友一起监督和鼓励我。这一招果然有效，每当我想偷懒或善待一下自己的时候，都好像在夜间看到一群猫的闪亮的眼睛。

写历史，最重要的是史实，观点和评价还是次要的，可以交给读者，只要史实无误，读者自有公论。史实重在一个"实"字上，而错误又无所不在，就像在格鲁塞著名的《草原帝国》一书中，也会出现把察合台之孙合剌旭烈兀当作察合台之子的差错。再如，在成吉思汗选定继位人的议事会上，成吉思汗明确地说，只要窝阔台家族还有一个后嗣，哪怕他是个孬种，裹以饲草牛都不吃，涂上油脂狗都不闻，他仍是汗位的继承人。成吉思汗是为了避免在他死后，他的儿孙为了汗位争斗，而使帝国分裂，所以做出这样的汗位继承安排。在推举贵由继位的忽里台大会上，贵由再次重申了成吉思汗的旨意，在得到宗亲贵族的承认后，贵由才肯即位。而《蒙古秘史》中，这段话被篡改为：窝阔台问，如果他的子孙出了个孬种，裹以饲草牛都不吃，涂上油脂狗都不闻，出现了这种情况应怎么办？成吉思汗回答，难道在其他儿孙中就没有一个合格的吗？这是词语基本相同，而意思完全相反的两句话。史实是，贵由死后，拖雷之妻唆鲁禾帖尼和术赤之子拔都合谋，把汗位从窝阔台系转到拖雷系。拖雷之子蒙哥上位后，为了获得其继位的合法性，指使史官把成吉思汗的原话篡改成这样，很多史书没有把这一点说清楚，我发现不少作者对这段话的理解很含糊。但窝阔台的子孙对此是清楚的，这就是窝阔台之孙海都与忽必烈的元朝四十余年战争的真实原因，也是蒙古帝国分裂的肇始。

成吉思汗的帝国是建立在比它更早的草原帝国基础之上的。在蒙古高原上，同一个种群，在不同的历史时期，以不同的民族国家的形式出现，最初是匈奴人，接下来是鲜卑人、柔然人、突厥人、回鹘人，然后就到了蒙古时期。在亚洲历史上，一直受两种力量的支配，一是定居文明，一是游牧主义。定居源于农耕生产，种植和养殖带来可以预期的收益，并产生结余，所以人可以少流动，形成村落和城市，有闲阶层进而创造了文化，这是比武力更强大的力量。

而游牧民逐水草而居，永远处于间断性的饥饿之中，游牧民有规律地掠夺和支配草原边界上的定居民族，直到城市人发明了更先进的武器，取得了人为的优势，这一状况才得以改变。

但是，如果没有一个卓越的首领，靠身体的力量和吃苦耐劳的精神，也不会让蒙古人光耀世界，他们不过是本分的牧羊人和沿着草原边境流窜的抢劫者。这个天才就是成吉思汗。他创造了一个民族，能让一个部族的名字变为一个民族的名字，能让他的民族的名字替代一个人种的名称。而现在，蒙古人种既是一个人种类别，又是一个精神等级。不管其他民族对成吉思汗如何谩骂和诅咒，但他在蒙古人心中的地位是神圣的，他使蒙古各部族停止了厮杀，建立了国家，他使落后的民族高居于其他先进民族之上。对于他的屠杀政策，是必然要受到诛伐的，但这是现代人的观点。成吉思汗时的蒙古人，还没有跨过文明的门槛，他们还停留在以血缘关系为纽带的原始人类阶段，视一切外族为敌，视人为畜或狩猎对象。

蒙古时期，直到蒙哥汗为止，蒙古还是一个游牧帝国型的霸权国家。这一情况，到了忽必烈时期得到改变。忽必烈开始进行国家建设，他决心采取汉人管理国家的方式，用制度和法律管理国家事务，而不是用习惯和好恶。他把各个民族都吸纳到中华世界中来，而不是把它们看作自己的占领地，从那里征敛财物。忽必烈的元朝，在那个时代，已经是一个典型的且高度发达的国家。

元朝灭亡之后，留在中国内地的蒙古人继续成为中国历史的一部分。明朝蔑称蒙古为"胡元"，标榜自己为中华，它却继承了大元大蒙古国几乎所有遗产，明将元之女真、契丹之地和云南、贵州、西藏高原直接纳入明朝版图。永乐帝自称"大明可汗"，可见成吉思汗、忽必烈给予了他无形力量。乌思藏宣慰使司的建立，即向世界宣示了，从有元之始，西藏地区便正式纳入中央政府的直接管辖之下，成为元朝的一个行政区划，它的独立从何谈起？大元大蒙古国给中国留下了一条巨大帝国多民族共存的政治道路，一直影响到大明朝、大清朝、中华民国乃至中华人民共和国。

2018 年 1 月

于北京

蒙古历史大事记

传说

成吉思汗第二十二代先祖孛儿赤帖那和豁埃马阑勒,被称为苍狼和白鹿。

成吉思汗第十一代女先祖阿阑豁阿感光生子,构成尼鲁温主干蒙古。

成吉思汗十世祖孛端察儿创氏孛儿只斤。

成吉思汗曾祖、蒙古部首领合不勒汗,被金国封为"蒙兀国王"。

成吉思汗曾叔祖俺巴孩汗被塔塔儿部出卖,解送金国,被金熙宗处死。

俺巴孩汗传汗位给成吉思汗叔祖父乌图剌。

记载

4世纪,鲜卑人的一支,称室韦,居于兴安岭以西,今呼伦贝尔。

544年，蒙古先民室韦遣使与东魏建立联系。

7世纪，蒙古以"蒙兀室韦"之称载入《旧唐书》。

1162年，铁木真出生。

1171年，铁木真与孛儿帖定亲。铁木真父也速该把阿秃儿被塔塔儿人毒害，蒙古部落联盟解体。

1180年，铁木真与孛儿帖成婚。同年夏，孛儿帖被篾儿乞惕人抢夺。

1181年，铁木真在札木合、脱斡邻勒的帮助下，发动对篾儿乞惕部的战争，夺回被掳的妻子孛儿帖。

1183年，铁木真和札木合分裂。

1189年，铁木真被推举为蒙古部汗，第一次使用"成吉思汗"号。

1190年，札木合联军攻打铁木真，在答阑巴勒主惕展开"十三翼之战"。

1196年，铁木真配合金军主力合围塔塔儿部，大败塔塔儿部，战后金国加封铁木真"札兀惕忽里"官职。

1197年，铁木真兼并主儿乞部。

1201年，合塔斤等十一部推举札答阑部札木合为"古儿汗"，联兵攻打铁木真，爆发"阔亦田之战"，札木合战败。

1202年，答阑捏木尔格思战役，铁木真灭塔塔儿部。

1203年，汪古部归附。铁木真灭克烈部，王汗被乃蛮边将执杀。

1204年，"纳忽山、不黑都儿麻之战"，铁木真灭乃蛮部，太阳

蒙古历史大事记 / 309

汗受伤致死。札木合被部下出卖，械送给铁木真，被处死。

1205年，铁木真征西夏。

1206年，铁木真即汗位，号成吉思汗，建大蒙古国。

1207年，成吉思汗长子术赤征服林中百姓。成吉思汗再征西夏。

1208年，太阳汗之子屈出律逃往西辽。

1209年，畏兀儿国归附。成吉思汗三征西夏，夏主李安全献女请和。

1211~1214年，蒙古首度伐金，破河北、山东、山西九十余州，围攻中都。金献岐国公主及金帛、马匹请和。蒙古撤兵。金迁都汴京。

1214年，蒙古与南宋建立夹击金朝同盟。

1215年，占领中都，破金城邑多处。

1217年，成吉思汗封木华黎为太师、国王，总理伐金事宜。

1218年，哲别攻西辽。杀屈出律，西辽灭亡。

1219年，成吉思汗亲征中亚大国花剌子模。家族内部出现"继位之争"。

1221年，花剌子模国亡。巴剌率军追击札兰丁进入北印度。

1222年，哲别、速不台征服阿哲儿拜占、谷儿只（今格鲁吉亚），越太和岭（今高加索山），败阿兰、钦察联军。

1223年，蒙古军攻入南俄，在迦勒迦河（今阿里吉河）大败斡罗斯、钦察联军。

1225年，成吉思汗回师土拉河。

1226年,成吉思汗进兵西夏,围攻中兴府。

1227年,成吉思汗病逝。西夏亡。成吉思汗幼子托雷监国。

1229年,举行大会,推举成吉思汗子窝阔台为汗。发动对金战争。

1231年,立中书省,理汉地财赋。

1232年,三峰山战役,拖雷大败金兵,连取河南十余州。

1233年,速不台破金南京(今开封),哀宗逃往蔡州。

1234年,蒙军、宋军破蔡州,哀宗自缢,金亡。

1235年,建哈剌和林城。长子军西征。皇子阔端、阔出分道攻宋。

1236年,初行交钞。立燕京编修所和平阳经籍所。西征军降不里阿尔,南征军占襄阳、破成都。绰儿马罕军占谷儿只。

1237年,西征军由钦察进入弗拉基米尔大公国,破梁赞城。

1239年,西征军征服阿速王国。绰儿马罕占亚美尼亚。

1240年,西征军占乞瓦,进兵孛烈儿。《蒙古秘史》成书。亚美尼亚王赴蒙古朝见窝阔台汗。

1241年,西征军败马札尔军,进至维也纳附近。窝阔台汗逝世,皇后乃马真氏称制。绰儿马罕离世,拜住继统其军。

1242年,钦察汗国正式成立。西征军东还。拜住攻占鲁迷(位于今小亚细亚)。宗王察合台谢世。

1243年,拜住败鲁迷算端凯亦·豁思鲁,进占西瓦思(今土耳其锡瓦思)。凯亦·豁思鲁称藩纳贡。

1244年,西征蒙古军东还本土。西里西亚王海一世遣使向拜住请求归附。

1245年，蒙古军占领底格里斯河上游。大马士革王向蒙古纳贡。

1246年，贵由汗即位。罗马教皇使者普兰·迦尔宾抵哈剌和林。谷儿只女王之子大卫兄弟入和林朝觐，贵由命兄弟二人分治其国。

1249年，三月，贵由汗驾崩，皇后海迷失称制。

1251年，蒙哥汗即位。

1252年，蒙哥汗处置政敌，杀海迷失、镇海等。将窝阔台兀鲁思瓜分数块，授予窝阔台系诸王。鲁布鲁克入哈剌和林朝觐。

1253年，旭烈兀西征。忽必烈军分三路攻云南，进入大理国。

1254年，兀良合台攻大理，俘乌蛮王。

1256年，忽必烈建开平城。旭烈兀灭木剌夷国。

1257年，兀良合台平云南，置郡县。兀良合台攻安南（即交趾）。安南国成为蒙古藩属。

1258年，旭烈兀破报达，阿拔斯王朝亡。蒙哥汗亲征南宋。

1259年，蒙哥汗围攻合州钓鱼山，中流矢，故于军中。忽必烈接受贾似道划长江为界和议，南宋献贡保安。

1260年，忽必烈称汗于开平。其弟阿里不哥在哈剌和林被推举为汗，两汗并立。忽必烈建元中统。以吐蕃八思巴为国师。立十路宣抚司。

1261年，立翰林国史院。封皇子真金为燕王，领中书省事。

1262年，钦察汗别儿哥与旭烈兀为争夺南高加索地区发生内讧，旭烈兀败。

1264年，阿里不哥被迫受制于忽必烈。忽必烈立诸行中书省。改中统五年为至元元年。立翰林国史院。改开平府为上都。

1265年，并六部为四部：吏礼部、户部、兵刑部、工部。定：以蒙古人充各部达鲁花赤，汉人充总管，色目人充同知。

1266年，忽必烈遣黑德出使日本。

1267年，扩建中都城，定蒙古军制。

1268年，海都、八剌二王反。罢诸路女真、契丹、汉人为达鲁花赤者。

1269年，诏以八思巴新制蒙古字颁行天下。立国子学和诸路蒙古字学。

1270年，设诸路蒙古字学教授。遣赵良弼出使日本。

1271年，大蒙古国国号改为大元。

1272年，改燕京为大都。

1273年，正月，以国字书宣令。以翰林院纂修国史，敕采录累朝事实以备编集。

1274年，宫阙告成，忽必烈始御正殿，受皇太子、诸王、百官朝贺。元军征日本。

1275年，分置翰林院，专掌蒙古文字。伯颜分军为三，趋临安。宋二次遣使请和，不纳。

1276年，元军至临安，宋帝上表降元。命作《平金录》《平宋录》及《诸国臣服传》，耶律铸监修国史。

1277 年，云南行省派兵征缅国，招降二百余寨。

1278 年，遣使至杭州等处，取在官书籍版刻至京师。命虎符旧用畏兀儿字，易以国字（八思巴字）。

1279 年，宋帝广王投海自尽。南宋亡。禁中书省文册奏检用畏兀儿字书。

1280 年，二征缅国。

1281 年，遣军十万二征日本。遭飓风，船毁，军士多亡。

1283 年，宗王相吾答儿统军攻缅甸，缅王请和。

1284 年，遣镇南王托欢攻占城国，其主遣使献象，款服。托欢军分六道进安南。

1287 年，宗王乃颜反。

1288 年，宗王火鲁火孙、哈丹图鲁反。遣皇孙铁穆尔击败之。安南王遣使贡金人赎罪，遂罢兵。

1291 年，颁行《至元新格》。

1293 年，元军兵败爪哇。

1294 年，忽必烈汗逝世，其孙铁穆尔即位于上都。

1301 年，海山败海都、笃哇军。海都亡。

1304 年，命诸王、驸马所分之郡邑达鲁花赤唯用蒙古人，汉人、女真人、契丹人罢之。

1308 年，武宗海山帝命翰林国史院纂修《顺宗实录》《成宗实录》。

1309年，将成吉思汗以来执行的九千余条政令，删除烦冗，使归于一，编为定制。

1311年，武宗海山离世，弟爱育黎拔力八达即位。命翰林国史院修先帝实录及累朝皇后和功臣列传。

1314年，诏行科举，史称"延祐复科"。

1316年，海山帝之子起兵关中，事败，奔金山。

1320年，仁宗爱育黎拔力八达驾崩，皇太子硕德八剌即位。

1323年，颁《大元通制》，凡格例二千五百三十九条。发生"南坡事件"，御史大夫铁失等杀英宗硕德八剌帝。晋王也孙铁木儿即位。

1328年，也孙铁木儿帝亡，宰相倒剌沙在上都立其子阿速吉八为帝。燕铁木儿迎海山子怀王图帖睦尔至大都即位，爆发两都之战。齐王月鲁帖木儿兵围上都，倒剌沙出降。

1329年，图帖睦尔遣使北迎和世㻋，让位其兄。燕铁木儿毒杀和世㻋，图帖睦尔二次登基。

1332年，图帖睦尔帝驾崩。懿璘质班继位，同年病逝。

1333年，妥懽帖睦尔继位。

1335年，罢科举。

1337年，禁汉人、南人学蒙古、色目文字。

1340年，复科举取士制。

1343年，命修辽、金、宋三史，以右丞相脱脱为总裁。《至正条格》成。

1352 年，郭子兴起义，朱元璋参加起义。

1353 年，伊利汗国灭亡。

1358 年，红巾军攻陷上都。

1361 年，元将孛罗帖木儿与察罕帖木儿发动内乱。

1363 年，御史大夫老的沙、知枢密院事图坚帖木儿叛，投奔孛罗帖木儿。

1364 年，元惠宗解除孛罗帖木儿兵权，孛罗帖木儿举兵逼京师，元惠宗复其职。

1365 年，妥懽帖睦尔遣人杀孛罗帖木儿。

1368 年，妥懽帖睦尔趋上都。明军占大都。

1369 年，明太祖诏修《元史》。明军占上都，元帝退居应昌府。

1370 年，妥懽帖睦尔病逝于应昌府，其子爱猷识理达腊即位。明军取应昌，爱猷识理达腊走哈剌和林。帖木儿推翻察哈台汗后裔在马维兰纳尔的统治，建立帖木儿帝国。

1381 年，明将傅友德征云南，元梁王把匝剌瓦尔密自尽。

1387 年，明将冯胜征纳哈出。纳哈出降。

1388 年，明将蓝玉在捕鱼儿海打败元帝脱古思帖木儿。脱古思帖木儿逃走，至土拉河被也速迭儿袭杀。

1389 年，明置兀良哈三卫。脱古思帖木儿子恩克卓里克图即汗位。

1391 年，兀良哈泰宁卫阿札失里举兵反明，被明军镇压。

1392 年，建昌卫指挥月鲁帖木儿反明，被蓝玉杀。恩克卓里克图汗故。

1399年,额勒伯克汗杀卫拉特浩海太尉,立其子巴图拉为丞相。瓦剌首领乌格齐哈什哈杀额勒伯克汗。

1400年,额勒伯克汗长子坤帖木儿继位。

1402年,鬼力赤杀坤帖木儿,去帝号,称可汗,东部蒙古始称鞑靼。

参考文献

常峰瑞编译《蒙古秘史》(彩图版),中央编译出版社,2011。

龚书铎、刘德麟主编《图说天下·中国历史系列》,吉林出版社,2007。

李治安:《元史十八讲》,中华书局,2014。

刘迎胜:《察合台汗国史研究》,上海古籍出版社,2011。

《钱伯斯世界历史地图》,三联书店,1981。

乔吉:《蒙古族全史(宗教卷)》,内蒙古大学出版社,2011。

谭其骧主编《中国历史地图集》,中国地图出版社,1996。

特·官布扎布编译《成吉思汗争霸天下》,重庆出版社,2012。

特·官布扎布:《蒙古密码》,中国民族摄影艺术出版社,2010。

温海清:《元史》,上海人民出版社,2015。

萧启庆导读《世界征服者实录:蒙古秘史》,文化艺术出版社,2010。

刑力:《蒙古族典籍翻译研究——从〈蒙古秘史〉复原到〈红楼梦〉新译》,大连海事大学出版社,2016。

姚大力:《中国历代王朝兴衰录·元朝风云》,人民出版社,2013。

叶新民编著《辽夏金元史徵·元朝卷》,内蒙古大学出版社,2007。

张志强主编《重新讲述蒙元史》,生活·读书·新知三联书店,2016。

钟兴麟编著《西域地名考录》,国家图书馆出版社,2008。

〔印度〕G.D.古拉提:《蒙古帝国中亚征服史》,刘瑾玉译,社会科学文献出版社,2016。

〔美〕杰克·威泽弗德:《成吉思汗与今日世界之形成》,温海清、姚建根译,重庆出版社,2009。

〔美〕杰克·威泽弗德:《最后的蒙古女王》,赵清治译,重庆出版社,2012。

〔法〕勒内·格鲁塞:《草原帝国》,陈大为译,武汉出版社,2012。

〔法〕勒内·格鲁塞:《图解草原帝国》,陈大为译,武汉出版社,2012。

〔日〕杉山正明:《忽必烈的挑战:蒙古帝国与世界历史的大转向》,周俊宇译,社会科学文献出版社,2013。

〔法〕谢和耐:《蒙元入侵前夜的中国日常生活(插图本)》,刘东译,北京大学出版社,2008。

〔英〕约翰·曼:《元上都——马可·波罗以及欧洲对东方的发现》,陈一鸣译,内蒙古人民出版社,2014。

〔德〕约西莫·布克汉森:《苍狼帝国:成吉思汗与现代世界格局的形成》,陈松林译,新世界出版社,2012。

致谢

本书的出版得到了很多人的帮助。

首先,感谢出版方社会科学文献出版社。我希望这本小书能在一家学术性强的专业出版社出版,社会科学文献出版社给了我这个机会,并在审读文字内容、送审地图等环节付出了很多心血,最终使作品能够顺利出版。

我要特别感谢这本书的编辑杨轩女士,在这本书之前,我们已经有过一次合作,她是我所编著的《解读人天档案》的责编,我们有很好的交流。她请了社内的蒙古史专业编辑,对我书中的错误和不够严谨之处进行修正,作为一本历史书籍,史实无疑是最重要的。杨轩学习日本花道,如果说我这本书除了有蒙古人的粗犷,还有日本人的细致的话,那么与她的雕琢分不开。

我还要感谢人天书店的美编张秀红女士。本书使用了百余幅图片和图表,很多图片的像素不够,不知道她用了什么样的技术,使图片的像素都达到了可印刷的标准。还要感谢翟月女士,她绘制了书中部分地图和示意图。翟月是人天书店的第一批员工，后来公司转型，她离开了，两年前一个偶然的机会再次见面，她已然练就了一番绘图的本领。还要感谢中国地图出版社，他们绘制了书中重要的历史地图，并授权我在这部作品中使用。

最重要的，要感谢我的妻子诸菁，她绘制了书中所有的世系表，还为我这本书做了全部的统筹工作。图表是本书的重要组成部分，与文字搭配准确传达信息，提升读者的阅读体验。我欣赏社会科学文献出版社出版的《忽必烈的挑战》一书，作者是日本著名的蒙古史专家杉山正明，书中的地图和示意图，体例统一，线条精致，完全不是拿来之物，体现了一个学者的治学精神。因此，诸菁带着这本书的后期团队，反复对图表进行绘制和校订，所以她们也应该是这本书的作者。

最后，书中有少量图片的权利人无法取得联系，在此也向他们表示感谢，我的邮箱是 rtzj@rtbook.com，请图片版权所有者能与我取得联系。

不知读者能否在这本书里看到精致，但我希望，这种"工匠精神"，能给读者带来良好的阅读体验。

邹　进

2018 年 7 月于北京

图书在版编目(CIP)数据

蒙古历史拼图 / 邹进著. -- 北京：社会科学文献出版社，2019.1（2019.4重印）
ISBN 978-7-5201-2485-0

Ⅰ.①蒙… Ⅱ.①邹… Ⅲ.①蒙古族-民族历史-中国-元代-通俗读物 Ⅳ.①K281.2-49

中国版本图书馆CIP数据核字（2018）第059703号

蒙古历史拼图

著　　者 / 邹　进
出 版 人 / 谢寿光
项目统筹 / 蔡继辉　杨　轩
责任编辑 / 李蓉蓉　杨　轩

出　　版 / 社会科学文献出版社·电子音像分社图书编辑部（010）59367069
　　　　　　地址：北京市北三环中路甲29号院华龙大厦　邮编：100029
　　　　　　网址：www.ssap.com.cn
发　　行 / 市场营销中心（010）59367081　59367083
印　　装 / 三河市尚艺印装有限公司
规　　格 / 开　本：880mm×1230mm 1/32
　　　　　　印　张：10.5　字　数：242千字
版　　次 / 2019年1月第1版　2019年4月第2次印刷
书　　号 / ISBN 978-7-5201-2485-0
审 图 号 / GS（2018）5700号
定　　价 / 59.00元

本书如有印装质量问题，请与读者服务中心（010-59367028）联系

版权所有 翻印必究